核心素养导向教学评一致性

支架式教学设计

张玉民／顾问

王洪会　郜兰文　李文文／主编

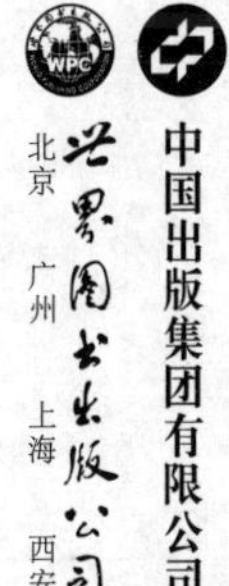

中国出版集团有限公司

世界图书出版公司

北京　广州　上海　西安

图书在版编目（CIP）数据

核心素养导向教学评一致性支架式教学设计 / 王洪会，郜兰文，李文文主编.— 北京：世界图书出版有限公司北京分公司，2024. — ISBN 978-7-5232-1982-9

Ⅰ. G632.0

中国国家版本馆 CIP 数据核字第 20258T5Z16 号

书　　名　核心素养导向教学评一致性支架式教学设计
　　　　　HEXIN SUYANG DAOXIANG JIAO XUE PING YIZHIXING ZHIJIASHI JIAOXUE SHEJI

主　　编　王洪会　郜兰文　李文文
总 策 划　吴　迪
责任编辑　刘梦娜
特约编辑　张玲玲

出版发行　世界图书出版有限公司北京分公司
地　　址　北京市东城区朝内大街 137 号
邮　　编　100010
电　　话　010-64033507（总编室）　0431-80787855　13894825720（售后）
网　　址　http://www.wpcbj.com.cn
邮　　箱　wpcbjst@vip.163.com
销　　售　新华书店及各大平台
印　　刷　长春市印尚印务有限公司
开　　本　787 mm×1092 mm　1/16
印　　张　19.75
字　　数　334 千字
版　　次　2024 年 12 月第 1 版
印　　次　2024 年 12 月第 1 次印刷
国际书号　ISBN 978-7-5232-1982-9
定　　价　45.00 元

编审委员会

前言

"核心素养导向的教学设计"是教育部《基础教育课程教学改革深化行动方案》中"教学方式变革行动"的重要内容。基于新课程新课标的新理念、新要求，我们凝练出多年在课程改革深化中教师研修的实践经验，同时遵循新课程方案"加强课程标准对教学、评价指导性"的要求，开展了聚焦核心素养导向的结构化的教学设计实践，构建了"核心素养导向，依据课标，'教学评'一致性支架式教学设计"的教学设计模式，并在试点学校的教师研修中形成了一批有推广价值的优秀案例。

本书阐述了"核心素养导向，依据课标，'教学评'一致性支架式教学设计"的支撑理论、操作方法和实践过程，记录了开展核心素养导向教学设计研修中一批优秀且有推广价值的教学设计案例，希望对学校落实课程方案和课程标准，全面推进教学方式变革有所帮助。

目录 CONTENTS

案例篇 99

理论篇

第一章　课程教学改革回顾

第一节　第八次课程改革的动因与目标

2022 年 3 月，教育部下发了关于印发《义务教育课程方案和课程标准（2022 年版）》的通知。2022 年版义务教育课程方案和课程标准的颁布实施，标志着我国的课程和教学改革进入一个新的阶段。

自 2001 年启动的第八次课程改革至今已经 23 年了。这是一场新中国成立以来历时最长、规模最大、影响最深的教育改革。应当说，这场教育改革改变了中小学校的教育教学方式，形成了全新的义务教育管理制度架构，重塑了全国义务教育阶段教师的教育工作方式和中小学生的学习方式，并且还会更深刻地影响国家的未来。

当下，回顾这次课程改革的动因和目标，会激励我们不忘初心，砥砺前行，继续不断深化课程教学改革中育人关键环节和重点领域改革，落实立德树人根本任务，办好人民满意的教育。

一、第八次课程教学改革的动因

（一）迎接国际竞争和科技发展的挑战

世纪之交，我国面临日益激烈的国际竞争和科技迅猛发展的挑战。全球经济一体化和知识经济的崛起对教育提出了新的要求，我国急需培养具备创新精神、实践能力、国际视野的人才，以应对日益激烈的国际竞争。然而，传统的教育模式过于注重知识的传授，严重忽视对学生的实践能力和创新精神的培养，难以适应这些新挑战。

（二）适应社会进步和经济发展的新要求

为了更好地适应社会进步和经济发展，教育需要进行一系列的改革和调整。一是，教育需要根据社会发展的需求来调整课程设置，以培养出社会所需的各类人才；二是，教育需要实现公平性，确保每个人都有机会接受教育，以促进社会的公平和正义；三是，教育需要数字化、信息化，提高教育效率和效果，以适应社会政治、经济和科学技术发展新要求，适应社会对多样性人才的需求，为学生全面、个性发展奠基。

（三）素质教育深入推进的需求

自20世纪90年代以来，素质教育成为我国教育改革的核心。素质教育强调人的全面发展、个性发展和终身发展，要求必须关注每一个学生的成长，注重培养学生的综合素质。然而，传统的应试教育模式与素质教育的理念相悖，因此，课程教学的改革成为推进素质教育的关键环节。

（四）教育公平与教育多样化的需求

随着社会经济的发展，人民群众对教育的需求日益多样化。教育的公平和质量成为社会关注的焦点，这就要求教育必须为每一个学生提供适合发展的机会。然而，传统的教育体制过于僵化，难以满足不同地区、不同学生的需求。因而，需要推动教育多样化，为每一个学生提供更加公平、优质的教育。

（五）教育观念的转变

20世纪末，国人的教育观念发生了重大转变，越来越多的人意识到教育不仅仅要传授知识，更重要的是培养学生正确的思想、能力和品格。这一观念的转变促使人们对教育改革从课程内容、教学方法、评价体系等多个方面进行深入思考并提出应对策略。

综上所述，第八次课程改革的动因主要包括：经济全球化与知识经济的挑战、科技迅猛发展的影响、素质教育的深入推进、教育公平与教育多样化的需求，以及教育观念的转变。这些动因共同推动了课程改革的实施，为我国教育发展注入了新的活力。

第八次课程改革的启动是从一场大讨论开始的。1997年《北京文学》以“忧思中国语文教育”为题发表了一组文章，包括电视剧《铁齿钢牙纪晓岚》的编剧邹静之的《女儿的作业》，曾任初、高中及师范学校语文教师王丽的《我的语文教学手记》，上海师范大学教师薛毅的《文学教育的悲哀——一次演讲》等，引发了全国语文教育大讨论。这场讨论使应试教育的弊病显露无遗。大家意识到基础教育的课程教学已经到了非改不可的地步！

第八次基础教育课程改革，是党中央、国务院立足于全面提高国民素质、提升综合国力所做出的重大战略决策，其酝酿始于第七次课改后期。从 1999 年 1 月国务院批转教育部《面向 21 世纪教育振兴行动计划》，到 1999 年 6 月《中共中央、国务院关于深化教育改革全面推进素质教育的决定》，直至 2001 年 5 月《国务院关于基础教育改革与发展的决定》和 2001 年 6 月教育部《基础教育课程改革纲要（试行）》，国务院和教育部通过一系列政府行为，掀起了第八次课程改革的热潮。

二、第八次课程教学改革的目标

（一）课程改革的总目标

课程改革的目标是围绕着人的培养目标来设计和确定的。根据《国务院关于基础教育改革与发展的决定》精神，教育部在《基础教育课程改革纲要（试行）》中提出：

新课程的培养目标要全面贯彻党的教育方针，全面推进素质教育，体现时代要求；要使学生具有爱国主义精神、集体主义精神，热爱社会主义，继承和发扬中华民族的优良传统和革命传统；具有社会主义民主法制意识，遵守国家法律和社会公德；逐步形成正确的世界观、人生观、价值观；具有社会责任感，努力为人民服务；具有初步的创新精神、实践能力、科学和人文素养及环境意识；具有适应终身学习的基础知识、基本技能和方法；具有健壮的体魄和良好的心理素质，养成健康的审美情趣和生活方式，成为有理想、有道德、有文化、有纪律的一代新人。

基础教育课程改革的各个环节都为实现这一目标服务，而不是偏离这一目标。

（二）课程改革的具体目标

为了实现这一培养目标，同时针对现行的基础教育课程教材中的弊端，《基础教育课程改革纲要（试行）》（以下简称《纲要》）提出了基础教育课程改革的六项具体目标。这些目标构成了这次基础教育课程改革的总体框架，体现了课程改革是一项复杂而细致的系统工程。

1. 课程功能的转变

《纲要》指出："改变课程过于注重知识传授的倾向，强调形成积极主动的学习态度，使获得基础知识与基本技能的过程同时成为学会学习和形成正确价值观的过程。"强调了课程的功能要从单纯注重传授知识转变为引导学生学会学习，学会生存，学会做人。要根据基础教育的性质和时代特点，确定哪些基础知识和基本技能是学生终身发展必备的，同时应重新界定新时期基础知识与基本技能的概念。

2. 课程结构的改革

《纲要》指出："改变课程结构过于强调学科本位、门类过多和缺乏整合的现状，整体设计九年一贯的课程门类和课时比例，并设置综合课程，以适应不同地区和学生发展的需要，体现课程结构的均衡性、综合性和选择性。"儿童、青少年已有的生活经验、学习经验等是他们构建智慧的重要基础，过多地强调学科的逻辑体系而忽视学生的经验，必然违反学生"实践，认识，再实践，再认识……"的认知规律。因此，这次课程改革针对现行课程结构的问题做出重大调整，强调课程的综合性，也就是既注重根据学生的经验组织教育内容，又注重学科内在的逻辑。这次课程结构的改革，还将综合实践活动课设置为必修课。综合实践活动课主要包括信息技术教育、研究性学习、社区服务与社会实践、劳动技术教育等内容，旨在培养学生的创新精神和实践能力，加强学校教育与社会发展的联系，改变封闭办学、脱离社会的不良倾向，培养学生的社会责任感。课程结构的改革还强调了课程的均衡性和选择性，以培养全面发展的人，并为每个学生个性的健康发展创造条件。

3. 课程内容的改革

《纲要》强调："改变课程内容'繁、难、偏、旧'和偏重书本知识的现状，加强课程内容与学生生活以及现代社会和科技发展的联系，关注学生的学习兴趣和经验，精选终身学习必备的基础知识和技能。"

4. 学习方式的变革

《纲要》在课程的实施和引导学生学会学习等方面也提出了具体的要求："改变课程实施过于强调接受学习、死记硬背、机械训练的现象，倡导学生主动参与、乐于探究、勤于动手，培养学生搜集和处理信息的能力、获取新知识的能力、分析和解决问题的能力，以及交流与合作的能力。”

5. 评价的改革

对于评价的改革，《纲要》指出：“改变课程评价过分强调甄别与选拔的功能，发挥评价促进学生发展、教师提高和改进教学实践的功能。”强调评价的改革，将主要在评价的功能和评价的方式上有所突破，要充分发挥评价的教育功能和促进发展的功能，而不能仅仅是甄别与选拔的工具。

6. 课程管理政策的改革

根据我国当前发展差异大、文化多样的具体国情，教育要发挥促进当地社会经济发展的作用。提高课程的适应性，实现课程的多样化是改革的必然方向。《纲要》指出：“改变课程管理过于集中的状况，实行国家、地方、学校三级课程管理，增强课程对地方、学校及学生的适应性。”而要提高课程对不同地区、学校的适应性，就必须走国家、地方和学校共同建设课程的道路，因此，课程管理的权限应根据各级不同的责任与需要进行科学合理的划分。各地要在达到国家规定课程的基本要求下，规划、开发并管理好地方课程，发展学校课程。

思考与讨论

对照基础教育课程改革的目标，结合实际谈一谈学校课堂教学改革哪些地方还需要改进？

第二节　新课程推进的二十年

一、基础教育课程改革头十年的成就与存在的问题

（一）基础教育课程改革头十年取得的成就

2001 年到 2011 年，是基础教育课程改革的头十年，也是基础教育课程改革的课程基本建设和顶层设计的十年。这一时期，教育部高度重视基础研究、顶层设计、课程教材基本建设以及课程实验，形成了基础教育课程改革的良好开局。

1. 扎实的基础研究

教育部在本次课程改革的准备阶段，组织专家团队研判了我国中小学课程教学实践领域积累的成功经验、传统优势和存在的实际问题，组织开展了我国中小学课程教学现状的调查研究。同时，注重研究和把握国际基础教育课程改革的总体趋势，组织专业力量对英、美、法、德、日等十几个国家课程改革情况进行了比较研究。

2. 充分的顶层设计

本次课程改革的顶层设计过程是一个民主参与、研究论证的过程。在前期基础研究的基础上，全国近千位课程教学和学科教育领域的专家学者，以及优秀的教育管理者、教研员、教师，参与规划课程改革的总体思路、基本目标和核心任务，形成了我国首个《基础教育课程改革纲要（试行）》，研制出新中国成立以来第一套义务教育和普通高中课程方案和各学科课程标准。

3. 继往开来的课程规划

经过充分的研究和论证，本次课程改革确定的基础教育课程，既注重继承

我国国内课程改革的经验成果，也注重吸收借鉴国际上其他国家课程改革的经验成果，充分体现了课程的基础性、时代性、综合性和选择性。本次课程改革要求，在义务教育阶段增设科学、艺术、综合实践活动等课程，在普通高中阶段设立通用技术、艺术、综合实践活动以及各类选修课程等，这些都是第八次课程改革中的亮点。

4. 丰富多样的教材成果

从“一纲一本”发展为“一纲多本”是第八次课程改革关于教材建设政策的最大变化，这极大调动了一批出版机构参与中小学教材编写的热情。依据教育部印发的《中小学教材编写审定管理暂行办法》，通过审查的教材，义务教育阶段多达 22 个学科 167 种，普通高中阶段达到 16 个学科 67 种，从而形成了百花齐放的教材建设格局。

5. 考试评价改革配套实施

为配合课程改革，教育部加大了对各阶段考试招生制度改革的研究与实验工作，近 10 年连续出台了近 10 个与考试相关的文件，包括中考、高中学业水平考试、高考以及语文、体育等学科考试的意见，有力配合了课程改革的实验与推进。

6. 滚动发展的课改实验

按照“先实验后推广”的总体思路，教育部采取“分类规划、分步实施”的策略推进义务教育和普通高中课程改革。义务教育阶段课程实验从 2001 年 38 个课改实验区开始，实验先行，并以 5 年时间全面铺开，普通高中课程实验从 2004 年起，以 8 年时间全面铺开，成为新中国历史上实验时间最长的课程改革。这期间，一批以杨思中学、杜郎口中学、后六中学等为代表的学校课堂教学改革取得令人瞩目的成效，从落后学校跃入育人和课堂教学改革的先进学校的行列。

（二）基础教育课程改革头十年存在的问题

尽管取得了显著的成就，但基础教育课程改革的头十年也存在一些问题。例如，应试教育影响仍然严重，许多家长在小学和初中阶段就已经提前瞄准了初中的升学考试，让孩子过早地进入题海战术阶段，给孩子额外增加作业量，给孩子报各种教育补习班，家长的教育焦虑可见一斑。同时，在家长过度焦虑的情绪和行动影响之下，学生也产生了学习焦虑，严重的甚至产生厌学情绪，难以感受到学习的乐趣，学生的综合素质也很难得到提升。这些问题的出现，反映出我国基础教育在向高质量发展的进程中，仍需加强教育治理体系和治理能力的现代化建设，以确保基础教育的公平、质量和效益得到进一步的保障和提升。

二、基础教育课程改革的第二个十年取得的成绩

2012 年到 2022 年，是基础教育课程改革的第二个十年，也是基础教育课程改革持续推进和走向深化的十年。

这一时期，教育部高度重视统筹协调、政策配套、课程育人的制度性安排，努力构建上下贯通、协调一致、科学合理的育人新格局。2010 年实施的《国家中长期教育改革和发展规划纲要（2010—2020 年）》强调将“坚持以人为本、全面实施素质教育”作为教育改革发展的战略主题，提出了“深化课程和教学方法改革”“探索多种培养方式”的任务要求。

为贯彻落实党的十八大提出的“要把立德树人作为教育的根本任务”的战略部署，2014 年国务院印发《关于深化考试招生制度改革的实施意见》，教育部印发《关于全面深化课程改革落实立德树人根本任务的意见》，启动了普通高中课程的全面修订工作，由此开启了全面深化基础教育课程改革的新征程。在这十年里，取得的成绩包括：

1. 更加注重统筹协调

为确保课程改革的顺利推进，教育部一方面更加重视大中小学各学段课程的上下贯通、有机衔接，组织开展大中小学德育等课程的系统研究，防止内容脱节、交叉、错位的现象；另一方面更加注重课标、教材、教学、评价、考试等教育教学主要环节的相互配套、协调一致，特别是在普通高中课程修订之前，先行出台考试评价制度改革的一系列政策文件，为课程改革的顺利推进营造良好的政策环境。

2. 更加注重劳动教育

为加快构建德智体美劳全面培养的教育体系，中共中央、国务院以及教育部先后出台《关于全面加强新时代大中小学劳动教育的意见》和《大中小学劳

动教育指导纲要（试行）》，独立设置劳动教育必修课，强化劳动观念、劳动精神、劳动能力、劳动习惯和品质教育。

3. 更加注重挖掘课程的育人功能

为了确保立德树人根本任务落细、落小、落实，通过组织专家研究“中国学生发展核心素养”并在高中课程修订时凝练“学科核心素养”，以挖掘每一学科课程的育人价值，充分展现并落实每一个学科课程对于学生发展的独特贡献，进而引导每一个教师依托学科课程完成教书育人的使命，以推动实现“三全”育人（全员育人、全程育人、全方位育人）。

4. 更加注重课程教材决策、管理和研究体制机制建设

明确“教材是国家事权”，成立国家教材委、教育部教材局以进一步加强课程教材的决策和管理。建立国家课程教材专家委员会，强化课程教材的审查和指导。成立课程教材研究所，以加强课程教材的基础研究，提升课程教材的整体质量。

5. 更加注重教学改革

课堂是培育学生的主阵地。深化课程改革必须在课堂教学的主阵地上打好攻坚战，形成突破性成果，这样才能确保课程改革取得实效。中共中央、国务院印发《关于深化教育教学改革全面提高义务教育质量的意见》，国务院办公厅印发《关于新时代推进普通高中育人方式改革的指导意见》，引导全国各地和中小学校把改革重心进一步下沉至教学领域，引导广大教师在教学改革中大胆探索，积极开展启发式、互动式、探究式教学，倡导情境教学和基于学科的综合化教学，鼓励学生开展研究性、项目化、合作式学习。

6. 系统推进中小学减负

2018 年 12 月，教育部等九部门联合印发《中小学生减负措施》（简称“减负 30 条”），这是第一个全面系统推进中小学生减负工作的文件，明确了学校、校外培训机构、家庭和政府各方的责任。“减负”指的是减轻学生过重的课业和心理负担，是为了推进素质教育的实施，从而促进学生德、智、体等多方面的发展而提出的改革措施。“减负”的目的并不是要让学生没有学习负担，而是要让学生的负担保持在适度范围之内，各地区域教育改革也提出“减负增效”的口号。

虽然在第二个十年，基础教育课程改革取得了很大的成绩，但是课程教学改革仍面临新的挑战。我们面临着百年未有之大变局：经济全球化深入发展；信息网络技术突飞猛进；各种思想文化交流、交融、交锋更加频繁；学生成长环境发生深刻变化；青少年学生思想意识更加自主，价值追求更加多样，个性特点更加鲜明；国际竞争日趋激烈，人才强国战略深入实施……

时代和社会发展需要进一步提高国民的综合素质，培养创新人才，课程教学改革也必须不断深化，不断发展。

思考与讨论

如何理解“课程改革已经进行了二十年了，我们还要用不短的时间继续深化改革”？

第三节　新课程改革进入新阶段的标志

2022年4月，2022年版义务教育课程方案和课程标准的颁布实施标志着第八次基础教育改革进入第三个十年，课程教学改革进入深化新阶段。

2022年10月，党的二十大召开。二十大报告中首次将“实施科教兴国战略，强化现代化建设人才支撑”作为一个单独部分，并对“加快建设教育强国、科技强国、人才强国”做出全面而系统的部署。

二十大报告指出：“教育是国之大计、党之大计。”教育是民族振兴、社会进步的重要基石，必须坚持教育优先发展。教育在现代化建设中具有基础性、先导性、全局性作用。强国先强教，强国必强教，没有教育强国就不会有现代化强国。

二十大报告还指出：“培养什么人、怎样培养人、为谁培养人是教育的根本问题。育人的根本在于立德。全面贯彻党的教育方针，落实立德树人根本任务，培养德智体美劳全面发展的社会主义建设者和接班人。”

二十大报告要求：“坚持以人民为中心发展教育，加快建设高质量教育体系，发展素质教育，促进教育公平。加快义务教育优质均衡发展和城乡一体化，优化区域教育资源配置，强化学前教育、特殊教育普惠发展，坚持高中阶段学校多样化发展，完善覆盖全学段学生资助体系。”

在“落实立德树人根本任务”“建设教育强国”“建设高质量教育体系”“义务教育优质均衡发展”“发展素质教育”这样的要求下，新课程改革进入第三个十年。2022年版义务教育课程方案和课程标准，围绕着“完善育人目标”“核心素养导向”“‘教学评’一致性”“学科探究”“跨学科主题学习”等关键词，提出一系列新理念、新要求，推动着课程教学改革迭代升级。

当前，“立德树人”的根本任务、教学改革和育人方式改革等总体要求和重点任务刚刚起步，还需要十年甚至更长时间，我们必须步步为营，久久为功，持之以恒地向前推进。第三个十年，必将是基础教育改革持续深化并取得实效的十年。

思考与讨论

请你梳理一下，然后回答新课程的第三个十年课堂教学改革的主要方向是什么？

第四节　新课程课堂教学模式的迭代升级

大家都说：教育改革发展的核心环节是课程的改革，课程改革的核心环节是课堂教学的改革。在新课程改革的 20 年里，课堂教学改革是热点，是重点。在此期间具有代表性的课堂教学模式实现了三次迭代升级。

一、“注重教学方法”向“有效教学”的迭代升级

在新课程改革前，为了解决课堂教学中“满堂灌”的问题，学校和教师十分重视教材教法的研究和应用，强调教学有法，教无定法，贵在得法。教学确实有一定的方法和原则，但是在具体实施教学时，不能僵化地套用某种固定的方法，因为每个班级、每个学生的情况都有所不同，需要教师灵活应变，寻找适合的教学方式。但是强调“教学得法”并没有有意识地解决“学生被动学习”“知识灌输”“有效学习”的问题。

“有效教学”的理念是新课程改革的支撑理论之一。有效教学的核心就是教学的效益，即什么样的教学是有效的？所谓“有效”，主要是指通过教师在一段时间的教学后，学生所获得的具体进步或发展。教学有没有效益，并不是指教师有没有教完教学内容或教得认不认真，而是指学生有没有学到什么或学生学得好不好。

有效教学强调要树立新的学生观和教学观。教学中坚持一切以学生为本和一切为了每一位学生发展的宗旨，把学生看成学习的主体、学习的主人，注重培养和发挥学生的自主性、能动性、独立性和创造性。“学”不再只是忠实地传递和接受课程的过程，而是创生与开发课程的过程；坚持把教学定位为师生交往、积极互动、共同发展的过程，上课不仅是传授知识的过程，而且是一起

分享彼此的思考、经验和知识，交流彼此的情感、体验与观念，从而达成共识、共享、共进，实现教学相长和共同发展的过程。

有效教学注重教师课堂教学角色的转变，凸显了教师是学生学习的促进者的职能。新课程教学促进中小学教师从知识的拥有者、传授者向教学活动的组织者、合作者转变；促进教师从训导者、管理者向引导者、激励者、服务者转变。

教学模式从“注重教学方法”向“有效教学”迭代升级，触及课程改革的核心内容——教与学的转型，明确了课堂里学生是主体，教师是主导，教师的教为学生的学服务，课堂教学的好坏由学生获得的成长决定。

二、“有效教学”向“先学后教，以学定教”的迭代升级

在新课程实施的过程中，许多学校和教师一直在寻找“教与学转型”的有效操作模式。以杨思中学、杜郎口中学为代表的“先学后教，以学定教”的教学模式突出体现了以学生为主体的教育理念，成为提高课堂学习效率的有效手段。在实际应用中，教师会根据学生的自学情况进行针对性的教学，使得教学更加贴近学生的实际需求，有利于提高学生的学习兴趣和主动性，进而提高教学效果。此外，“先学后教，以学定教”的教学模式也有助于培养学生的独立思考能力和解决问题的能力，使学生在学习过程中逐渐形成自我认知和自我管理的能力。

尽管“先学后教，以学定教”的教学模式有诸多优点，但在实际应用中也存在一些问题和挑战。例如：如何跳出知识中心的窠臼；在实际操作中如何克服教学流程固化、僵化，不管什么学科、什么课型都是“六环节”的固定模式；许多课程缺少学科探究特点，缺少深度学习过程；如何减轻学生负担……

总的来说，“先学后教，以学定教”的教学模式是中国教育草根研究的成果，它既注重学生的自主学习，又关注教师的教学作用，旨在构建一种更为人性化、个性化的教学模式，以期达到更好的教学效果。

三、“先学后教，以学定教”向“核心素养导向，学科实践”的迭代升级

核心素养是贯穿国家课程标准修订的一根红线，是课程实施和教学改革的总纲和方向。核心素养是指学生应具备的适应终身发展和社会发展需要的正确

世界观、价值观，以及必备品格和关键能力。

提出和界定核心素养，是进入 21 世纪之后国际教育界的潮流，也是我国课程发展的必然追求。核心素养导向的课堂教学是一种新型的教学理念，它强调的是以学生的核心素养为教学目标，而非单纯的知识传授。这种教学方式的出现，是为了适应现代社会对于人才的需求，即不仅要掌握知识，还要具备解决实际问题的能力和良好的道德品质。

核心素养的落实关键在于把“以知识为本的教”转变成“以学生发展为本的学”。核心素养导向的课堂教学关注以下变化：

1. 教学内容的选择

针对“教什么”的问题，教师需要跳出学科逻辑和罗列知识点的窠臼，关注教学内容的关联性、整体性及综合效应，以大问题、大任务、大观念来组织教学内容。

2. 教学方式的改变

基于核心素养要求，遴选重要观念、主题内容和基础知识技能，精选、设计课程内容，进行结构化整合的大单元教学，增强知识学习与学生实际生活以及知识整体结构的内在联系，注重学生所学内容的“结构”“联系”和“迁移”。

3. 教学评价的调整

针对“教（学）什么”“怎么教（学）”“教（学）到什么程度”等问题，始终以是否有利于学生核心素养培育为标尺。（上文已做阐述，这里不再赘述）

4. 注重学科实践

学科实践（也称作学科探究）是在超越学科探究主题下，由学生或师生一起形成有意义的探究问题，通过调查研究、实验、观察与分析等方法来寻找答案的一种教学方法。学科实践的目的是帮助学生在现有知识的基础之上，建立更深的新的理解。通过实践，使学习者对已有的和新的知识与经验不断地进行整合和联系，扩展他们对世界的理解。学科实践也被视为一种探究形式，它超越了程式化的探究活动，是一种强调学科典型的真实的新型探究。

二十多年来，新课程所倡导的“自主、合作、探究”理念极大地推动了课堂转型，突破了过去“一言堂”“满堂灌”的课堂形态，学生积极参与、自主探究。但比较突出的一个问题是，探究缺乏严谨性与学科典型性，存在“虚假探究”的现象，真正指向素养和能力培育的环节难以展开。“核心素养导向，学科实践”的新型教学模式就是对包括“先学后教，以学定教”教学模式以及自主合作探究学习的迭代升级。

思考与讨论

1. 请你就“核心素养导向的课堂教学主要变化”谈谈自己的看法?

2. 为什么说“学科实践”的教学方法是“探究学习”的迭代升级?

第二章　新课程与新课标的新理念新要求

《义务教育课程方案（2022年版）》是对2001年《义务教育课程设置实验方案》实施20多年来的第一次系统修订。在向着第二个百年奋斗目标迈进之际，实施新修订的义务教育课程方案和课程标准，对推动义务教育高质量发展和全面建设社会主义现代化强国具有重要意义。

《义务教育课程方案（2022年版）》基于20年来新课程实施实践，在总结新课程改革成功经验，不断矫正新课程深化中的问题的基础上，提出了一系列新理念新要求。这些新理念新要求包括：

第一，完善课程目标，强化课程的育人导向，以落实核心素养为引导，保证正确的育人方向。

第二，优化课程内容结构，以课程结构化保证核心素养落地，引领教学实践变革。

第三，制订学业标准，以评价改革和考试命题改革引领教师课堂教学的转型，实现“以学定考、教考一体”。

第四，增强（课程标准的）指导性。“教学评”一体化，做到课程标准的好用、管用。

第五，增强学段衔接，中、小、幼课程横向关联互动，纵向进阶衔接。

第一节　完善了培养目标，强化了课程的育人导向

国家对基础教育的培养目标有明确的要求。经全国人大第十三届常委会第二十八次会议审议决定《中华人民共和国教育法》第五条有关教育方针的叙述修改为：“教育必须为社会主义现代化建设服务、为人民服务，必须与生产劳动和社会实践相结合，培养德智体美劳全面发展的社会主义建设者和接班人。”——教育方针是国家的法律规范。

“德智体美劳全面发展的社会主义建设者和接班人”是对培养目标的概括描述，但“德智体美劳全面发展的社会主义建设者和接班人”究竟具体是什么样的？还需要对培养目标应当具备的正确价值观世界观、必备品格和需要掌握的关键能力进行具体描述，这就是中国学生发展核心素养。

《教育部关于全面深化课程改革落实立德树人根本任务的意见》（教基二[2014]4 号文件）提出：

组织研究提出各学段学生发展核心素养体系，明确学生应具备的适应终身发展和社会发展需要的必备品格和关键能力。

研究制订中小学各学科学业质量标准和高等学校相关学科专业类教学质量国家标准，根据核心素养体系，明确学生完成不同学段、不同年级、不同学科学习内容后应该达到的程度要求，指导教师准确把握教学的深度和广度，使考试评价更加准确反映人才培养要求。

各级各类学校要从实际情况和学生特点出发，把核心素养和学业质量要求落实到各学科教学中。

为了研制 2017 年版普通高中课程方案和高中各学科课程标准，北师大林崇德教授团队提出了对中国学生发展核心素养的描述，包括文化基础、自主发展、社会参与三大方面，并把这三大方面呈现为人文底蕴、科学精神、学会学习、健康生活、责任担当、实践创新等六大素养，具体细化为 18 个基本要点。

这种对学生发展核心素养的表述是在教育同行中认同度较高的一种表述。

2018 年 7 月 2 日下午在中南海同团中央新一届领导班子成员集体谈话时习主席指出:“青年一代有理想、有本领、有担当,国家就有前途,民族就有希望。”

在研制 2022 年版义务教育课程方案时，课程方案研制组整合和发展了中国学生发展核心素养研究的成果，从“有理想、有本领、有担当”三个方面梳理义务教育阶段学生应当必备的正确价值观世界观、必备品格和需要掌握的关键能力，完善和明确了义务教育阶段时代新人培养的具体要求。

2022 版义务教育课程方案在阐述义务教育的课程目标时明确要求：“义务教育要在坚定理想信念、厚植爱国主义情怀、加强品德修养、增长知识见识、培养奋斗精神、增强综合素质上下功夫，使学生有理想、有本领、有担当，培养德智体美劳全面发展的社会主义建设者和接班人。”新义务教育课程方案从有理想、有本领、有担当三方面明确了义务教育阶段时代新人培养的具体要求。

1. 有理想

有理想包括：政治认同（热爱祖国，热爱人民，热爱中国共产党，学习伟大建党精神；努力学习和弘扬社会主义先进文化、革命文化和中华优秀传统文化，理解和践行社会主义核心价值观，逐步领会改革创新的时代精神）、价值追求（懂得坚持走中国特色社会主义道路的道理，初步树立共产主义远大理想和中国特色社会主义共同理想）、人生志向（明确人生发展方向，追求美好生活，能够将个人追求融入国家富强、民族复兴、人民幸福的伟大梦想之中）三个方面的正确价值观和世界观。

2. 有本领

有本领包括：会学习（乐学善学，勤于思考，保持好奇心与求知欲，形成良好的学习习惯，初步掌握适应现代化社会所需要的知识与技能，具有学会学习的能力）、会创造（乐于提问，敢于质疑，学会在真实情境中发现问题、解决问题，具有探究能力和创新精神）、会劳动（自理自立，热爱劳动，掌握基本的生活技能，具有良好的生活习惯）、会健身（强身健体，健全人格，养成体育运动的习惯，掌握基本的健康知识和适合自身的运动技能，树立生命安全与健康意识，形成积极的心理品质，具有抗挫折能力与自我保护能力）、会审美（向善尚美，富于想象，具有健康的审美情趣和初步的艺术鉴赏、表现能力）、会合作（学会交往，善于沟通，具有基本的合作能力、团队精神）六个方面的关键能力。

3. 有担当

有担当包括：个人品格（坚毅勇敢，自信自强，勤劳节俭，保持奋斗进取的精神状态）、社会责任（诚实守信，明辨是非，遵纪守法，具有社会主义民主观念与法治意识；孝亲敬长，团结友爱，热心公益，具有集体主义精神，积极为社会作力所能及的贡献）、保护环境（热爱自然，保护环境，爱护动物，珍爱生命，树立公共卫生意识与生态文明观念）、国家利益（具有维护民族团结，捍卫国家主权尊严和利益的意识）、人类命运共同体（关心时事，热爱和平，尊重和理解文化的多样性，初步具有国际视野和人类命运共同体意识）等五个方面的必备品格。

作为强调核心素养培育的新课程，如何把核心素养细化和落实到学科课程的实施之中？由于学科的特点不同，学科课程对核心素养培育总会有不同的意义和作用，每个学科都会有各自着力培育的核心素养。语文课程在培育学生“文化自信、语言实践、逻辑思维、审美与创造”等方面核心素养上发挥着独特的作用。数学课程要培养的学生核心素养主要包括，会用数学的眼光观察现实世界、会用数学的思维思考现实世界、会用数学的语言表达现实世界等三个方面。其中在义务教育阶段，数学眼光主要表现为抽象能力，包括数感（量感）、符号意识、几何直观、空间观念与创新意识等关键能力；数学思维主要表现为运算能力、推理意识或推理能力等关键能力；数学语言主要表现为数据意识或数据观念、模型意识或模型观念、应用意识等关键能力。

新的义务教育课程强调以落实核心素养为引导，素养导向贯穿于课程编制、课程实施的全过程，这样就从根本上保证了义务教育正确的育人方向。

思考与讨论

1. 在“有理想、有本领、有担当”的学生发展核心素养详细说明中，哪些是正确世界观、价值观，哪些是关键能力，哪些是必备品格？

2. 素养导向的课程，与学科逻辑和仅注重知识掌握的课程有哪些不同？

第二节　优化了课程内容结构

既然我们的课程是素养导向，着力培育核心素养的，那么学科课程内容就必须跳出学科逻辑和学科知识罗列的局限。学科课程内容不变，学科着力培养的核心素养的理念当然就很难落到实处。以主题、项目、任务等结构化的方式来组织课程内容，是2022年版各学科课程标准修订的新变化。

例如，2022年版的义务教育语文课程标准。

首先，基于语文学科在义务教育阶段着力培养的文化自信、语言运用、思维能力、审美创造等方面的核心素养，并将这些方面的核心素养细化为义务教育语文课程的九条总目标，并以识字与写字、阅读与鉴赏、表达与交流、梳理与探究等语文实践活动为主线，综合构建素养型课程目标体系。

语文课程的主题与载体则遵循学生身心发展规律和核心素养形成的内在逻辑，以中华优秀传统文化、革命文化、社会主义先进文化为载体，以生活为基础，以语文实践活动为主线，以学习主题为引领，以学习任务为载体，整合学习内容、情境、方法和资源等要素，设计基础型学习任务群（语言文字积累与梳理）、发展型学习任务群（实用性阅读与交流、文学阅读与创意表达、思辨性阅读与表达）、拓展型学习任务群（整本书阅读、跨学科阅读），共六个学习任务群。

这种学习任务群的语文课程内容结构，有利于教师依据教材内容，考虑学生实际情况，设计各种不同类型的语文学习任务，整合教学情境、学习内容、学习资源，变革学习方法将语文与生活结合，注重听说读写结合，追求语文知识、语言运用和逻辑思维、思想情感、文化修养等多方面、多层次发展的综合效应。

再例如，《义务教育科学课程标准（2022年版）》，将学生在义务教育阶段应该掌握的科学课程的核心内容凝练为13个学科核心概念（包括物质的结构与性质、物质的变化与化学反应、物质的运动与相互作用、能的转化与能量守恒、生命系统的构成层次、生物体的稳态与调节、生物与环境的相互关系、生命的延续与进化、宇宙中的地球、地球系统、人类活动与环境、技术工程与社会、工程设计与物化）。通过对这些核心概念的学习和掌握，理解物质与能量、结构与功能、系统与模型、稳定与变化4个跨学科概念。在科学学科核心概念的学习过程中有机融入科学观念、科学思维、探究实践、态度责任等核心素养的培养。

这种素养导向的课程内容结构，更能实现从传统的知识本位转向核心素养本位，切实落实学习方式变革，打破死记硬背、海量刷题等知识技能训练的怪圈，克服高分、低能、价值观缺失的问题。学生可以在主题活动、跨学科学习、项目学习中，通过完成学习任务获得知识和解决问题，亲历实践、探究、体验、反思、合作、交流等深度学习过程，逐步实现核心素养的发展。

本次课程修订为实现“教与学”方式的深度变革，培育核心素养，注重引入项目学习、主题学习、任务学习等大观念、大单元、任务驱动的综合教学形式，实现课程内容重构，优化课程内容的呈现方式，建立各部分内容间的有机联系。

需要指出的是，内容结构化并不意味着可以忽视或无视知识点，而是要在知识结构中去重新认识和定位知识点的意义与价值，要在学生的主动活动中实现知识点的教育价值。

思考与讨论

1. 以自己学科课标中的一段教学内容为例说明：“课程内容结构化，改变了知识、技能的线性结构方式，强调知识间的联系，明确学科本质、思想方法、独特的研究方法和内在逻辑。”

2. 举例说明：“课程内容结构化，既强调学科知识结构，同时还要突出在这样的结构中所隐含着的学习者活动及活动方式的结构化，为教学活动的综合性、实践性提供内容基础。结构化的内容组织方式，突显出不同的知识技能在学科知识结构中所处的不同地位、所承载的不同教育价值，提示着教学实践以整体有序、多样综合的方式来挖掘知识的育人价值。”

3. 以自己的教学为例，能否说明：课程内容结构化有利于克服教学中知识点的逐点解析、技能的单项训练等弊端，引导教师主动变革教学实践，从关注知识技能的“点状”“传输”自觉变革为关注学生对知识技能的主动学习和思考，关注教学的关联性、整体性，关注学生在主动活动中所形成的知识、技能、过程、方法、态度、品格、境界的综合效应，关注学生核心素养的养成。

第三节　制订学业质量标准

评价和考试的改革一直是课程改革的核心环节。新课程需要建立促进学生素质全面发展的评价体系，建立促进教师不断提高的评价体系，建立促进课程不断发展的评价体系。在新课程启动和实施的初期，评价体系改革的滞后，中高考命题与课程标准要求的不完全一致，着眼于知识点考查的弊病，制约了课堂教学的变革，增加了克服应试教育倾向的难度。

在刘坚、余文森2010年发表的《“深化课程教学改革”深度调研报告》一文中，两位教授分析了当时中小学教育教学现状，得出虽然新课程改革取得很大的进展，新课程也显示出了强大的生命力，但是也存在一些突出问题的结论。其中包括：

在日常教学活动中，人们最为关注的仍然是书本知识掌握的多少、技能训练的快慢，探究能力、批判精神、创造性、责任感与合作态度仍然被边缘化。

课程内容繁、难、偏、旧和过于注重书本知识的状况有所改进，但是老师们为应对考试追求高、深、难的现象依然普遍存在，安心于遵循课程标准的基本要求进行教学的还是少数，学习内容与学生年龄特征和接受能力相脱节的现象依然严重。

这些问题曾长时期困扰着基层学校和教师，问题的解决需要靠考试评价改革和中高考命题改革实现。

2022年版新课程方案和新课程标准的新要求之一就是增加了学业质量标准和考试命题建议，坚持“教学评”一体化原则，引导学校和教师积极探索基于情境、问题导向、深度思维、高度参与的教育教学模式，引导学生自主、合作、探究学习，充分发挥考试对推动教育教学改革、提高学生综合素质、促进学生全面健康成长的重要导向作用。

各课程标准的学业质量标准根据核心素养发展水平，结合本课程内容，整体刻画不同学段学生学业成就的具体表现特征，引导和帮助教师把握教学深度与广度，为教材编写、教学实施和考试评价等提供依据。

以数学课程标准为例，依据义务教育各阶段数学学科着力培养的学生核心素养表现、各学段课程目标及学业要求，数学课程学业质量标准主要从以下三个方面来评估学生核心素养达成及发展情况。

第一，以结构化数学知识主题为载体，在形成与发展“四基”的过程中所形成的抽象能力、推理能力、运算能力、几何直观和空间观念等。

第二，从学生熟悉的生活与社会情境，以及符合学生认知发展规律的数学与科技情境中，在经历“用数学的眼光发现和提出问题，用数学的思维与数学的语言分析和解决问题”的过程中所形成的模型观念、数据观念、应用意识和创新意识等。

第三，学生经历数学的学习运用、实践探索活动的经验积累，逐步产生对数学的好奇心、求知欲，以及对数学学习的兴趣和自信心，初步养成独立思考、探究质疑、合作交流等学习习惯，初步形成自我反思的意识。

数学课程标准分学段给出了学业质量标准的具体描述。例如，第二学段“数与运算”的学业质量标准描述：认识自然数，能结合具体情境初步认识小数和分数，能进行整数四则运算和简单的小数、分数加减运算，形成数感、运算能力和初步的推理意识。

数学课程标准还专门给出了“评价建议”。数学课程标准的“评价建议”中要求教学评价的评价方式要多样、评价维度要多元、评价主体要多样，并对评价结果的呈现与运用给出了详细要求。

数学课程标准的“评价建议”对学业水平考试的“考试性质与目的”“命题原则”“命题规划”“试题命制”都给出了具体、详细的要求。

在数学课程标准的附录中还具体给出了教学内容和试题命制的实际案例。

2019年《教育部关于加强初中学业水平考试命题工作的意见》指出：“考试命题对学校教育教学具有重要引导作用，是健全立德树人落实机制、扭转不科学教育评价导向的关键环节，对于全面贯彻党的教育方针和发展素质教育具有重要意义。”对于中小学招生方式改革，教育部怀进鹏部长指出：实现从“考知识”向“考能力素养”转变。一是强化在高考命题中落实立德树人根本任务。将习近平新时代中国特色社会主义思想考查融入试题，构建德智体美劳全面考查的内容体系。二是突出关键能力和核心素养考查。增强试题的应用性、探究性、开放性，引导学生在独立思考、解决实际问题中建构知识、培养能力、提升素养。三是加强考教衔接。依据高中课程标准命题，降低机械刷题收益，引导教学回归课标、回归课堂。四是加强考试机构命题能力建设。加强对新高考省份选考科目自主命题的指导，组织命题队伍培训，开展试题评价，不断提升命题能力。

2022年后，新课程的中高考命题将有什么变化？

一是，素养立意的命题思想，即中高考命题要检测学生核心素养的发展程度是否符合课程标准学业水平要求。

二是，试题更有结构性、整体性、情境性等真实任务的特点，更关注任务的价值导向，更追求用做事活动来牵拉、考查学生的思维水平与探究水平，更关注思维、探究的动力状况，以及思维结果、探究结果的价值意义。

三是，减少裸考知识现象，让测评发生在知识处于生成状态或应用状态的情境之中。不论是客观性测试还是主观性测试，考点必须“生长”在产生知识或应用知识的“土壤”之中。

四是，强化对思维过程、探究过程和做事过程的测量和评价，从注重考查记忆理解的结果到注重考查思维过程、探究过程和做事过程的发展水平。最好的教学在于如何激发学生的思考、引导学生的探究和指导学生的做事。

五是，坚持试题的应有开放度和综合性，注重考查学生提出问题、形成问题解决方案和评价问题解决结论的素养。必须把批判性思维素养与创新素养的培养作为教与考的重要内容，因为一旦教学从直接的知识传授走向直面真实的探究，学生所面对的社会、自然、人生等学习对象本身就是多元的、不确定的和开放的。

六是，从碎片化、点状式测试走向整体性、结构化测试。测试的过程，也是学生完成一个有思维含量与探究含量任务的过程，或做一件完整且有挑战性事情的过程。

思考与讨论

1. 山西省在省教育厅的领导下，中考命题改革从 2012 年启动，2017 年在试点上进行，2020 年全面推开，2023 年全面实施，山西省的中考成为全国中考改革的先行者。山西中考改革经验《中考命题“一核·六维·四手段”的实践探索和理论构建》（山西省教育科学研究院，李萍等）获 2022 年国家级教学成果奖。

“一核”指中考命题的核心思想：立德树人、素养立意、导向教学，通过确立这一核心思想，说明“为什么考”。

“六维”就是山西省多年实践经验总结提炼出的中考命题改革的“六个维度”，即立足学科素养，加大开放探究，注重阅读能力，关注表达、交流、共享，借鉴 PISA 测试理念，落实课程标准中的活动建议。通过确立这一考查目标，说明“考什么”。

“四手段”则是指山西省中考命题中核心素养落地的“四大手段”，包括跨学科整合、不确定性结构、真实任务情境、理性思维和批判质疑。通过确立这一命题手段，说明“怎么考”。

请说明“一核·六维·四手段”的中考命题符合 2022 年版新课标颁布实施后的新课程的中考命题变化的要求。

2.2022 年版历史课程标准给出了学业水平考试的样例：

唐朝诗人刘禹锡的诗作“礼闱新榜动长安，九陌人人走马看。一日声名遍天下，满城桃李属春官。自吟白雪诠词赋，指示青云借羽翰。借问至公谁印可，支郎天眼定中观。”描写的是（　　）

A. 开放的社会风气

B. 三省六部制的实施

C. 科举考试后的盛况

D. 长安城的节日气氛

参考答案：C

请说明本题考查的（历史）核心素养和命题意图。

3. 数学2022年版课程标准中例92：

样题：探究叠放杯子的总高度变化规律

下图是1个纸杯和6个叠放在一起的纸杯的示意图，请自行定义常量与变量来建立一个函数，探究叠在一起的杯子的总高度随着杯子数量的变化规律。

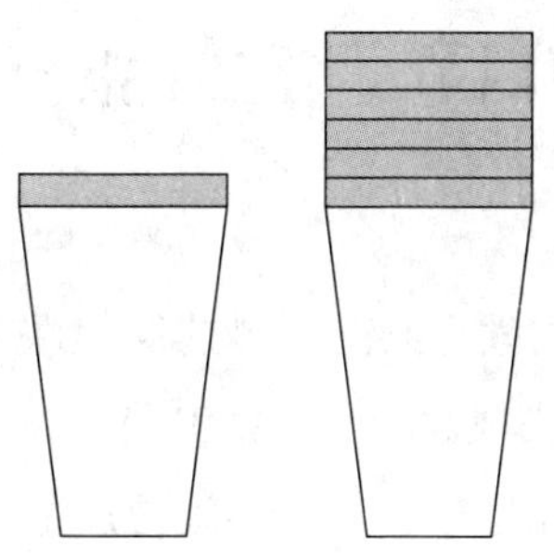

请说明本题命制的意图和考核的（数学）核心素养。

4. 山西2018年一道中考语文试题如下：

《舅舅，山西博物馆6月2日的展览是________》

家住外地的舅舅想在今年6月2日参观山西博物院，于是“我”从该馆的官方网站截图，并从中提取主要信息，写成80字以内的一段话告诉舅舅。

试分析本题命题符合新中考怎样的命题变化要求。

5. 学业质量标准的制订对作业设计有何意义？

第四节 增强了指导性

课程标准是国家对基础教育某一学科的课程性质、课程目标、内容目标、实施建议的教学指导性和法规性文件。2001 年版和 2011 年版课程标准明确了各个学段学科教学的内容和目标，也在实施建议部分给出了总体的教学建议。但是普通教师较难把这些教学建议具体落实到教学之中，因此，大多数教师在教学设计和教学实施中并未认真研究和落实课程标准的要求，而更多关注教师用书的要求和建议。

为增加课程标准对教学的指导性，2022 年版各学科课程标准的“课程内容”部分，对每一具体学段、具体领域、主题的说明都是由“内容要求”“学业要求”“教学提示”3 部分组成。从中，教师可以明确了解相关教学内容“为什么教”“教什么”“教到什么程度”，而且强化了“怎么教”的具体指导，增加了教学、评价案例。这样在教学设计和教学实施中教师“严格依据课程标准教学”成为可能和常态。

对于一个具体的教学内容，教师应当阅读课程标准的“内容要求”“学业要求”“教学提示”，以解决：

1. 为“什么教”的问题。
2. “教什么”的问题。
3. “教到什么程度”的问题。
4. “如何教”的问题。

思考与讨论

2022 年版各学科课程标准设置“内容要求”“学业要求”“教学提示”的目的是什么？会给各学科课堂教学带来怎样的影响？

第五节　增强了学段衔接

2022年版义务教育课程方案和各学科课程标准明确要求："注重幼小衔接，基于对学生在健康、语言、社会、科学、艺术领域发展水平的评估，合理设计小学一至二年级课程，注重活动化、游戏化、生活化的学习设计。依据学生从小学到初中在认知、情感、社会性等方面的发展，合理安排不同学段内容，体现学习目标的连续性和进阶性。了解高中阶段学生特点和学科特点，为学生进一步学习做好准备。"

"幼儿园小学化"始终是困扰幼儿园教育教学的老大难问题。其实解决"幼儿园小学化"的关键还在于小学一、二年级的教学内容与教学方式与幼儿园的衔接。如果小学数学一年级不从孩子学会20以内加法开始，小学语文不从学生已经学会汉语拼音，认识几百字等开始，而是在小学一、二年级的教学中严格依据课程标准教学，注意与幼儿园的教学相衔接，多些活动化、游戏化、生活化的学习设计，让孩子逐步熟悉小学的生活，适应小学的学习，如此幼儿园小学化就缺少了市场，幼儿园小学化就会得到解决。

受"应试"的影响，中小学许多教师习惯在教学中追求知识的难和深，小学讲初中内容，初中讲高中内容，一节课教学目标超出学段要求司空见惯。新课程标准已经依据学生从小学到初中在认知、情感、社会性等方面的发展，合理安排了不同学段的学习内容和学业要求，学校和教师只要严格依据课程标准教学和进行考试评价，学段衔接问题就会迎刃而解。

思考与讨论

在你任教的年级里你会怎样处理好学段的衔接？

第三章 “教学评”一致性的原理

第一节 “教学评”一致性理论产生的背景和研究现状

在新课程的推进中，通过新课程的实践大家都确切地认识到：“学校发展的关键环节在于课程改革，课程改革的关键环节在于课堂教学的改革，而课堂教学改革的关键环节在于教师专业化发展。”因此，对有效教学的理论与实践的研究成为新课程相关研究的热点之一。2022年版新课程方案和新课标颁布实施后，需要国家课程方案向地方、学校课程实施规划的转化，把国家统一制定的育人“蓝图”细化为学校的育人“施工图”，需要一线教师能把课程标准的新理念新要求具体落实在自己的课堂教学中。在现实中，许多教师习惯根据中高考考试内容展开教学，从而在课堂教学中忽略了学科课程标准的要求，忽略了课程标准的指导性，没有把“内容要求”“学业要求”“教学提示”落到实处，没有真正落实核心素养导向的教学。因此，保证“教学评”一致性，保证课堂教学在课程标准指导下的有效性，成为2022年版新课标颁布实施的关键。

国家要求、课堂教学与学业评价一致性的研究开始于美国。20世纪末，美国为改变中小学教学要求偏低和提高基础教育质量的现状，启动了基于课程标准的教育教学改革。当时一批美国学者开始了课程教学诸要素的一致性水平分析，以此改进和提高美国基础教育的教育质量。其中，美国威斯康星州教育研究中心学者安德鲁·帕特和约翰·史密森等人的“SEC”一致性分析模型，即课堂教学与学业评价一致性水平分析工具，成为检测和评估课堂教学质量的重要程序和方法。

能够查到的最早对教学中的“一致性”进行解释的是美国人科恩，他认为教学中的“一致性”是教学设计与预期的教学过程、教学结果之间的匹配度。后来，韦伯提出教学中的“一致性”是指两种或更多事物之间的吻合程度，即事物各个部分或要素融合成一个和谐的整体，并指向对同一概念的理解。韦伯所提出的有关一致性的概念成为之后学者研究一致性的基础。

我国学者在借鉴国外学者的基础上也陆续发表了自己的理解，东北师范大学刘学智 2006 年发表了《论评价与课程标准一致性的建构：美国的经验》，该文关注了韦伯关于“教学中一致性”的观点，在介绍了美国关于教学“一致性”研究成果的基础之上，提出了我国教育教学研究也要开展相关研究的建议，特别指出我国课程标准中缺少评价标准，而建立评价标准的关键前提是保持与目标的一致性。

通过在互联网上查询我们会发现，关于“教学评”一致性研究的文章在 2017、2018 年之前发文量并不多，自 2018 年起发文量才呈直线上升状态。结合我国教育大环境分析，由于新课改政策的颁布，课堂教学再一次备受关注，“教学评”一致性出现在了学科课程标准当中，因此，无论是教育专家、学者或是一线教师都纷纷关注起这一领域。此后，该领域研究发文量逐年递升。从学段分布上来看，基础教育占据了这一领域绝大多数的发文量。

思考与讨论

为什么在深化课程教学改革的当下，“教学评”一致性的研究会得到高度重视？

第二节 “教学评”一致性的基本原理

一、“教学评”一致性的界定

（一）“‘教学评’一致性”中的“教”“学”“评”的含义

在“教学评”的体系中，“教”“学”“评”有各自特定的含义。

教：并不是我们通常理解的教师的教或教学，而是我们在教学中期望学生学会什么？——这就是明确、切适的素养导向的教学目标。

学：是指学生如何才能学会，如何达成教学目标。也就是需要什么样的学习资源或课程资源形成学习的素材以及基本的学习路径、学习活动，如何面对特定的学生具体组织这些素材或活动——在课堂里就是教师教的过程和学生学的过程。

评：清楚地了解学生真的学会了吗？——了解学生学习结果和教学目标达成的评价。这里更强调过程性评价、有反馈的评价。

（二）“教学评”一致性的含义

“教学评”一致性是教育学理论中，对教师完成教学工作质量评价与考查的一种维度的划分，具体指教师的教学、学生的学习、课堂教学的评价所对应的目标是一致的。

从教师的视角看，无论是教学设计、教学实施抑或教学评价，都需要一致性地思考“为什么教”“教什么”“怎样教”“教到什么程度”的问题。

从学生的视角看，需要一致性地思考一节课中“我要学会什么”“我怎样去学，怎么利用好相关学习资源和采用怎样的学习方法”“我真的学会了我应当学会的东西了吗”等问题。

二、“教学评”一致性的核心理念

（一）清晰的教学目标是“教学评”一致性的前提和灵魂

没有清晰的目标，也就无所谓一致性，因为判断“教学评”是否一致的依据就是教学、学习与评价是否都是围绕共享的目标展开的。当然，在不同的教育理念下，同一个教学内容会确定不同的教学目标。2022 年版新课程方案和新课标要求教学目标是核心素养导向的。

（二）“教学评”一致性需要明确的理念

在特定的课堂教学活动中，教师的教、学生的学以及对学习的评价应该具有目标的一致性，这就要求教师不但是引导学生学什么的人，同时也必须是指导和监测学生学会什么的人。

（三）“教学评”一致性必然指向有效教学

什么是有效教学？有效教学是指通过教师一段时间的教学后，学生获得的具体进步和发展。在符合时代要求和个体积极发展的教育价值构建的前提下，其效率在一定时空内不低于平均水准的教学。学生有无进步或发展是衡量教学是否有效的指标，“有效”的唯一证据：在于目标的达成，在于学生学习结果的质量，在于何以证明学生学会了什么。因而，“教学评”一致性是有效教学的一种理念。

（四）“教学评”一致性的实现有赖于教师的课程素养与评价素养的提高

实现教学评一致性有赖于教师坚持“五育并举”全面发展核心素养导向的教学理念，包括能够确定和叙写清晰的目标、选择和组织合适的素材和活动、采用与目标相匹配的方法、实施基于目标的评价。

实现“教学评”一致性，需要教师确定清晰的素养导向的目标，设计与目标相匹配的评价任务，在教学过程中获取与目标达成相关的学习信息，解释这些信息并做出反馈和指导。

三、实现“教学评”一致性的三个关键问题

（一）关于“教”

实现“教学评”一致性首要的是切适的（符合学生心理发展和生活实际，符合国家育人要求，符合学科知识）、清晰的目标。清晰的目标是什么？这些目标来自哪里？

《中共中央、国务院关于深化教育教学改革全面提高义务教育质量的意见》明确要求："严格按照国家课程方案和课程标准实施教学，确保学生达到国家规定学业质量标准。"

《教育部关于全面深化课程改革落实立德树人根本任务的意见》（教基二[2014]4号文件）在课程教学改革深化的关键领域、主要环节中的说明，要求"学科核心素养与课程标准的一致性"。

《教育部关于加强初中学业水平考试命题工作的意见》要求："严格依据义务教育课程标准命题，不得超标命题。"

我们可以确定，清晰的目标来自《学科课程标准》，这是国家的要求，因此需要牢固树立课程标准意识。

（二）关于"学"

长期以来，大量教师存在一些错误思想："我教过了，学生就一定学了""学生学过了就应当学会并能够考得出来"。教师总是关注自己"是不是讲过了，能不能讲完，是不是讲漏了"，关注大量刷题；而很少去关注"学生真的在学习吗？学生真的听懂了吗？真的学会了吗？"

实现"教学评"一致性必须完成教师立场的转变——摒弃教师立场和内容立场，选择学生立场，重点关注学，体现以学习为中心的教学设计、实施、评价的理念。

（三）关于"评"

1. 评什么？

"清晰陈述的目标"是"教学评"一致性的基础。测验、评价必须与目标相匹配（目标转变成检测问题或试题），"评"的依据是新课标的"学业要求"和"学业质量标准"。

2. 何时评？

评价不是教或学之后的一个环节，也不是一个人教、另一个人学了之后等待第三者来评的那个孤立的环节。教学、学习、评价应被看作是三位一体的关系，评价与教学、学习紧密地绞缠在一起，相互制约，相互影响。教学、学习应当是"数据驱动"的，而数据就来自评价；评价持续地镶嵌在教学、学习的过程之中，而不只在教学、学习终结之后。

3. 怎么评？

（1）形成性评价

通过形成性测验，可以使学生在确认自己完成教学目标的情况下，及时调整学习活动。通过评价，已达到教学目标的学生可以产生成功的满足感，更积极地参与下一环节的学习；未达到教学目标的学生可以清楚地了解自己有哪些基础知识或关键能力未能掌握，进一步明确努力方向，进行矫正——能够掌握学习。

（2）过程性评价

倡导学习即评价，实施过程性评价，记录学生的学习情况，将评价整合到学习之中，获得评价的数据，掌握学生真实学习状况。

（3）多元主体评价

坚持评价主体的多元化，特别注意学生既是受评者，也是评价者，应当越来越多地承担评价过程中的责任。

总之，坚持“教学评”一致性，我们可以获得：

教学智慧——不是仅仅关注自己的教，更要关注学生的学。

学习智慧——依据评价，反思性的、主动的知识建构。

评价智慧——情境化的、解释性的、基于表现的、参与式的、贯穿学习全过程的评价。

四、“教学评”一致性与“教学评”一体化

何为“教学评”一体化？

“教学评”一体化，是一种理念和指导思想，它强调在整个课堂教学过程中，教学目标、教学活动和教学评价三个要素的协调配合。这个概念在新课程背景下越来越受到重视，其主要目标是为了提高教学质量，促进学生全面发展。

实际上我们遵循“教学评”一致性原则开展教学设计，进行教学实施，开展教学评价就会实现“教学评”一体化。

思考与讨论

1. 简述“教学评”一致性的含义。

2. 为什么说“教学评”一致性是有效教学的理论?

3. 说一说原来你对“教学评”一致性的理解与现在有何不同?

第三节 “教学评”一致性教学设计的实践策略

依据“教学评”一致性的原则实现“教学评”一体化，教学设计是关键。实现“教学评”一致性的教学设计，需要关注哪些问题？采用哪些教学策略？

一、实现“教学评”一致性的“教”的策略——依据课程标准，确定明确切适的教学目标

课程标准是国家制定的一定学段的课程水平和课程结构的纲领性文件，因此一个具体、明确、切适的教学目标必然是依据课程标准确定的。能够把课程标准分解为一个具体教学的教学目标，这是学科教师必须具备的基本功。

因此，教师在运用“教学评”一致性的原理进行教学设计时，首先要认真研读课程标准的具体要求，做好以下事情：

（一）明确本段教学着力培养的核心素养

新课程方案的重要变化是，强化了课程的育人导向，强调核心素养导向。因此，教师在研读学科课程标准相关要求和进行教材分析时要弄清楚本段教学着力培养的（学科）核心素养，把核心素养的培育当成教学目标的核心，弄清本段教学核心素养形成应达成的表现。

（二）明确本段教学具体的知识技能（关键能力）、必备品格、正确价值观世界观的具体要求，并表达为本段教学的具体、明确的教学目标

研读学科课程标准的具体要求，坚持素养导向，撰写教学目标。教学目标的叙写要做到：

1. 明确教学目标的行为主体

教学目标的行为主体必须是学生而不是教师，因为判断教学是否有效的直

接依据是学生有没有获得具体的进步，培育素养，而不是教师怎么教和有没有完成任务。像是“让学生掌握知识”“培养学生的思维能力与解决问题的能力”等，这些写法都是不恰当的，因为以上例子中的目标行为的主体是教师，而不是学生。

2. 明确教学目标的行为动词

教学目标的行为动词必须是可测量、可评价、具体而明确的，能够变成评价目标达成的问题。如有的教师在叙写某课的教学目标时这样写道：“培养学生革命的大无畏精神；提高学生的写作技巧。”这种写法不仅主体不对，而且也无法对“革命的大无畏精神”和“学生的写作技巧”进步了多少进行测量和评价。

3. 明确教学目标的行为条件

教学目标中的行为条件是指影响学生产生学习结果的特定的限制或范围，为评价提供参照的依据。如“根据地图，指出我国的首都北京”“通过这节课的学习，了解‘环境保护要从我做起’的道理”或“在 10 分钟内，能完成 15 道简单计算题”。

4. 明确教学目标的表现程度

教学目标的表现程度指学生学习之后预期达到的最低表现水准，用以评量学习表现或学习结果所达到的程度。如“就提供的某一道应用题，学生至少能写出 3 种解题方案”“通过这一堂课的学习，学生至少能记住 4 个单词”等。目标表述的是基本的、共同的、可达到的教学标准，而不是无法实现的最高要求。

二、实现“教学评”一致性的“学”的策略——坚持以核心素养为导向的新教学

以核心素养为导向的新课标对教学提出了新要求、新挑战，这种要求和挑战不是零星的、局部的、简单的、表层的改变与调整，而是要在整个育人方式和人才培养模式上进行深刻的变革和创新。

（一）强调从以教为主走向以学为主

在教与学的关系上，强调从以教为主走向以学为主，建立学习中心课堂。教学包括教与学。教与学的关系是贯穿教学活动始终的一对主要关系，由这对关系构成的问题是教学论和教学改革的一个永恒的主题。历史上的各种教学理

论和教学改革基本上都是围绕教与学的关系展开的。以核心素养为导向的教学改革同样必须从教与学的关系变革入手！因此，实现“教学评”一致性的教学（学习）应当是学习中心的教学。

课堂教学中以学生的学习活动为主活动、主形式、主线路的学习活动（包括独立自主的个体学习、相互合作的小组学习以及分享互动的全班学习）应当占据课堂的主要时空，成为课堂的主形态；课堂教学的设计、组织必须以学生学习为主线路，围绕学生从不知到知、由浅至深、由表及里、从感性到理性等学习的内在路径展开。让学生的学习在课堂真实、深刻、完整地发生！

（二）强调从突出学习学科结构性知识走向注重学科实践

在学习方式和路线上，从突出学习学科结构性知识到强调学科实践，构建实践型的育人方式。教学改革的重要任务就是要在整体上确立学科实践在学科学习中的核心地位，让学科实践成为学科教学的新常态。

新课程改革以来，学习方式的变革经历了多次迭代升级。从知识授受转向探究学习是一次重要的转型，而素养导向的课堂教学又一次需要从探究学习转向学科实践（学科探究）的转型。如果说探究学习是对知识授受的外部超越，为的是克服传统课程“基本知识、基本技能双基论”教学的“接受学习、死记硬背与机械训练”弊病，那么学科实践则是教学模式的进一步升级，解决探究学习方式在中小学实践中出现的虚假化问题，从而走向“源于实践、通过实践、为了实践的学科探究”。

（三）强调从知识点教学走向大概念教学

在知识内容上，强调从知识点教学走向大概念教学，立足知识统整，推进大单元、大主题教学。传统教学遵循“从单个知识点的识记到理解再到应用（解题）的认知路径”。例如：数学“知识点教学”，“一个定义，三项注意，几个例题，大量练习”的教法，让学生学会了数学解题，却没有形成相应的数学素养；语文“挖坑式教学”，教师在规定的课时里教完一个个生字新词、一篇篇课文、一次次习作，学生看似完成了识字、阅读、写作、练习等任务，但语文素养却始终没有形成。

这种碎片化、点状式的教学割裂了知识的内在联系，虽在一定程度上强化了所谓的“双基”，却严重妨碍了核心素养的形成。知识统整就是针对知识的割裂而言的。强调知识的结构化、整合化，防止知识的孤立化、片面化，是知识转化为核心素养的基本要求。总之，学科大概念是学科知识的精华所在，是较有价值的知识，是较能体现和转化为素养的知识（较有素养含金量的知识）。

大概念在新课标中的表现形式：大观念、核心概念、基本观念、重要内容、大主题、大任务等。

素养导向、学习中心、学科实践、单元教学是全面深化教学改革的四个重要内容和表现（教学改革的四个大概念）。四者是新课标新教学改革的方向和主题；四者都有实践的基础和依据。我们需要立足本地区本学校本学科的改革基础，点上突破，全面推进，构建核心素养导向的新时代的新教学。

三、实现“教学评”一致性的“评”的策略——基于清晰目标的达成，实施过程性评价、增值评价

教学目标是灵魂，它既是课程逻辑的起点，又是终点，决定着教师的教，学生的学和对教学的评价，因此清晰的目标是关键。没有清晰的目标就没有明确的依据处理教材和选择方法，也就没有标准来评价学生到底学会了什么。当然，这些清晰的目标需要从应然的“目的”走向实然的“目标”，即我们需要通过评价知道预设的目标是否已经达成，要通过评价清晰地知道“学生是否学会了什么”。

20 世纪 80 年代以后，各国评价领域，特别是形成性评价的蓬勃发展，直接推动了课程和教学一致性的形成。诸多冠以“表现性评价”“真实性评价”“档案袋评价”之名的新型评价方式逐渐被教师所了解和掌握，并影响着教师的课堂教学。这些新型评价强调真实的情境化的测验，强调运用多元评价，强调对高层次技能而不是知识再生产的评价；它不仅是对认知的评价，还是对元认知、情感和社会维度以及心理动力技能的评价；它关注将评价整合到学习之中，倡导学习即评价；学生既是受评者，也是评价者，越来越多地承担评价过程中的责任。在这种新型的评价中，传统的智慧被摒弃，新的智慧评价（智慧——情境化的、解释性的、基于表现的、参与式的）正在出现。这种新的智慧标志着评价范式已经从心理测量学范式走向教育评价范式，从“关于学习的评价”走向“促进学习的评价”。

中共中央、国务院印发的《深化新时代教育评价改革总体方案》要求：坚持科学有效，改进结果评价，强化过程评价，探索增值评价，健全综合评价，充分利用信息技术，提高教育评价的科学性、专业性、客观性。

其中增值评价，是指评价学生在一段时间教育过程后的“成长”，以变化取代原来对学生在某一个特定时刻的状态的关注。这种评价方式将学生原有的学业成绩及家庭背景等多个因素考虑在内，提出一个合理增长的模型。它不仅关注学习过程的最后产出，更看重学习过程所带来的增值，凸显了“以人为本”，尊重每个学生的教育理念。

思考与讨论

1. 在新课程方案和新课程标准颁布实施后，课程教学改革将进入新的阶段。说说“教学评”一致性的原理对课堂教学改革深化有何重要意义？

2. 说说新课程背景下“教学评”一致性的实践策略都有哪些？

第四章　严格依据课程标准教学

第一节　课程标准是学科教学的指导性文件

国家课程标准是国家基于教育方针和培养目标对基础教育课程的基本规范和要求，是确定一定学段的课程水平及课程结构的纲领性文件。课程标准是教材编写、教学、评估和考试命题的依据，是国家管理和评价课程的基础。它体现国家对不同阶段的学生在基本知识、关键能力、必备品格、正确的世界观价值观等方面的基本要求，规定各门课程的课程性质、课程理念、课程目标、课程内容、学业质量，并提出教学和评价的建议。

课程标准与20个世纪我国基础教育普遍使用的教学大纲不同，课程标准已经从原来教学大纲的“教与学的内容纲要”，变成了现在的“学生学习结果纲要”。我们可以认为课程标准是度量学科教育质量的准绳：度量的是学生们所掌握学科知识和学科核心素养的质量；给学生提供学科学习机会的教学计划的质量；学科教学的质量；支持学科教师和学科教学计划的教育系统的质量；评价的具体做法和政策的质量。无论在国家层面上、地方层面上，还是在学校层面上，课程标准的制定为所有的教育工作者提供了判断依据。它帮助教育工作者们判断什么样的课程、什么样的教师研修活动或者什么样的评价方式、什么样的教学环境等才是合适的。课程标准有助于使课程教学改革的工作步调统一、目标一致、首尾如一地进行下去；使每一个人都能向着同一方向前进。因此，课程标准可确保我们为课程教学改革而采取的各种颇具风险的行动得到整个系统中的政策和实际做法的支持。

具体地说，课程标准描述的是学生学习所包括的主要领域及大多数学生在每一学习领域能达到的学习结果。它为各个学校的课程规划、实施与评价提供了一种参照。课程标准是为评估学生学习而设计的一般标准。这个标准通过描述期望学生达到的国家标准，为所有学生设立了相称的目标。它们的根本目的是给教师、家长和学生提供对期望学生达到结果的清晰的陈述。课程标准对学生提出了较高但是合理的要求，这些要求调和了学生现有学业水平和期望达到的学业水平，以保证此标准兼具未来性和现实性。教师可以运用课程标准来评估学生的学习，并与学生、家长一起规划如何提高。教师也可以将标准作为向家长报告学生学业成绩的参考。家长可以运用课程标准来评估孩子的学习情况，教育行政部门可以用这个标准作为课程评价的依据。课程标准是对希望学生在校期间应掌握的特定的知识、关键能力、必备品格和正确世界观价值观的非常清晰明确的阐述。课程标准描述了国家在现阶段规定学生在不同年级、不同学科领域应该获得的成绩、行为以及个人发展，以使学生为丰富完满的生活做好准备。

思考与讨论

请你梳理一下本节，说说课程标准对教学的指导作用。

第二节 课程标准的框架

一、2001 年版、2011 年版课程标准的框架

课程标准的框架是指同一套课程标准的具体格式，是规范一个国家或地方的各个领域或各门课程在学生学习结果方面的陈述方式。尽管各国的课程标准框架是多种多样的，至今也没有一个国际公认的陈述形式，但是同一套标准的格式基本上还是一致的。这主要有利于体现规范文件的严肃性与正统性，有利于标准的宣传、交流与传播，也有利于教师的阅读、理解与接受。

2001 年版和 2011 年版课程标准包括前言、课程目标、课程内容、实施建议四部分和附录。

前言：结合本门课程的特点，阐述课程改革的背景、课程性质、基本理念与本标准的设计思路。

课程目标：按照国家的教育方针以及素质教育的要求，从知识与技能、过程与方法、情感态度与价值观三方面阐述本门课程的总体目标与学段目标。

课程内容：根据上述的课程目标，结合具体的课程内容，用尽可能清晰的行为动词所阐述的目标。

实施建议：为了确保国家课程标准能够在全国绝大多数学校的绝大多数学生身上实现，减少中间环节的“落差”，需要在国家课程标准中附带提供推广或实施这一标准的建议，主要包括：教与学的建议、评价建议、课程资源的开发与利用建议，以及教材编写建议等。同时要求在易误解的地方或陈述新出现的重要内容时，提供适当的典型性案例，以便于教师的理解，同时也是引导一种新观念的有效方法。

附录：按照学科特点不同而不同。例如数学课程标准，分“附录 1 有关行为动词的分类”和“附录 2 课程内容及实施建议中的实例”两部分。

附录 1　有关行为动词的分类：对课程标准中出现的一些重要术语进行解释与说明，使使用者能更好地理解与实施课程标准。

附录 2　课程内容及实施建议中的实例：给出了课程内容和实施建议中涉及的案例供教师教学时参考。

二、2022 年版课程标准的框架

2001 年颁布的义务教育课程设置实验方案和 2011 年颁布的义务教育各课程标准，坚持了正确的改革方向，体现了先进的教育理念，为基础教育质量提高做出了积极贡献。随着义务教育全面普及，教育需求从“有学上”转向“上好学”，必须进一步明确“培养什么人、怎样培养人、为谁培养人”，优化学校育人蓝图。当今世界科技日新月异，网络新媒体迅速普及，人们的生活、学习、工作方式不断改变，儿童青少年成长环境发生深刻变化，人才培养面临新挑战。因此，义务教育课程必须与时俱进，进行修订完善。

基于国家对义务教育的这些新理念、新要求，2022 年版新课标发生了重要变化：

一是强化了课程育人导向。各课程标准基于义务教育培养目标，将党的教育方针具体化细化为本课程应着力培养的核心素养，体现正确价值观、必备品格和关键能力的培养要求。

二是优化了课程内容结构。以习近平新时代中国特色社会主义思想为统领，基于核心素养发展要求，遴选重要观念、主题内容和基础知识，设计课程内容，增强内容与育人目标的联系，优化内容组织形式。设立跨学科主题学习活动，加强学科间相互关联，带动课程综合化实施，强化实践性要求。

三是研制了学业质量标准。各课程标准根据核心素养发展水平，结合课程内容，整体刻画不同学段学生学业成就的具体表现特征，形成学业质量标准，引导和帮助教师把握教学深度与广度，为教材编写、教学实施和考试评价等提供依据。

四是增强了指导性。各课程标准针对“内容要求”提出“学业要求”“教学提示”，细化了评价与考试命题建议，注重实现“教学评”一致性，增加了教学、评价案例，不仅明确了“为什么教”“教什么”“教到什么程度”，而且强化了“怎么教”的具体指导，做到好用、管用。

五是加强了学段衔接。小学要注重幼小衔接，初中课程还要根据高中阶段学生特点和学科特点，为学生进一步学习做好准备。

基于国家对义务教育的新理念、新要求，2022 年版新课程标准的框架随之有了新的变化。2022 年版新课标在原来课标的前言、课程目标、课程内容、实施建议四部分加附录的基础上把“前言”独立出来拿到前面；学科课程标准部分框架为课程性质、课程理念、课程目标、课程内容、学业质量、课程实施六部分加上附录。

1. 前言

2022 年版各学科课程标准都有统一的“前言”。

首先，前言明确了课程教材要发挥培根铸魂、启智增慧的作用，必须坚持马克思主义的指导地位，体现马克思主义中国化最新成果，体现中国和中华民族风格，体现党和国家对教育的基本要求，体现国家和民族基本价值观，体现人类文化知识积累和创新成果。随着义务教育全面普及，教育需求从“有学上”转向“上好学”，必须进一步明确“培养什么人、怎样培养人、为谁培养人”，优化学校育人蓝图。

其次，明确了指导思想，即明确聚焦中国学生发展核心素养，培养学生适应未来发展的正确价值观、必备品格和关键能力，引导学生明确人生发展方向，成长为德智体美劳全面发展的社会主义建设者和接班人。

再次，说明了修订原则，即坚持目标导向、坚持问题导向、坚持创新导向。

最后，说明了主要变化，包括“关于课程方案”和“关于课程标准”的新变化、新要求。

2. 主体

2022 年版各课程标准把课程性质和课程理念从原来课程标准的前言中分离出来，更详细和完整地加以阐述。

课程性质：整合教育改革发展和课程教学改革中对学科课程性质的新认识、新成果进行了新描述。

课程理念：对课程理念的确定吸收了教育改革发展和课程教学改革中对学科课程理念的新认识、新成果、新发展。

课程目标：坚持核心素养导向，首先给出了学科着力培养的核心素养的内涵；然后将这些核心素养具体化为相关必备品格、正确价值观和（学科）关键能力，并成为（学科课程）总目标；再把（学科）核心素养要求按学段细化为具体表现的目标。

课程内容：以发展学生的核心素养为导向，根据不同阶段学生的身心发展特点，以学生实际生活为基础，分学段按主题对内容进行科学设计，建构学段衔接、循序渐进、螺旋上升的学科课程体系。为增加课程标准对教学的指导性，各课程标准针对“内容要求”提出“学业要求”“教学提示”，细化了评价与考试命题建议，注重实现“教学评”一致性。

学业质量：这是2022年版课程标准新增加的部分。学业质量标准是以核心素养为主要维度，结合课程内容，对学生学业成就具体表现特征的整体刻画。

根据不同学段学业成就表现的关键特征，学科课程学业质量标准呈现的是学生学习成效的典型特征，以反映课程目标的达成度，旨在引导教师转变育人方式，树立科学的学业质量观。学业质量标准是指导评价与考试命题的基本依据，也用于指导教材编写、教学与课程资源建设。学科学业质量标准按照各个学段呈现。

课程实施：分教学建议、评价建议（包括教学评价和学业水平考试的建议）、教材编写建议、课程资源开发与利用、教师培训与教学研究五部分给出要求。

3. 附录

不同学科根据各自的不同需求，给出（学科）核心素养学段表现、有关行为动词的分类、教学案例、评价案例、综合实践案例、跨学科实践活动案例、课程资源等的附录。

思考与讨论

相较原来的课程标准，请说一说你所任学科的2022年版课程标准发生了哪些新变化。

第三节　严格依据课程标准教学是国家要求

一、课程方案和课程标准研制路线与作用发挥

《教育部关于全面深化课程改革落实立德树人根本任务的意见》（教基二[2014]4号文件）在“着力推进关键领域和主要环节改革”需要完成的工作中要求:

1. 研究制订学生发展核心素养体系和学业质量标准

首先根据学生的发展、成长规律和目前国家对人才的需求和期望，把对学生德智体美劳全面发展总体要求和社会主义核心价值观的有关内容具体化、细化，回答好“培养什么人、怎样培养人”的问题。教育部组织研究提出各学段学生发展核心素养体系，明确学生应具备的适应终身发展和社会发展需要的必备品格、关键能力和正确的世界观、人生观、价值观，突出强调个人修养、社会关爱、家国情怀，更加注重自主发展、合作参与、创新实践。

2. 修订课程方案和课程标准

依据学生发展核心素养体系，明确各学段、各学科具体的育人目标和任务，修订和完善中小学学科课程标准。增强学科课程科学性，客观反映人类探索自然和社会发展的规律，确保课程内容严谨、准确、切适。

3. 编写、修订中小学相关学科教材

依据课程标准要求编写、修订教材，优化教材内容。

4. 改进学科教学的育人功能

全面落实以学生为本的教育理念。开展育人思想和方法研讨活动，将教育教学的行为统一到育人目标上来。在发挥各学科独特育人功能的基础上，充分发挥学科间综合育人功能，开展跨学科主题教育教学活动，将相关学科的教育

内容有机整合，提高学生综合分析问题、解决问题能力。

5. 加强考试招生和评价的育人导向

加快推进考试招生制度改革，注重综合考查学生发展情况，引导学校实施素质教育，科学选拔人才。各级考试命题机构要严格以国家课程标准和国家人才选拔要求为依据组织中、高考命题，评估命题质量，保证考试的导向性、科学性和规范性。

6. 强化教师育人能力培养

研究设计基于新课程标准的培训与研修课程，开发优质资源。

在这个“着力推进关键领域和主要环节改革”的工作任务的内容和流程中，我们可以清楚地了解到课程标准的重要地位和作用，了解课程标准为什么对于学校教育教学具有统领性意义。因此，认真学习和领会课程标准的要求和理念，对每一个教师都是极其重要的，需要建立严格依据课程标准意识。

二、严格依据课程标准教学和评价是国家要求

课程标准对学校教育教学工作具有极其重要的意义，因此国家和教育部对课程标准的使用都有明确的要求。

《中共中央、国务院关于深化教育教学改革全面提高义务教育质量的意见》要求：

提升智育水平。着力培养认知能力，促进思维发展，激发创新意识。严格按照国家课程方案和课程标准实施教学，确保学生达到国家规定学业质量标准。

严格按课程标准零起点教学，小学一年级设置过渡性活动课程，注重做好幼小衔接；坚持和完善集体备课制度，认真制定教案。各地各校要切实加强课程实施日常监督，不得有提前结课备考、超标教学、违规统考、考试排名和不履行教学责任等行为。

从严控制考试次数，考试内容要符合课程标准、联系学生生活实际，考试成绩实行等级评价，严禁以任何方式公布学生成绩和排名。建立学有困难学生帮扶制度，为学有余力学生拓展学习空间。

以新时代教师素质要求和国家课程标准为导向，改革和加强师范教育，提高教师培养培训质量。

稳步推进初中学业水平考试省级统一命题，坚持以课程标准为命题依据，不得制定考试大纲，不断提高命题水平。

对违背党的教育方针、背离素质教育导向、不按国家课程方案和课程标准实施教学等行为，要依法依规追究教育行政部门、学校、教师和有关人员责任。

此外，教育部关于课程教学的文件也反复多次强调“严格依据课程标准教学”和“严格依据课程标准命题考试”。

根据对党和国家以及教育部关于课程教学相关文件内容的阅读，我们应当明确认识到：严格依据课程标准教学和评价是国家要求，我们必须不断提高严格依据课程标准教学和评价的意识和自觉性。

思考与讨论

请你说一说如何增强自己的课程标准意识。

第四节　依据课程标准教学具有强可行性和实操性

在各课程标准的前言中,“关于课程标准”都指出了新课程标准的主要变化,包括:

增强了指导性。各课程标准针对“内容要求”提出“学业要求”“教学提示”,细化了评价与考试命题建议,注重实现“教学评”一致性,增加了教学、评价案例,不仅明确了“为什么教”“教什么”“教到什么程度”,而且强化了“怎么教”的具体指导,做到好用、管用。

研究课程标准中相关学习内容的“内容要求”和“学业要求”可以明确学习内容着力培养的核心素养;研究“内容要求”和“学业要求”还可以明确相关教学内容的教学目标;研究“学业要求”可以明确相关内容的目标达成程度;研究落实“教学提示”可以帮助我们设计好相关学习内容的学科探究路径与自主合作探究的策略方法。

例如:人教版初中数学八年级上册“三角形内角和”。

这段教学内容属于2022年版数学课程标准第四学段,图形与几何的“图形的性质”主题中的教学内容。

【内容要求】

探索并证明三角形的内角和定理。掌握它的推论:三角形的外角等于与它不相邻的两个内角的和。

【学业要求】

在直观理解和掌握图形与几何基本事实的基础上,经历得到和验证数学结论的过程,感悟具有传递性的数学逻辑,形成几何直观和推理能力。

【教学提示】

学生还将第一次经历几何证明的过程,需要理解几何基本事实的意义,感悟数学论证的逻辑，体会数学的严谨性，形成初步的推理能力和重事实、讲道理的科学精神。

分析和研究“内容要求”“学业要求”“教学提示”可以使我们明确“三角形内角和”一课要着力培养的核心素养为“感悟具有传递性的数学逻辑，形成几何直观和推理能力”——解决了“为什么教”的问题；教学目标为“探索并证明三角形的内角和定理”——解决了“教什么”的问题；目标达成要求为“在直观理解和掌握图形与几何基本事实的基础上，经历得到和验证数学结论的过程，感悟具有传递性的数学逻辑，形成几何直观和推理能力”——解决了“教到什么程度”的问题；学生的学习过程强调“经历几何证明过程”，“需要理解几何基本事实的意义，感悟数学论证的逻辑，体会数学的严谨性”，最终“形成初步的推理能力和重事实、讲道理的科学精神”——解决了“怎么教的问题”。

我们开展支架式教学设计的探索实践证明，只要有了一个支架，形成一个有效的流程，依据课程标准的“内容要求”“学业要求”“教学提示”进行教学设计和教学实施便具有很强的可行性和实操性。

思考与讨论

回忆一下，你过去备课、上课前认真研读过课程标准吗？你觉得应当如何依据课程标准教学？

实践篇

第一章 教学设计是上好一节课的必要条件

第一节 认识教学设计

一、什么是教学设计

教师的教学工作大概可以分为课前、课中、课后三个阶段。课前要做好教学方案和各种教学准备；课中要做好教学实施，上好课；课后要对教学进行评价和课后反思。教学设计大致就是教师备课的系列工作。

如果给教学设计下一个较为全面的定义，应该是：

教学设计是指教师为了优化教学过程，提高教学质量，以教育教学理论为基础，根据学生的学情特点，考虑自己的教学风格，对教学过程和要素进行科学的规划和安排，制订出完整教学实施方案的过程。

二、教学设计的特性

1. 教学设计具有科学性

教学设计依据学习理论、学科教学法和系统科学理论，在一定程度上克服了经验式教学的不足。教学过程设计有了科学依据，教学环节和教学活动就有了一定的相应理论支撑；教师的每一种教学行为都有较为科学的论证，教学设计中有了课堂里各种教学事件处理的预设，教学过程的运行就会更加科学、有序、有效，就能较好地保证教学目标的达成，保证教学质量的不断提高。

2. 教学设计具有系统性

教学设计的过程也是整合教学要素，形成最大的教学合力的过程。教学设计力图把教学活动的要素以一定的联系方式组成一个系统，系统中每个要素都能对教学效果产生直接或间接的影响作用。教师力图综合地、整体地规划和安排教学活动，合理地搭配每一个教学要素形成系统，力图使每个教学要素都指向教学目标的达成，形成最优化的搭配，产生最大合力，实现最优化的教学效果。

3. 教学设计可以实现理论与实践结合

部分教师忽视教学理论对教学实践的影响力，使教学实践缺少理论支撑，故有效教学也不能很好地实现。我们在教学设计的研究和实践中应把教学理论与教学实践结合起来，充分发挥教学理论对教学实践的指导功能。强调依据课程标准，开展有效的教学设计，让我们能够落实新课程的新理念新要求，把新教育理论与学校课程教学改革相结合，真正实现了理论与实践结合。

三、教学设计的要素

通常我们认为教学设计包含教学对象、教学内容、教学目标、教学策略、教学资源、教学评价六个要素。

教学对象：需要做学习者特征分析，了解学生的相关生活经验、知识、技能基础，及其学习风格和特点。

教学内容：需要明确教学内容的主题、基本概念和学习范围，确定学生应掌握的知识点和技能。

教学目标：需要确定切适的、清晰而具体的教学目标，使教师和学生都清楚教学期望达成的结果。

教学策略：选择适合的教学方法和手段来实现教学目标，例如讲解、示范、练习、小组讨论等，也包括主题学习、任务学习、跨学科学习等。

教学资源：选择和整合为实现教学的有效开展所提供的各种可被利用的条件，包括教材、案例、影视、图片、课件等，也包括教师资源、教具、基础设施以及信息技术的支持等。

教学评价：设计评价标准与任务，用于检验学生对教学目标的达成度，并及时调整教学和学习策略。

2022年版课程方案和课程标准颁布实施后，按照新课程的新理念、新要求，教学设计必须解决一节课（一个教学内容）“为什么教”“教什么”“教到什么程度”“怎么教”的问题。这样我们就得在教学设计的要素中加上解决一节课（一个教学内容）“为什么教”，也就是要明确这节课要落实怎样的核心素养培育的内容。新课程的教学改革创新要求探究学习的迭代升级，也就是倡导学科探究的学习方式，这就需要认真研究如何按学科实践的要求设计课堂学习的学习路径（或者叫作教学流程）。

综合上述分析，教学设计的要素要包括教学对象、教学内容、着力培养的核心素养、教学目标、教学流程、教学策略、教学资源、教学评价等八个要素。当然在教师实际备课时可以把这些要素进行整合。

思考与讨论

你认为教学设计的要素有哪些？

第二节　教学设计是上好一节课的必要条件

古人说："凡事预则立，不预则废。"也就是说做任何事情，事前有准备就可以成功，没有准备失败的可能性就会加大。教学更是如此，如果课前没有认真的研究、规划、设计，没有各种资源的准备、整合，就不会有好的教学结果。在学校工作中，从领导组到教研组都十分重视教师独立备课和集体备课活动，体现了对教学设计的重视。

俗话说：一出好戏关键在脚本，剧本好才是硬道理。教学也是如此，没有好的教学设计，不可能上出好课、优质课、精品课。可以说，抓住了教学设计就是抓住了提高教学质量的牛鼻子，因此做好教学设计是上好一节课的必要条件。

教育部办公厅在关于印发《基础教育课程教学改革深化行动方案》的通知中提出：为贯彻党的二十大精神，落实立德树人根本任务，办好人民满意的教育，教育部决定推进实施"基础教育课程教学改革深化行动"。

"课程教学改革深化行动"于2023年启动，将有组织地持续推进基础教育课程教学深化改革。其中一项重要的任务是，培育一批深入实施新课程的典型区域和学校；总结发现一批教学方式改革成果显著、有效落实育人要求的教育教学案例。这个目标的实现要靠"教学方式变革行动"的开展来推动。

在"教学方式变革行动"中要求开展"实施教学改革重难点攻坚"活动，"依托专业机构建立指导支持机制，聚焦核心素养导向的教学设计、学科实践（实验教学）、跨学科主题学习、作业设计、考试命题、综合素质评价等教学改革重点难点问题，探索不同发展水平地区和学校有效推进教学改革的实践模式"。要注意到，"核心素养导向的教学设计"是这个系列活动的龙头，要通过"核心素养导向的教学设计”推动课程教学深化的课堂教学中重难点问题的解决，推动精品课生成和遴选，不断深化教学改革，提高教学质量。

鉴于核心素养导向的教学设计的重要性，在课程教学改革不断深化的形势下，学校开展核心素养导向的教学设计研修成为很迫切的任务。

思考与讨论

你认为为什么教学设计是上好一节课的必要条件？

第二章 “核心素养导向‘教学评’一致性支架式教学设计”的构建

第一节 核心素养导向的教学设计的结构化

既然“核心素养导向的教学设计”有如此重要的作用和意义，那么如何有效的开展新课程推进中的教学设计？支架式教学给了我们重要的启示。

支架式教学是基于建构主义学习理论提出的一种以学习者为中心，以培养学生的问题解决能力和自主学习能力为目标的教学法。该教学法是指一步一步地为学生的学习提供适当的、小步调的线索或提示（支架），让学生通过这些支架一步一步地攀升，逐渐发现和解决学习中的问题，建构所要学习的知识，提高问题解决能力，成长为一个独立的学习者。

我们在教师教学设计的工作和研修中，能不能类似支架式教学那样，也搭起一个教师进行教学设计的支架，结构性、系统化地进行教学设计，从而不断提高教学设计的有效性。

如何在新课程方案和新课标颁布实施、课程教学改革进一步深化的背景下进行教学设计的系统化?

在新课程背景下，教学设计要按新课程、新课标要求，“教学评”一致性地解决好以下四个问题：“为什么教”“教什么”“怎么教”“教到什么程度”。

1. 核心素养导向——建立具体教学内容与核心素养主要表现的关联——为什么教。

2. 教——确定基于核心素养的切适的教学目标——教什么。

3. 学——结构化内容（例如测量操作探究基础上的三角形性质认识）、内容与核心素养的联系；学科探究的教学方法（学生在实践、探究、体验、反思、合作、交流等学习过程中感悟基本思想、积累基本活动经验）、强化情境设计与问题提出、教学资源的整合与信息技术的深度融合——怎么教。

4. 评——过程性评价、掌握学习、增值评价（不以学生的考试成绩作为评价学校和教师的唯一标准，引导学校多元发展。简单地说就是看学生的进步，不搞横向比较）——教到什么程度。

我们按照系统论的思想，可以把教学设计看作一个系统。以整体实现教学的“为什么教”“教什么”“怎么教”“教到什么程度”的功能划分子系统。可以将教学设计分为“教材分析，确定着力培养的核心素养”“确定素养导向的教学目标”“设计学科探究的教学流程”“选择有效的策略方法”“整合教学资源和信息技术支持”五个子系统。

教材分析，确定着力培养的核心素养，将教学设计的教学对象、教学内容、着力培养的核心素养三个要素整合在一起，这个子系统的功能主要是试图解决“为什么教”的问题。

确定素养导向的教学目标，主要涉及教学设计的“教学目标”要素，确定素养导向的、切适的教学目标是这个子系统的功能，试图解决“教什么的问题”。

设计学科探究的教学流程，主要涉及教学设计的“教学流程”要素，这个子系统主要解决学科探究的教学流程，或者称作学科探究的学习路线，主要考虑落实自主合作探究的学习方式，实现探究学习的升级，从功能上说主要是试图解决“怎么教”的学习路线问题。

选择有效的策略方法，主要涉及“教学评价”和“教学策略”两个教学设计要素，这个子系统包括选择符合新课程理念的“教”与“学”的策略，积极探索基于情境、问题导向、深度思维、高度参与的教育教学模式，引导学生自主、合作、探究学习；还要依据“教学评”一致性的原理，设计促进学生发展的过程性、激励性、增值性评价，实现学生掌握的学习，从功能上讲，这个子系统主要试图解决“怎么教”和“教到什么程度”的问题。

整合教学资源和信息技术支持，主要涉及教学设计的“教学资源”要素，在这个子系统里，主要涉及教学资源的整合，充分利用信息技术的优势和国家智慧教育平台优质教学资源，还包括创设教学情境，进行实验探索器材以及其他工具、材料的准备。当然，这个流程里的一些工作也可以根据需要灵活地安排在其他流程里，这个子系统主要试图解决教学资源的整合和提供的问题，即解决“怎么教”的问题。

思考与讨论

谈谈你对“教学设计系统化”的看法。

第二节　有效教学支架的构建

类似于支架式教学，能否在教学设计的过程中也搭建台阶，让教师一级一级地攀登，最终完成有效教学设计的目的呢？我们按照有效高效的原则和逻辑将教学设计的子系统流程化，就会得到一个教学设计的支架，有利于教师结构化教学设计。

按照教学设计的目标——在新课程理念下备好一节课，同时考虑到教师备课工作的习惯，可以将教学设计的五个子系统按教学设计中的先后顺序，安排如下流程。

流程一：教材分析，确定着力培养的核心素养

在这个流程里，教师需要从大单元、大概念和核心素养培育的视角对教材进行分析。了解相关教学内容的学科大概念、核心知识和基本技能，分析学情，分析教材编者意图，梳理出相关学科需要着力培养的核心素养和应达到的具体表现，落实核心素养导向的教学改革创新。在这个流程里主要是解决“为什么教”的问题。

流程二：确定素养导向的教学目标

在这个流程中基于核心素养导向，确定符合课程标准具体要求的、切适的教学目标，并把教学目标描述为学生明白的且有清晰准确目标达成度要求的文字表达。在这个流程里主要解决“教什么”的问题。

流程三：设计学科探究的教学流程

新课程倡导自主合作探究的学习，2022 年版课程方案和课程标准又提出学科探究的学习方法。学科探究概念是指，通过对某一学科领域进行研究和探讨，以获得更深入的理解和知识。学科探究强调的不仅仅是简单的知识传递和学科内容学习，而是让学生像学科专家和学科工作者那样思考和研究，是一种综合

性的学习方式，需要主动参与、探索和思考，是原来探究学习的升级。在这个流程里，主要解决“怎么学的”学习路线问题和学习方式问题。

流程四：选择有效的策略方法和设计过程性评价

在这个流程里，依据教学目标的要求和学习路线的实际操作，设计学生自主学习、小组合作，学科探究以及新课标倡导的主题学习、任务学习、项目学习的活动方案；根据过程性评价和“教学评”一致性原则，设计能够记录学生过程和过程中评价的评价工具量表；设计教学情境和学习任务单……在这个流程里，主要解决了“教到什么程度”和“怎么教”的策略方法和评价的问题。

流程五：整合教学资源和信息技术支持

在这个流程里，一部分工作是根据教学过程的需求，收集整理整合教学资源，提供探究学习的器材工具。一部分工作是在学校信息各种软硬件条件和国家、省市和学校教学平台的支持下，智慧课堂智慧学习。这个流程，主要解决教学中信息技术的支持和教学资源的提供。

核心素养导向，“教学评”一致性有效教学设计的流程支架图如下：

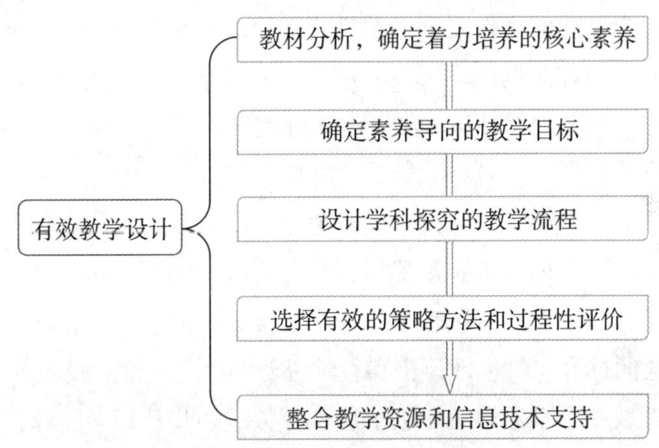

思考与讨论

谈谈你认为合理的教学设计流程。

第三章　支架式教学设计中存在问题的解决

第一节　解决好核心素养导向

2022年新课程方案新课程标准最需要注意的变化就是完善了育人目标，强调核心素养育人。学科教育不仅仅要让学生学会学科知识，更要服务于培养德智体美劳全面发展的社会主义建设者和接班人，因此是核心素养导向的。在教材分析的过程中，我们不仅要分析学科的知识体系和学科概念及学科知识学习的过程，更要明确在基本概念（核心概念、大概念）的形成中学科能够着力培养的核心素养，并努力保证核心素养的培育效果。

基于这样的思考，在教材分析的过程中，教师需要站在大单元、大概念的视角分析教学内容；明确学习过程中着力培养的核心素养的表现程度；分析如何利用结构化的教学内容落实素养培育，分析教材编写者在教材中具体实现核心素养培育的编写意图，引领教学设计中教学目标的确定、教学流程的设计、教学策略方法的选择、过程性评价和教学资源的整合及信息技术的支持。

例如，人教版小学数学三年级上册《分数的初步认识》一课，是“分数的初步认识”这一章的第一节课。“分数的初步认识”从大单元的视角看这章的基本概念是分数、分数单位、同分母分数加减法。分数是学生在学习了平均分和除法后置身在现实生活中遇到像中秋节分月饼这样的情境时所发现的问题。因为将一个物品平均分成几份，取其中一份（或几份）的量不能再用自然数表示了。数不够用了！小学里第一次需要把数系进行扩张。怎么表示这样的数？如何进行运算？这些需要学生在解决实际问题中，用数学的眼光观察世界，逐步形成数感（感悟分数单位，能比较简单的分数的大小）和符号意识（符号描述分数）；会用数学的思维思考世界，形成简单分数（同分母分数）加减运算的能力；会用数学的语言表达世界，能够解决现实生活中的简单的分数问题。这里核心素养中的关键能力包括初步抽象能力、数感（量感）、运算能力等。

教材编写者将《分数的初步认识》这节课的教学安排在中秋节附近，利用节日里会遇到的分月饼的现实生活情境引入，让学生参与到具体的操作中，感悟分数产生的过程，感悟分数的表示，感悟分数单位，有利于初步抽象能力、数感（量感）、运算能力等核心素养的培育。

实际上在做以上讨论的时候，我们还要认真阅读课程标准“课程内容”的相关要求，看看其中对本段教学着力培育的核心素养的具体要求。

对《分数的初步认识》这段教学，数学课程标准第二学段“数与代数领域”的“数与运算”主题的“内容要求”为：结合具体情境，初步认识分数，感悟分数单位；会同分母分数的加减法。“学业要求”为：能直观描述分数，能比较简单的分数的大小；会进行同分母分数的加减运算；形成数感、符号意识和运算能力。因此可以进一步确认“数感、符号意识和运算能力”是这段教学需要着力培养核心素养的正确性。

数学课程标准的“学业质量标准”中对第二学段学业质量的描述：“能结合具体情境初步认识分数，能进行简单的分数加减运算，形成数感、运算能力和初步的推理意识。”从第二学段的学业质量描述中我们进一步明确了“形成数感、运算能力和初步的推理意识”的具体表现程度。

当然在教学设计的这个流程里，还要进行学生的学习者特征分析，了解学生相关预备知识、技能、相关核心素养现状。

思考与讨论

谈谈你对“解决好核心素养导向”的疑问，小组讨论一下如何解决。

第二节　依据课程标准确定切适的教学目标

一节课的教学目标对教学设计和教学实施来讲具有统领性的意义。根据“教学评”一致性的原理，清晰的教学目标是“教学评”一致性有效教学的前提和灵魂。在明确了相关教学内容着力培养的核心素养之后，确定切适的教学目标就是有效教学设计关键的一步了。

一、依据课程标准，核心素养导向的教学目标确定

新课程的教学目标是核心素养导向的，这些目标应当依据学科课程标准确定。课程标准为了提高对教学的指导性，对每个教学内容都提出了“内容要求”和“学业要求”，也就是对每个教学内容都提出了明确的“学什么”和“学到什么程度”的要求，我们确定教学目标时当然要依据这些要求。

还以人教版小学数学三年级上册《分数的初步认识》为例。

数学课程标准中对本课的相关“内容要求”为：结合具体情境，初步认识分数，感悟分数单位。“学业要求”为：能直观描述分数。依据以上要求，《分数的初步认识》一课教学目标为：

1. 在中秋节平均分月饼的生活情境中直观描述分数，感悟几分之一。

2. 教学重点是生活情境中直观描述分数，教学难点是感悟几分之一。（注意！这里的“直观描述分数”是初步认识分数的具体表现。）

二、常见教学目标陈述中遇到的问题

1. 教学目标陈述的要素

教学目标陈述的基本要素包括，行为主体、行为动词、行为条件、表现程度。

例如：（学生）通过了解元谋人、蓝田人、北京人等旧石器时代的人类及其文化遗存，知道中国境内原始社会时期的人类活动。

2. 教学目标陈述的主体

行为主体必须是学生而不是教师，因为判断教学有没有效益的直接依据是学生有没有获得具体的进步，而不是教师有没有完成任务。像“使学生……”“让学生……”“培养学生”等，这些写法都是不规范的，因为这样描述的目标行为的主体是教师，而不是学生。有时在教学目标陈述时我们省略了主体，但这时候我们默认行为主体是学生。

3. 教学目标陈述中的行为动词

行为动词必须是可测量、可评价、具体而明确的，否则就是无的放矢。

那些笼统、模糊的术语，如“提高……能力”“灵活运用……知识”“培养学生……的精神、态度”等，缺乏质和量的具体规定性，这样可测性和可比性很差，不便于实际教学时的把握和评价时的运用。对于如“了解”“理解”“掌握”“运用”以及“经历”“体验”“感悟”“探索”等常用的行为动词也应当赋予明确的基本含义。这些目标是形成核心素养的基础和条件，最终指向学生核心素养的形成和发展。例如，数学课程标准中对行为动词“了解”“理解”“掌握”和“运用”的界定：

了解：从具体实例中知道或举例说明对象的有关特征；根据对象的特征，从具体情境中辨认或举例说明对象。

理解：描述对象的由来、内涵和特征，阐述此对象与相关对象之间的区别和联系。

掌握：多角度理解和表征数学对象的本质，把对象用于新的情境。

运用：基于数学对象和对象之间的关系，选择或创造适当的方法解决问题。

4. 教学目标陈述的行为条件

行为条件是指影响学生产生学习结果的特定的限制或范围，为评价提供参照的依据。如“根据地图，指出我国的首都北京”“通过这节课的学习，了解‘环境保护要从我做起’的道理”或“在10分钟内，学生能完成15道简单计算题”。

5. 教学目标陈述中的表现程度

表现程度指学生学习之后预期达到的最低表现水准，用以评量学习表现或学习结果所达到的程度，如“就提供的某一道应用题，学生至少能写出 3 种解题方案”“通过这一堂课的学习，学生至少能记住 4 个单词”等。表现程度是对期望学生“学到什么程度”的描述。

思考与讨论

说说你过去在教学目标叙写时常出现的问题。分析一下问题所在。

第三节 设计学科实践的学习路线

2022年版课程方案要求：

强化学科实践。注重“做中学”，引导学生参与学科探究活动，经历发现问题、解决问题、建构知识、运用知识的过程，体会学科思想方法。加强知识学习与学生经验、现实生活、社会实践之间的联系，注重真实情境的创设，增强学生认识真实世界、解决真实问题的能力。

此次新修订的义务教育课程方案和课程标准，明确指出要以深化教学改革为突破，强化学科实践，推进育人方式变革。课堂教学要培育核心素养当然要彻底实现课堂教学的转型，即实现“以教师的教为主”向“以学生的学为主”的转型。新课程倡导的自主、合作、探究学习极大地推动了课堂转型，打破了教师“一言堂”“满堂灌”的课堂形态，鼓励学生积极参与、自主探究。但目前比较突出的问题是，探究缺少学科典型性，存在不符合学科特点的“虚假探究”的现象，思维含量少，学科探究的质量无法保证，缺少真正指向核心素养关键能力培育的环节。

自主、合作、探究学习如何迭代升级？这就需要推进以学科实践（学科探究）为标志的教学方式变革和创新。所谓学科实践，指的是具有学科特点的典型实践，也就是师生运用该学科的概念、思想、方法与工具，整合心理过程与操控技能，解决真实学科情境中的问题的一套做法。学科实践强调“像学科专家一样思考和实践”，是理论与实践相统一、知行结合的学习方式。

学科实践是探究学习的迭代升级，代表学习方式变革的新方向。学科实践同时注重学科性和实践性，学科实践绝不是抛弃“学科知识”，而是需要以一定的知识储备为基础。学科实践更强调通过实践获取、理解与运用知识，倡导学生在实践中建构、巩固、创新自己的学科知识。学科实践不仅要求学生具有强烈的自主性，而且强调真实的社会性。学科实践的探究学习，本意是模拟学科专家进行科研的过程，虽然不要求学生通过探究获得全新创见，但希望能够通过探究的过程使得学生理解、运用和应用知识，感受知识创生、验证、传播与分享的过程。学科实践并非是对探究学习的否定和取代，而是体现了人们对学科教育理解的进一步深化，呼唤“源于实践，在实践中，为了实践”的真正的学科探究。

2022 版课程标准，针对“学业内容”和“学业要求”给出了“教学提示”。“教学提示”就给出了学科探究、学科实践的建议。例如，语文课程标准在“实用型阅读与交流”学习任务群的“教学提示”：

学习活动可以采用朗读、复述、游戏、表演、讲故事、情景对话、现场报道等学生喜闻乐见的形式，将识字、写字、阅读、写作、口语交际、搜集处理信息等融为一体；应加强对跨媒介阅读与交流的指导，充分利用数字资源和信息化平台，引导学生提高语言理解与运用能力，逐步增强语言表达的准确性、规范性。

这个教学提示，为我们在课堂中围绕特定的主题，以具有内在逻辑关联的语文实践活动为主线设计一系列具有逻辑联系的学习任务奠定了基础。

认真研究、落实课程标准中相关教学内容的“教学提示”来设计学生学习路线是支架式教学设计第三个流程“设计学科探究的教学流程”的关键点。

思考与讨论

为什么说学科探究、学科实践是对自主、合作、探究学习的迭代升级？

第四节　依据“教学提示”选择教、学、评策略

用好“教学提示”选择教、学、评策略，推进探索基于情境、问题导向、深度思维、高度参与的教育教学模式。为增加指导性，2022 年版各课程标准针对“内容要求”提出了“教学提示”，旨在帮助教师更好地理解和实施课程标准，更好地开展学科实践，推进学科课堂教学改革的深化，从而提高教学效果、育人效果，满足学生的全面发展的需求。

下面是在推进课堂教学改革深化过程中常用到的教学策略。

一、小组合作的组织

合作学习是新课程倡导的学习方式之一，曾经是新课程改革前二十年成功课堂教学模式改革的重要内容。但是目前还普遍存在合作学习效率不高、虚假合作的现象。合作学习是 2022 年版课程方案和课程标准大力推进的任务学习、项目学习、跨学科学习必不可少的组成部分。

合作学习是 20 世纪 70 年代初兴起于美国，并在 70 年代中期至 80 年代中期取得实质性进展的一种富有创意和实效的教学理论与策略。由于它在改善课堂内的社会心理气氛，大面积提高学生的学业成绩，促进学生形成良好非认知品质等方面实效显著，很快引起了世界各国的关注，并成为当代主流教学理论与策略之一，被人们誉为近十几年来最重要和最成功的教学改革。在 2022 年版各课程标准中都有对合作学习的要求，合作学习成为课程教学深化过程中需要继续研究、运用和提质增效的学习方式。

合作是指两个或两个以上的学生或群体，为达到共同目的而在行动上相互配合的过程。合作学习是在班级授课制背景下的一种教学方式，即在承认课堂

教学为基本教学组织形式的前提下，教师以组织学生学习小组为重要的教学手段，通过指导小组成员展开合作，发挥群体的积极功能，提高个体的学习动力和能力，达到完成特定的教学任务的目的。

当我们选取了合作学习作为一种教学策略，一定要注意遵循以下原则：

1. 合作学习是以小组活动为主体进行的一种教学活动。

2. 合作学习是一种同伴之间的合作互助活动。

3. 合作学习是一种目标导向活动，是为达到一定的教学目标而开展的。

4. 合作学习是以各个小组在达成目标过程中的总体成绩为奖励依据的。

5. 合作学习是由教师分配学习任务和控制教学进程的。

二、教学情境的创设

学科实践或学科探究是在实践中建构、巩固、创新自己的学科知识，因此创设教学情境就是必须运用的教学策略。

广义的教学情境，是指作用于学习主体，并令其产生一定的情感反应的客观环境。狭义的教学情境，则指在课堂教学环境中，作用于学生并引起其学科积极学习情感反应的教学过程。它可以综合利用多种教学手段，通过外显的教学活动形式，营造一种学科学习的氛围，使学生形成良好的求知心理，参与对学科规律和知识的探索、发现和认识过程。教学情境可以贯穿于全课，也可以是课的开始、课的中间或课的结束。

创设教学情境，绝不能仅仅将其当作导入的环节，而必须做到情境所包含的信息和环境与学科实践一致。教学情境是教学的突破口，学生在不自觉中达到认知活动与情感活动有机的“渗透”与“融合”，使学生的情感和兴趣始终处于最佳状态，全身心地投入学习之中，从而保证教学活动的有效性和预见性。

新课程提倡设计真实、复杂、具有挑战性的开放的学科教学环境与问题情境，诱发、驱动并支持学习者的探索、思考与问题解决活动，创设回归生活、贴近生活、贴近学科的教学情景，实现教学环境的信息化、生活化、学科化。课堂教学，要紧密联系学生的生活实际和学科实际，从学生的生活经验和已有的知识出发，创设生动有趣的教学情境，引导学生开展观察、操作、猜想、推理、交流等活动，使学生通过学习活动，掌握基本的知识和技能，初步学会观察事物、思考问题，激发对学习的兴趣及学习的愿望。

在课程标准的“教学提示”中通常会有创设教学情境的建议，例如语文课程标准对“跨学科学习任务群”的“教学提示”要求：要引导学生在广阔的学习和生活情境中学语文、用语文，提高交流沟通、团队协作和实践创新能力。实际教学设计中要认真依据和落实“教学提示”中的建议来创设教学情境。

三、主题学习、项目学习、跨学科学习的组织

新课程倡导主题学习、项目学习和跨学科学习。2022 年版课程方案要求：

加强课程内容与学生经验、社会生活的联系，强化学科内知识整合，统筹设计综合课程和跨学科主题学习。加强综合课程建设，完善综合课程科目设置，注重培养学生在真实情境中综合运用知识解决问题的能力。开展跨学科主题教学，强化课程协同育人功能。

2022 年版课程方案还要求：原则上，各门课程用不少于 10% 的课时设计跨学科主题学习。

1. 主题学习

主题学习是一种学习方式，其中“主题”成为学习的核心，而围绕该主题的结构化内容成为学习的主要对象。在这种学习方式中，学生围绕一个或多个经过结构化的主题进行学习，例如数学综合与实践中的某个主题，或者是跨学科的主题，比如生态环境保护。

主题学习的优势在于它可以打破学科内部和学科之间的割裂状态，实现学习内容的综合化，使学生在不同的学习内容之间建立有意义的连接。此外，主题学习还可以强化学习者对学习内容的理解，有助于学习者获得整体、全面的知识，同时也可以调动学习者的学习兴趣和参与学习的积极性，培养学习者的问题意识和问题解决能力，以及批判思维能力、创新思维能力、反思能力等高级思维能力。

各课程标准对主题学习都有明确的要求和教学建议。数学小学学段“综合

与实践”就明确了：综合与实践主要包括主题活动和项目学习等。第一、第二、第三学段主要采用主题式学习，第三学段可适当采用项目式学习。并对具体的主题活动的学习给出要求和建议。例如，第一学段“主题活动1”《数学游戏分享》的“内容要求”：

在具体情境中，回顾自己在学前阶段经历的与数学学习相关的活动，唤起数学学习感性认识和学习经验，激发进一步学习数学的兴趣，尝试运用与数学学习相关的词语，逐步养成学习数学的良好习惯。

并在“教学提示”中给出具体教学建议：

为使学生更好地完成从幼儿园阶段到小学阶段的过渡，在学生入学的第1—2周安排“数学游戏分享”主题活动。学生通过介绍自己幼儿园生活中经历的数学活动，表达自己在幼儿园数学活动中的收获，分享在幼儿园玩过的数学游戏，邀请同伴一起做这些数学游戏等，衔接幼儿园与小学生活，顺利开始小学数学的学习。

在数学课程标准的附录里还用例47给出实际操作的样例。

2. 项目式学习

项目式学习（Project-Based Learning，简称PBL）是一种动态的学习方法，通过项目式学习，学生们主动地探索现实世界的问题和挑战，在这个过程中领会到更深刻的知识和技能。这种学习方式以解决问题为核心，学生在构思方案、自主探究、做出决策以寻求问题解决的过程中，其决策、创造、系统推理分析等高阶思维能力得到锻炼。

项目式学习在锻炼学生的动手能力、创造力、团队合作能力、领导力、计划及执行项目的能力等方面起到了重要作用。此外，对项目的选择也让中小学生更早和更深入地面对和解决现实生活中的问题。

项目式学习是一种建构性的教与学方式，教师将学生的学习任务项目化，指导学生基于真实情境而提出问题，并利用相关知识与信息资料开展研究、设计和实践操作，最终解决问题并展示和分析项目成果。

各课程标准对项目式学习都有具体的“内容要求”和相应的“教学提示”，实际教学设计中需要认真阅读，并予以落实。

3. 跨学科学习

跨学科学习是指由一些有着内在联系的不同学科合并或融合而成的新课程，也称为交叉学科课程。这种学习方式旨在培养学生的基本技能、批判性的思考能力、解决问题的能力、利用图书馆和信息的能力、创造性思维及艺术表现能力。

教育部在《义务教育课程方案（2022 年版）》中提出各门课程原则上至少要用 10% 的课时设计跨学科主题学习，这体现了新课标鲜明的导向性——跨学科学习。

跨学科学习的特点包括真实性、实践性、多样性、探究性、跨学科性和综合性。其中，跨学科性和综合性是跨学科学习的本质特征，强调学科间的关联与整合。学校在开展教育教学时，不能仅重视学科自身的知识和技能，更要关注学科之间显性或隐性的联系，并在此基础上结构化组织学习内容。

进行跨学科教学内容的教学设计同样要仔细阅读课程标准中相关“学习内容”和“教学提示”，依据要求予以落实。

四、过程性评价

2022 年版课程方案提出，增强各学科课程标准的指导性。各课程标准针对“内容要求”提出“学业要求”“教学提示”，细化了评价与考试命题建议，注重实现“教学评”一致性。因此，基于与素养导向的教学目标一致性的过程性评价就是教学设计中必不可少的部分。

过程性评价是一种注重评价对象发展过程中的变化的价值判断。它不仅关注学习的结果，也关注学习的过程和效果。过程性评价并不是对微观意义上的学习过程的评价，也不仅仅是只注重过程而不注重结果的评价，而是对课程实施意义上的学习动机、过程和效果的三位一体的评价。

过程性评价与形成性评价在理念上有本质的区别。形成性评价包含发展性评价，并根据学生的表现判断教学的效果进而调整教学计划；而发展性评价尊重学生的人格和个性差异性，在平等对话协商的条件下通过评价促进学生的发展。过程性评价主张凡是具有教育价值的结果，都应当受到评价的支持与肯定，主张对学习的动机态度、过程和效果进行三位一体的评价，这种理念由于采用多样化的评价手段而得到落实。

教学实践证明，过程性学习评价对学生学习投入度和学习效果均有影响，且主要通过考核与反馈方式的反复性、及时性、交互性以及个体针对性等特质，在共同建构的过程中提升学生的学习投入度和学习效果。

教学过程中的评价依据一定是课程标准相关内容的“学业要求”。过程性评价根据在教学不同阶段（环节）相关教学目标达成的程度与表现，可以设计将教学过程记录与过程中的评价结合在一起，例如用“教学过程与评价记录单”进行过程性评价。

五、工具表单的研制

利用辅助教学，例如利用预习任务单、学习任务单、评价单、活动设计单等提高教学有效性是我们当前常用的教学策略。

1. 预习任务单的研制

在实践中，许多教师采用将学情调查和预习整合在一起的策略，收到很好的效果。

预习任务单，即是整合学情调查和预习学习的工具表单。预习任务单由学生完成，包括以下学习任务：

（1）对即将学习的预备知识、技能的复习任务。

（2）对即将学习的内容的现实生活背景和经验的调查了解。

（3）预习任务。例如，阅读教材、提出问题、完成自学任务等。

2. 教学活动设计单

通常主题学习、项目式学习的设计可以用“教学活动设计单”呈现。教学活动设计单通常包括学习任务、学生活动、教师组织、活动意图四个栏目，其中：

学习任务：根据本课学习路线，设计系列学习任务。

学生活动：在学习任务中，对学生的角色、活动方式、运用方法、完成工作的说明。

教师组织：对应相关任务，教师组织、引领作用的发挥需做的工作。

活动意图：对应相关活动环节的素养导向教学目标达成表现程度的说明。

实际案例见后面的案例篇中的教学设计案例。

3. 学习活动记录及过程评价单

将学习任务单与过程评价单整合，既是学生学习过程的记录，又是学生学习过程中自评、互评、师评的记录。

学习活动记录及过程评价单应当包括学生学习任务、完成任务情况、自我评价、小组评价、教师评价五个栏目。

思考与讨论

1. 挑选一课，根据“内容要求”和“教学提示”，选择教学策略，并加以说明。

2. 选择一课依据“学业要求”设计过程性评价，说明评价方式。

第五节 整合教学资源与充分利用信息技术

整合教学资源与充分利用信息技术是教学设计的重要任务。

所谓整合教学资源，是指对教学过程中涉及的各种教学资源进行有目的、有计划的收集、整理、组合和创新，并在核心素养导向的思想、理论指导下，通过一定的途径和方式，使之形成一节课有序、完整、高效的教学资源框架。这种整合能够使教学资源得到最大化利用，提高教学效率和效果。整合教学资源的方法策略包括：

1. 教材资源

教材资源是最重要的教学资源，需要教师分析编者的意图，了解教材的素养导向内涵，参考教材学习路径，用好教材案例，给予学生实际改造、创新。也就是立足教材，用好教材，改造使用。

2. 学生资源

要了解学生的认知状况和生活经验，充分利用学生已有的知识，利用学生自己的家庭条件、生活经历，并加以因势利导，巧妙利用。比如创设贴近学生生活的教学情境，组织探究活动等。

3. 教学设备和设施

充分利用现有的教学设备和设施，如多媒体教室，特别是科学实验的实验室、实验装备等，为教学提供支持。

4. 网络和数字化资源

充分利用国家智慧教育平台的优质教学资源，充分利用各种网络资源，为教学提供丰富的学习材料。

5. 社区资源

充分利用社区资源，如社区公园、工厂、科研机构、图书馆、博物馆等，为教学提供实地考察、实践和学习的机会。

目前，国家极其重视教育信息化，学校的教育信息化条件大大改善，正在逐步实现数字化、网络化、智能化和多媒体化，学校也越来越重视用教育信息化促进教学现代化，用信息技术改变传统模式。学校教育信息化的发展，带来了教育形式和学习方式的重大变革，推动课程教学改革的不断深化。

近年来，我国教育信息化取得了显著成效。国家智慧教育公共服务平台加快建设，大数据赋能教育教学得到强化，教育的公共服务能力得到增强。2022年教育部工作计划强调“实施教育数字化战略行动”并提出：

强化需求牵引，深化融合、创新赋能、应用驱动，积极发展“互联网＋教育”，加快推进教育数字转型和智能升级。推进教育新型基础设施建设，建设国家智慧教育公共服务平台，创新数字资源供给模式，丰富数字教育资源和服务供给，深化国家中小学智慧教育平台应用，发挥国家电视空中课堂频道作用，探索大中小学智慧教室和智慧课堂建设，深化网络学习空间应用，改进课堂教学模式和学生评价方式。

目前，国家中小学智慧教育平台已经整合了课程教学、课后服务、教师研修、家庭教育等大量优质教育资源，已经能够较好地支持教师备课、双师课堂、作业活动、答疑辅导、课后服务、教师研修、家校交流等多种场景的信息化应用。我们应当充分研究和应用好国家中小学智慧教育平台，支持教学设计和教学实施。

思考与讨论

1. 简要谈谈你对教育信息化的认识。

2. 简要谈谈你对整合利用课程资源重要性的认识。

第四章　学校支架式教学设计研修活动的开展

第一节　齐齐哈尔市龙江县头站镇中心学校“核心素养导向‘教学评’一致性支架式教学设计”研修活动的开展

2022 年 4 月，教育部发布了义务教育课程方案（2022 年级）和各课程标准（2022 年版）。新的课程标准基于义务教育培养目标，将党的教育方针具体化、细化为本课程应着力培养的核心素养，强化了课程育人导向，课程改革深化进入新的阶段。相比于城市地区，农村乡镇地区的教育资源较为有限，教学条件相对薄弱，师资力量不足，新课程标准实施过程中，核心素养有效落地困难重重。头站镇中心学校主动探索核心素养落实的有效路径，依托本校课改研究团队，构建“教学评”一致性的教学设计框架，致力于打造更高效的课堂和专业化教师队伍，为学生的全面发展奠定坚实基础。

一、总结课改经验和问题

回顾过去，我校的课改工作一直在路上。从 2011 年到现在，我们的课堂已经发生了翻天覆地的变化。我校教师经过不断地摸索，构建出适合自己学校实际的问题导学型课堂教学模式，实现了以学生为主体的学本课堂，使学生真正意义上成为课堂的主人。

随着新课改的步步深化，课堂教学已呈现出以下显著特点：其一，以学生发展为本，以“学生为主体，教师为主导”的重要思想已被更多的教师领会、运用，并取得明显成效；其二，注重学生能力和素质的培养与提高已成为教师们的共识，表现在课堂教学形式上，师生互动更加被重视，师生讨论和学生参与教学活动已成为师生互动的主要形式；其三，先进的现代教育教学理论和现代教育信息技术被更多的教师接受和运用，表现在教学手段上，信息技术、多媒体技术等已被广泛引入课堂教学，对提高课堂教学效率产生了不可忽视的积极意义。

然而，随着国家课程改革的不断深入，我们在践行新教学模式时发现探究学习出现固化的情况：不能完全适用于所有学科和所有学段；唯知识、重考试的现象仍很严重……这预示着我们原来的课堂教学模式需要进行迭代升级了。

二、确立研修项目

为推进学校落实新课程方案和课程标准,学校开展了“研读理解新课标”“创新教学设计模式”“推进课堂教学改革深化”的活动，并把研修活动确定为：素养导向，依据课标，“教学评”一致性支架式教学设计研修。学校要求：

一要研读新课程标准，能够对本学科的核心素养有深入的理解，增强实施新课程的自觉性与责任感，积极支持理解并主动参与课程改革与新课程实施。

二要构建“教学评”一致性的教学设计模式，优化教学过程，使教师改进教学方法与手段，完善知识结构，提高实施基础教育新课程的能力与水平，适应素质教育的新进展。

三要每学科完成一批合格的素养导向，学科探究，“教学评”一致性的教学设计。

四要研修骨干能运用研修成果进行“二次培训”，成为“种子教师”。

三、开展研修活动

（一）研修目标

各课程标准针对“内容要求”提出“学业要求”“教学提示”，细化了评价与考试命题建议，注重实现“教学评”一致性，增加了教学案例、评价案例，不仅明确了“为什么教”“教什么”“教到什么程度”，而且强化了“怎么教”的具体指导。我们明确是在新课程标准的学习、实践中，按新课程、新课标要求进行教学设计研修。研修主要解决以下 4 个问题：

一是，核心素养导向——建立具体教学内容与核心素养主要表现的关联，直指培养核心素养——为什么教。

二是，教——确定基于核心素养导向的切适教学目标——教什么。

三是，学——“结构化学习内容”“内容与核心素养的联系”“学科探究”“强化情境设计与问题提出”“教学资源的整合与信息技术的深度融合”——怎么教。

四是，评——过程性评价、掌握学习、增值评价——教到什么程度。

（二）研修流程

搭设“素养导向，依据课标，‘教学评’一致性教学设计”研修的流程支架。

按实际备课操作顺序，解决一节课教学设计需要解决的“为什么教”“教什么”“怎么教”“教到什么程度”的问题，设置教学设计的五个流程环节：

一是，大单元分析，明确本课着力培养的核心素养。

二是，核心素养导向，确定切适的教学目标。

三是，依据课程标准，设计学科实践的教学流程（学习路线）。

四是，选择“教学评”一致性教学策略（包括过程性评价）。

五是，整合课程资源，实现信息技术的深度融合。

（三）研修内容

1. 大单元分析，明确本课着力培养的核心素养

（1）明确教学内容所属的“领域”“主题”，阅读课标中相应说明，结合学科教学内容结构，分析在这一部分应当着力培养的关键能力、必备品格和正确价值观（核心素养）。

（2）分析这些关键能力、必备品格和正确价值观（核心素养）与本课教学目标的关联。

（3）研究这些关键能力、必备品格和正确价值观（核心素养）在教学中的落实举措。

2. 核心素养导向，确定切适的教学目标

（1）认真阅读理解课程标准中关于本课的“内容要求”。

（2）阅读理解课程标准中关于本课的“学业要求”。

（3）将课程标准中的“内容要求”和“学业要求”具体化后再整合为具体的可观察、可测量、可评价的一课的教学目标。

3. 依据课程标准，设计学科实践的教学流程（学习路线）

（1）认真阅读课程标准中关于本课的“教学提示”。

（2）理解和具体化“教学提示”，落实到教学流程的设计中。

（3）落实学科探究。用数学的方法学习数学，用语文的方法学习语文……用学科实践的思路设计核心素养导向的教学流程。

4. 选择“教学评”一致性的教学策略（包括过程性评价）

（1）认真阅读理解课程标准关于本课的“教学提示”。

（2）理解和具体化“教学提示”，落实到教学策略的选择中。注重教学内容与核心素养的关联与表现，选择能引发学生思考的教学方式、进一步加强综合与实践，升级自主合作学科探究。

（3）阅读和理解“学业要求”，实施过程性评价和增值评价。

（4）工具表格的研制和使用，提高教学效率。

5. 整合课程资源，实现信息技术的深度融合

（1）合理利用现代信息技术，提供丰富的学习资源。

（2）设计生动的教学活动，促进教学方式方法的变革。

（3）在实际问题解决中，创设合理的信息化学习环境，提升学生的探究热情，开阔学生的视野，激发学生的想象力，提高学生的信息素养。

四、展现研修成果

我校在中学部选择化学、历史两个学科，小学部选择数学、语文两个学科，各选择教材中的一个课题进行依据课程标准的教学设计探索，初步构建“教学评”一致性的教学设计框架。继教网专家张玉民教授与我校课改研究团队联合针对两个教学设计初稿再进行打磨，反复凝练，完善我校的“教学评”一致性的教学设计框架。研修活动极大地推动了教师专业发展和课堂教学深化。

2022 年，我校被确定为全县第二批课堂教学改革试点校。2023 年，我校成功申报黑龙江省课程改革实验校。2024 年 1 月 9 日，在 2022—2023 学年度江西省中小学（幼儿园）“互联网 + 教师专业发展”全员培训项目管理者能力提升培训中，张金娟主任带领头站镇中心学校历史备课组及头站杏山化学联合备课组进行了“教学评”一致性支架式集体备课展示并获得好评。2023 年，张

金娟被评为黑龙江省 C 类高层次人才并成功入选新时代全国中小学学科领军教师培养计划和马云公益基金会 2023 乡村教师计划；何蓉蓉代表齐齐哈尔市参加省级现场竞赛；齐薇、周志婷等老师的教学设计、作业设计获省级奖项；李丹被聘为市级教师能力素质提升优秀评委。在省市县教师能力素质提升竞赛中，我校先后有五十余人获得奖项。我校课改研修团队运用研修成果对本校及其他兄弟学校进行“二次培训”，成为“种子教师”，将“教学评”一致性的教学设计框架进行推广，受到好评。

第二节　齐齐哈尔市龙沙区江岸小学“核心素养导向‘教学评’一致性支架式教学设计”的研修实践与成果

一、素养导向的“教学评”一致性支架式教学设计学校行动方案

（一）学校课堂教学改革现状与教学设计问题聚焦

自 2003 年秋季开始，学校开始了新一轮的课程教学改革，教师们经历了从被动到主动，从陌生到熟悉的一个渐进过程，在这个过程中体验到了新课程的“变革”，并在实践中积极探索，大胆尝试，一批具有示范、引领作用的典型案例得到广泛推广，学校也被确定为省级课改实验样板校。在实验区的推动下，学校教师与新课程实现了共同成长，一批具有新课程改革意识的教师迅速成为学校发展的“排头兵”，为课程改革持续推进提供了支持和保障。

尤其是 2022 版新课程标准颁布以后，既有对前一轮课程改革的继承，还有在实践总结的基础上的发展和变化。新课程不仅仅强化的是内容上的变革，更重要的是在教育规律、时代培养目标、学习方式、评价标准等方面的变革。许多教师开始有意识地尝试进行课堂教学改革，注重激发学生的学习兴趣和主动性，强调学生的参与和合作，提倡探究式学习和自主学习。这些尝试在一定程度上改变了传统的教学方式，使课堂更加活跃和有趣。

然而，在惯性思维的影响下，教师们习惯于熟悉的教学方式，习惯于过去的课堂教学结构，习惯于更多关注知识的传承，习惯于唯分数的评价方式。这些惯性思维带来的课堂教学行为，已经严重与新课程标准的要求发生了背离。

首先，改革的过程往往过于单一和形式化，缺乏实质性的内容和深度。一些教师只是简单地将传统的教学方式改头换面，把关注点放在了模式的改变上，

没有真正理解和贯彻新的教学理念和方法。其次，一些教师在改革过程中过于追求形式上的热闹和花样，忽视了内在的思维和深层次的学习。如果我们用“放大镜”去观察课堂教学，就会发现课堂的本质还停留在过去的传授上，实质的课堂样态没有发生根本改变，用“新瓶装旧酒”来形容也不为过。这样的改革虽然看起来很有吸引力，但对学生的实际学习和发展并没有太大的帮助。

课堂教学改革既有积极的方面，也存在一些问题和挑战。透视学校课堂教学的现状，从深层次上分析导致出现这些问题的原因，发现问题主要出在教师的教学设计上。教师的教学设计是课堂教学执行的预案，直接决定了课堂教学的发展方向。聚焦教学设计存在的问题，主要体现在以下方面：

1. 对教学和学习了解不充分

很多教师在进行教学设计时，没有深入理解教学和学习的本质和规律，只是凭借自己的经验和感觉来进行设计。这样的设计往往缺乏科学性和有效性，不能很好地激发学生的学习兴趣和主动性，也不能有效地促进学生的发展。

2. 缺乏系统性和整体性

一些教师在进行教学设计时，缺乏系统性和整体性，只是简单地堆砌各种教学内容和活动，没有形成一个有机的整体。这样的设计往往显得杂乱无章，缺乏逻辑性和连贯性，不利于学生的学习和理解。

3. 忽视学生的实际情况

教学设计的最终目的是为了更好地促进学生的发展，因此，教学设计应该充分考虑学生的实际情况，包括学生的认知水平、兴趣爱好、学习习惯等。然而，一些教师在进行教学设计时，往往忽视了学生的实际情况，只是按照自己的想法和意愿来进行设计，导致设计与学生实际需求脱节。

4. 缺乏创新和个性化

教学设计需要具有一定的创新和个性化，因为不同的学生有不同的学习需求和特点，不同的教学内容也需要有不同的教学方法和策略。然而，一些教师在进行教学设计时，缺乏创新和个性化，只是简单地模仿别人的教学方式和方法，导致教学设计缺乏特色和新颖性。

5. 教学目标定位不准

多数教师对教学目标的确定几乎原封不动“照搬教参”，把教学目标确定看成是“走过场”，缺少目标意识，忽略了教学目标对课堂教学的导向作用。更有甚者，把所有的目标进行简单罗列，缺少对目标的重组和定位。

综上所述，教师在教学设计上存在的问题是多方面的，需要不断提高自己的专业素养和教学能力，深入理解教学和学习的本质和规律，充分考虑学生的实际情况和需求，注重创新和个性化，精准确定切适的教学目标以创造更加有意义和有效的课堂学习环境。

（二）素养导向支架式教学设计研修指导思想

以习近平新时代中国特色社会主义思想为指导，坚持为党育人、为国育才，全面贯彻党的教育方针，落实立德树人根本任务，全面深化课程教学改革。坚持为人民服务，为中国共产党治国理政服务，为巩固和发展中国特色社会主义制度服务，为改革开放和社会主义现代化建设服务。以 2022 版新《课程标准》和教育部《基础教育课程教学改革深化行动方案》为依据，基于义务教育培养目标，着力培养学生的核心素养，体现正确价值观、必备品格和关键能力。突出体现“教学评”一致性，以支架式教学设计为基本路径，指导学生改进学习，发挥课堂评价促进与完善学生表现的功能，提高教学效益。

（三）素养导向支架式教学设计研修行动目标

依托学校作为主阵地，坚持从新《课程标准》出发，全面贯彻新课程理念，确定素养导向，“教学评”一致性支架式教学设计基本结构；总结积累一批支架式教学设计的教学案例；在支架式教学设计的基础上，寻求课堂教学的深层次变革；研究并提炼出具有典型应用价值的素养导向的评价表单；实现学生学习方式、方法的根本性改变。

（四）素养导向支架式教学设计研修重点任务

支架式教学设计模式是以学生学习为主体，以提高学生的元认知能力为研究目标，为学生学习搭建脚手架，并提出在支架式教学中利用“自我提问单”提高元认知能力，让学生通过自己的努力，逐步构建知识结构，从而形成新的知识体系。强调元认知能力培养的支架式教学模式的实施，不仅有效地促进了学生的知识建构，而且为提高学生的元认知能力提供了灵活的操作空间。

（五）素养导向支架式教学设计研修保障措施

1. 加强组织领导

成立以学校校长为组长，以学校主管教学工作的副校长为副组长，各教研组长、骨干教师代表为成员的行动领导小组。学校校长负总责，全面规划行动的各项措施，主管校长具体负责，指导各学科教师认真学习《课程标准》，并组织全体成员进行教学设计研修，分学科、分学段、分年级有序推进“支架式”教学设计的研究。

2. 组织教师专门培训

围绕素养导向“教学评”一致性支架式教学设计的具体任务要求，组织全校教师开展有针对性的专门培训，如研讨会、讲座、工作坊等，以提高教师的教学设计水平和专业素养，从而保障教学设计研究的顺利进行。

3. 建立教学研究团队

组建一支专业的教学研究团队，负责研究支架式教学设计基本理论、教学方法和教学资源等，为教学设计的实施提供科学的指导和支持。

4. 提供教学设计资源

依托国家中小学智慧教育平台，为教师提供丰富的教学资源，做到所有学科人手一本学科课程标准，从而能够确保每次备课都紧紧依据课标，并寻找理论支持，使支架式教学设计研究能够顺利进行。

5. 建立教学评价体系

从探索增值性评价、过程性评价出发，探索借助“表单”构建学生学习全过程评价体系，定期对教师的教学设计进行评价和反馈，帮助教师改进教学方法和提高教学效果。

6. 加强教学研究交流

组织教学研究交流活动，如教学研讨会、教学成果展示会等，通过活动展示，教师进行支架式教学设计的应用、设计的解读，凝聚教师的集体智慧，促进教师之间的交流和合作，共同提高教学设计研究水平。

7. 鼓励教师不断创新

坚持依据学科课程标准，突出新课标的要求，围绕“核心素养”精细化研究、确定相应内容的素养导向目标。并能够在目标指引下，结合课标提示、建议确定学生实践活动安排，确保教学设计体现活动性、实践性、参与性，服务于素养导向的教学目标的达成。鼓励教师进行教学创新，探索新的教学方法和手段，为教学研究注入新的活力和动力。

二、“教学评”一致性支架式教学设计研修实践

1. 明确需要重点落实的学科核心素养

教师在教学备课前，需要对备课内容进行全面的分析、解读。对照新课程标准，明确学习内容所属学段，对应的内容属于哪一教学领域，学习实践所属的主题。

在对教材内容进行科学分析的基础上，明确教学内容的基本概念。教学内容的基本概念要精准，要注意梳理教学内容的从属、逻辑、包含关系，要体现出概念的系统性、科学性、严谨性。只有在弄清楚教学的基本概念的基础上，才能够全面理解教材体系，把握编者意图，进而根据教学内容确定需要着力培养的核心素养。

2. 根据具体“内容要求”和“学业要求”确定切适的教学目标

要紧紧依据学科课程标准，结合所确定的教学内容，对照学段要求、内容要求、学业要求或学习内容要求，在确定要落实的核心素养的基础上，对各项要求进行分析、梳理、筛选，并在这个基础上对学段目标、学业要求目标等进行重组，进而确定切适的教学目标。

教学目标要融合“双基”“三维目标”，并在此基础上结合中国学生发展的核心素养，精准确定要落实的素养目标。在描述素养目标时，要注意准确使用情态动词，深刻理解目标要达成的路径、方法、程度，并用以指导教学的全过程。

3. 依据课程标准中相关“教学提示”设计教学流程

教学流程的设计不同于传统意义上的教学详案，它是对教学目标落实的具体化，是素养导向“教学评”一致性的教学“脚本”。这里更加突出的是教学活动的安排，教学实践的设计，教学评价的贯穿。

为了科学设计教学实践、学习活动，教师要以素养导向的教学目标为宗旨，以新课标中“教学建议”为重要参考，结合班情、学情、校情确定指向教学目

标的教学环节安排。通过表单设计、活动组织、评价反馈等，重点体现核心素养的落实。

4. 依据课程标准中的“教学提示”选择教学策略

素养导向下“教学评”一致性支架式教学设计，重点在学生核心素养的培养。为了实现核心素养的培养目标，教师在教学设计中就要充分考虑落实的路径和选择的方法。教学策略的选择要充分尊重课程标准中的“教学提示”，要根据提示确定能够较好实现预设素养目标的有效策略。在策略选择时，要充分考虑“教学评”一致性，要实现三者的有机统一、相互促进、相互发展，进而促进学生核心素养的培养。

5. 整合教学资源以及深度融合信息技术

要充分挖掘信息技术、教学资源对素养导向“教学评”一致性支架式教学设计的技术支持，用发展的眼光，调动各种有效资源，服务于课堂教学的需要。比如，国家中小学智慧教育平台、AI 人工智能、大数据、云计算、元宇宙等各种现代教育技术的应用，可以最大限度地提高课堂教学效率，增强学生的体验感，实现核心素养的有效落实。

三、学校开展研训活动取得的成果

依据 2022 版新《课程标准》（以下简称《课标》），认真学习新《课标》理念，全面把握新《课标》育人导向，贯彻落实“素养导向”的“教学评”一致性，着重解决好“为什么教、教什么、怎么教、教得怎么样”的核心问题。学校自 2023 年 9 月开始，在全校教师经历新《课标》自学、集中研学的基础上，以年组为单位开展落实新《课标》，培养“三有”时代发展新人为目标的课堂教学改革。

经过近一年的探索，全校教师在对新《课标》的认识上有了新的感受，并在实践中有所转变，力求向新《课标》要求靠拢。但由于个人的理解能力、实践认识、惯性思维等诸多条件的制约，学校教师使用新《课标》遇到了“梗阻”，甚至出现了“走回头路”的现象。在这种情况下，学校积极谋求破解使用新《课标》的办法，以便与所有使用新课标的教师能够站在“同一起跑线”上，缩短差距、促进发展。在张玉民教授的指导下，通过再学新《课标》，再读新课程，再议新教学，指导教师们对新《课标》指导下的新教学有了全新的认识，并提炼出新课程的核心变革——素养导向“教学评”一致性的落实，确立了“支架式”教学设计的行动研究。在半年多的时间里，落实新《课标》，探索新课程有了“质”的突破，教师实现了“化蛹成蝶”的转变。

1. 理念根植头脑，支架式备课有章可循

全体教师经历了“头脑风暴”式的新课程回顾，新《课标》解读，新案例分析后，对新《课标》落实的标准、要求、路径、方法等有了全新的认识。尤其是全体教师重学新《课标》后，对新课程发展的新变化、新脉络有了清晰的认识，对新课程的培养目标有了精准了解，从而更加坚定了教师落实新《课标》的发展定力，对新课程的核心词掌握更加恰当。对“素养导向”的认识，由2016年中国学生发展核心素养到新课程学科核心素养的具体化，破解了教师对“素养导向”的模糊认识，从根本上理解并接受了“素养导向”是新课程的“根”。

对新课程的目标有了清晰、准确定位后，沿着“素养导向”这一目标，寻找落实的最好办法和路径——“教学评”一致性，对“教”“学”“评”的内涵认识、学科发展目标、课程发展建设有了理性认识与思考。有了这个基础，教师再次回归到学科实践中，就更加目标明确。为了打通“理念”与“实践”的通道，构建起的支架式教学设计起到了承上启下、曲径通幽的作用，让教师的教学设计不再“不知所措”，而是更加有章法、有步骤、有思考，为课程改革实现根本转变搭建了“桥梁”。

2. 树立发展自信，新版《课标》成案头必备

教师们认识上的变化直接体现在对新课程的态度不再有“距离感”，可以更好地接受新课程的具体要求。为了能够准确把握新课程的发展，助力新课程在教师的教学实践中得到落实，每位教师自发购买了学科《课标》。每次进行集体备课，新《课标》都是教师手中必备的指导用书。对新《课标》的结构、内容、提示、要求、建议能够做到信手拈来，落实“教学评”一致性也更加有自信。当教师们对问题有争议、有不同见解的时候，能够用新《课标》“说事儿”，这样的“碰撞”让新课程的落实渠道愈发清晰、顺畅。

3. 敢于大胆展示，引领支架式教学设计发展

学校内以教研组为单位，以数学、语文、道德与法治学科为突破，在教研

组长的带领下，从支架式教学设计的具体要求入手，依据学科内容，凝聚集体智慧逐个步骤研究落实教学设计内容，并在初步形成完整教学设计案例的基础上进行组内“打磨”。经历了这样的过程后，教师们对支架式教学设计的“梯子”标准、“阶梯”安排有了具体化的理解，从而全面降低了教师备课的难度。更难能可贵的是教师们能够使用“旧教材”合理落实新《课标》，对素养导向的目标定位、内容安排显得游刃有余。

在这个基础上，学校的数学团队在 2023 年 5 月全区学科集体大备课中进行了公开展示，独特的支架式教学设计，在全区数学教师中产生了“震动”效应，为引领全区教师落实新课程起到了不可替代的作用。2024 年 1 月 9 日，在 2022—2023 学年度江西省中小学（幼儿园）“互联网 + 教师专业发展”全员培训项目管理者能力提升培训班进行的核心素养导向的“支架式”集体备课展示，得到江西省同行的高度赞誉。学校语文及道德与法治团队教师，以支架式备课为模式，在校本教研中以支架式备课为专题，以案例的形式面向全校教师进行了展示，实现了“以点带面”“全面铺开”，推动全学科支架式备课的研究与实践。

第三节　呼伦贝尔市莫力达瓦达斡尔族自治旗达斡尔中学素养导向的教学设计研修方案

2022 版《课程标准》完善了培养目标，全面落实了习近平总书记关于培养担当民族复兴大任时代新人的要求。新版课程标准强化了课程育人导向，将党的教育方针具体细化为课程着力培养的核心素养，优化了课程内容结构，设立跨学科主题学习活动，加强学科间相互联系，带动课程综合化实施，强化了实践性要求，研制了学业质量标准，引导和帮助教师把握教学深度和广度，增强了教学指导性，针对“内容要求”提出“学业要求”“教学提示”，细化了评价与考试命题建议，注重实现“教学评”一致性，明确了“为什么教”“教什么”“教到什么程度”，强化了“怎么教”的具体指导，是新时代教育教学改革的依据。按照新时代课程标准的要求结合学校实际制订学校课堂教学改革实施方案。

一、指导思想

以习近平新时代中国特色社会主义思想为指导，坚持为党育人、为国育才，全面贯彻党的教育方针，落实立德树人根本任务，发展素质教育，更新教育理念，转变育人方式，坚决扭转片面应试教育倾向，切实提高育人水平，促进学生综合素养的全面提升。

二、目标任务

1. 落实课程方案和课程标准，全面推进教学方式变革。

2. 引导广大教师深入研究课程教材内容和课堂教学规律，创新教学设计和教学方法，以落实核心素养为目标，探索教学设计、学科实践、跨学科主题学习、作业设计、考试命题、综合素质评价等方面的改革创新。

3. 实施优秀教师教学成果推广应用计划，组建新课程改革研究团队，成立学科工作坊，通过骨干教师牵头，积累研究成果，推广校本经验成效和应用模式，进一步扩大推广新课程教学方式转变的应用范围，促进成果“本土化”落地。

4. 突出学生的核心地位，构建学习中心课堂，转变传统的教学方式，强化做中学、用中学、创中学，激发青少年好奇心、想象力、探求欲，提升学生解决实际问题的能力，发展学生科学素养。

5. 注重核心素养立意的教学评价，发挥评价的导向、诊断、反馈作用，丰富创新评价手段，注重过程性评价，实现以评促教、以评促学，形成“教学评”一致性的教学思路，促进学生全面发展。

6. 用好国家中小学教育智慧平台提供的基础性作业，发挥信息技术对教学的辅助功能；引导教师提高作业设计水平，鼓励科学设计探究性作业和实践性作业，探索设计跨学科综合性作业。

三、实施办法

（一）启动阶段（2022 年 9 月至 10 月）

成立新一轮课堂教学改革领导团队，制订实施计划，确定阶段目标，在学科主任的带领下深入学习研究各学科《课程标准》，理解核心素养内涵，领会不同学科《课程标准》提出的“内容要求”“学业要求”“教学提示”，明确新课程的教学思路——“为什么教”“教什么”“教到什么程度”“怎么教”，初步理解“教学评”一致性的基本内涵。

（二）初步实施阶段（2022 年 11 月至 12 月）

首先，通过学校组织的教师业务培训，组织教师学习落实核心素养教学、大单元教学设计、“教学评”一致性教学方式相关做法。

其次，组织教师参加假期网络培训，利用国家中小学教育智慧平台提供的培训资源进一步提升教师的教学理念。

最后，组建研修团队，遴选青年骨干教师进行课堂实践，形成基本思路，通过和北京协作学校北大附中石景山学校的网络研讨借鉴北京学校的课堂授课思路，充实课堂内容，完善课堂组织方式。

（三）深入研究实施阶段（2023 年 3 月至 12 月）

首先，研修团队成员能够构建起学习中心课堂，课堂教学方式得到根本性转变，课堂教学以发展学生的核心素养为目标，能够按照《课程标准》中的“内容要求”“学业要求”“教学提示”组织自己的教学活动。

其次，推广研修团队的实践经验，45 周岁以下的中青年教师通过与研修团队的借鉴学习形成自己的教学思路，带动 45 周岁以上的老教师开展实践研究。

再次，形成课堂教学设计的“五环节教学法”，构建出支架式备课及上课的基本模式。

环节一：大单元分析与明确着力培养的核心素养。

环节二：依据课程标准的“内容要求”“学业要求”确定基于核心素养导向的本课的教学目标。

环节三：依据课标的“教学提示”设计核心素养导向的学科探究的教学流程。

环节四：依据课标的“教学提示”“学业要求”选择“教学评”一致性的策略方法和过程性评价。

环节五：整合教学资源实现与信息技术深度融合。

最后，总结研究过程，形成校本思路，遴选骨干教师整理书写经验成果编写校本教材。

案例篇

第一章 小学数学学科结构化、支架式教学设计案例

案例 1.1

五年级下册《异分母分数加减法》集体备课纪实

齐齐哈尔市龙沙区江岸小学 数学组

乙占国：新的课程标准有了许多新的变化。这些变化包括：完善了课程目标，强化了课程的核心素养育人导向，以落实核心素养为引导，保证正确的育人方向；优化课程内容结构，以课程结构化保证核心素养落地，引领教学实践变革；制订学业标准，以评价改革和考试命题改革引领教师课堂教学的转型；增强课程标准的指导性，“教学评”一体化，做到课程标准的好用、管用；增强学段衔接。中、小、幼课程横向关联互动、纵向进阶衔接。

为了适应新课改的要求，我们必须对备课这一重要教学环节进行再思考和再认识，改变传统的、陈旧的备课观念、方式和方法。

新课标颁布一年多以来，我校注重引导教师更新教学理念，扎实推进课堂教学改革，努力构建素养导向的学科探究的课堂。在备课环节围绕新课标中“为什么教、教什么、怎么教、教到什么程度以及资源提供和信息技术融合创新”五个备课核心内容的解决，构建了五环节的备课模式，收到不错的效果。

今天我们江岸数学教研组将依据课程标准的“内容要求”“学业要求”“教学提示”，围绕“明确着力培养的核心素养（为什么教）——确定切适教学目标（教

什么）——设计学科探究的教学流程（怎么教）——选择‘教学评’一致性的策略方法（怎么教和教到什么程度）——整合教学资源以及深度融合信息技术”五个环节展开教学设计的研修。

参加此次备课的成员有宋欢欢老师、张英军老师、解来宾老师、张葳老师和乙占国老师。

下面请宋欢欢老师就《异分母分数加减法》一课的“为什么教”——明确着力培养的核心素养发言。

宋欢欢：在小学数学课程中对数的认识教学的安排是与人认识数的过程是一致的。

数的产生和发展离不开生活和生产的需要。最初由记数、排序产生了像1、2、3这样的自然数。接着用零（0）表示没有、空位，从而产生数字0。后来人们在测量、分物和计算时往往不能正好得到整数的结果，就必须引入一种新的数——分数。小数和分数是小学阶段数系的第一次扩充。后来为了表示相反意义的量，又引入负数的概念，至此得到有理数域（有理数对加法、减法、乘法、除数不是零的除法封闭成为有理数域）。到初中阶段还会学习无理数，又将数系扩充到实数域。我们还要知道在扩充的数系中，四则运算的各种运算律始终保持不变。

分数教学分布于小学三年、五年和六年，其中五年下册第四单元为“分数的意义和性质”，第六单元为“分数的加法和减法”。从大单元的视角，这两个单元的教学内容是在三年级上学期初步认识了分数后，对知识的系统梳理，给出了分数的意义、进一步认识分数单位、分数与除法的关系、通分（本质上是统一两个分数的分数单位）、约分（分数的简化）、分数加减法等基本概念和运算，了解了分数加减法保持了整数加减法运算原有的交换律和结合律等算律。

新课标中数学课程目标的确定，立足学生核心素养发展，集中体现数学课程育人价值。数学课程要培养的学生核心素养主要包括以下三个方面：一是会用数学的眼光观察现实世界，二是会用数学的思维思考现实世界，三是会用数学的语言表达现实世界。明确课程着力培育的核心素养就是要解决“为什么教”

的问题。

新课标呼唤以核心素养导向的新教学，“异分母分数的加法和减法”是五年级下册第六单元的内容，属于数与代数领域中的数的运算，那么在本单元我们究竟要落实哪些核心素养?

新课标中涉及本课的“内容要求”明确要求：“能进行简单的分数四则运算和混合运算，感悟运算的一致性，发展运算能力和推理意识。”

依据课标的“内容要求”，我们可以明确本课着力培育的核心素养为“运算能力和推理意识”。

对于运算能力和推理意识的培育，课标在核心素养的主要表现及其内涵说明中指出“通过经历独立的数学思维过程，学生能够理解数学基本概念和法则的发生与发展，数学基本概念之间、数学与现实世界之间的联系；能够合乎逻辑地解释或论证数学的基本方法与结论，分析、解决简单的数学问题和实际问题；能够探究自然现象或现实情境所蕴含的数学规律，经历数学‘再发现’的过程；发展质疑问难的批判性思维，形成实事求是的科学态度，初步养成讲道理、有条理的思维品质，逐步形成理性精神。”

注意在教学中要落实学生“经历独立的数学思维过程”“合乎逻辑地解释或论证数学的基本方法与结论”和“经历数学‘再发现’的过程”。这些都是核心素养发展的具体表现。

本课为“异分母分数加减法”。是在学生明确了分数单位，完成了通分、约分及同分母分数加减法的学习后进行的，所以在异分母分数相加减的过程中引导学生理解通分的目的就是为了统一计数单位，因为计数单位不同不能计算。从而进一步理解计数单位对分数计算的重要性。由此可见，分数单位即计数单位十分重要，是理解算理的关键、是核心概念。此时学生通过经历独立的数学思维过程，理解了数学基本概念和法则的发生与发展，经历了数学再发现的过程，初步养成讲道理，有条理的思维品质。学生在完成分数加法和减法的学习后，便完成了整数、小数和分数的加减运算全部学习，可以沟通分数与整数、小数加减法的内在联系——相同计数单位的数相加减。理解整数、分数、小数的加减运算都要在相同计数单位下进行，感悟加减运算的一致性。以上是我对本课着力培养的核心素养的理解。

解来宾： 刚才由宋欢欢老师对教材内容进行了深度的分析，我觉得宋老师的分析打开了各学段之间的隔断墙，让我们清晰地看到有关分数的内容在各学段的安排，也明确了分数各部分内容之间的内在联系，以及本课要培育的核心素养，让我耳目一新。

乙占国： 下面请张英军老师立足新课标来确定《异分母分数加减法》一课的教学目标。

张英军： 下面我从本课的教学目标的制订与大家进行交流。2022 版新课标对“数与代数”领域进行了整合。将数的认识、数的运算整合为“数与运算”，将探索规律、式与方程、正反比例整合为“数量关系”，常见的量融入综合与实践。因此，2022 版新课标小学学段“数与代数”领域只包含“数与运算”“数量关系”两部分。整合原课标的“数的认识”和“数的运算”这两个主题为“数与运算”，是因为认识数就要运算，通过运算才能更好地认识数。这种结构化的课程内容，能更好地形成、培育运算能力和推理意识等数学核心素养。

2022 版新课标课程内容在“内容要求”的基础上，新增了“学业要求”“教学提示”，分别从学生“学什么”“学到什么程度”“怎样学”三个方面提出了详细的要求。

新课标强调“教学评”一致性。切适的、素养导向的教学目标是课堂中学生的学、教师的教和对教与学的过程性评价的依据，教学目标的重要性不言而喻。确定教学目标就是解决“教什么”的问题！

如何依据课标确定切适的教学目标？我们可以在第三学段“数与代数”领域以及“数与运算”的“内容要求”“学业要求”中找到相关要求。

【内容要求】

能进行简单的异分母分数加减法，感悟运算的一致性。

【学业要求】

能在较复杂的真实情境中，选择恰当的运算方法计算异分母分数加减法，并说明运算过程，归纳计算规则。

依据课标中的“内容要求”“学业要求”，整合前面的两个要求得到本课的教学目标：

在较复杂的真实情境中，能选择恰当的运算方法计算异分母分数加减法，并说明运算过程，归纳计算规则，感悟运算的一致性。

在本课的教学目标中，行为动词为“能”和“感悟”。“能”是知识与技能维度的行为动词，属于“掌握”的同类词。“感悟”是过程维度的行为动词。新课标 181 页对行为动词“感悟”是这样解释的：在数学活动中，通过独立思考或合作交流，获得初步的理性认识。因此，在教学设计时，我们会充分运用数学活动的方式，让学生感悟这一单元的核心概念“分数单位”和“分数加法”。新课标 182 页对“能”的解释是这样的：掌握的同类词，是指“多角度理解和表征数学对象的本质，把对象用于新的情境。”以上就是我结合“新课标”制订教学目标的过程及依据。

宋欢欢：听了张老师的分享，让我更明确了教学目标的确定，应紧紧围绕课程标准中的内容要求，学业要求和教学提示来进行。在以往教学目标的制订中，我们往往都会出现“培养学生怎样的能力”“使学生达到怎样的水平”等字样。在这样的表述中，无疑是以教师为主体。因为培养学生的能力由谁来培养，由教师来培养，而新课标中指出教师是课堂教学的组织者和引导者，学生才是课堂教学的主体。所以我们教学目标的制订也应该以学生为主体。

解来宾：我也非常认同宋老师的说法，记得张玉民教授第一次跟我们一起备课时就强调，我们的教学目标中不应该出现“使学生怎样怎样……”“培养学生什么什么能力”这样的字眼，因为这样的教学活动主体是老师而不是学生。

但是我有一个困惑，我想也是在座的老师们的一个共同的问题，那就是以往我们确立教学目标时，要体现知识与技能、过程与方法、情感态度与价值观三个维度，说白了就是要有 3 条，而张老师你刚才只说了 1 条，这之间是矛盾的吗？

张英军：我们细读一个这个教学目标和原来的三维目标是不矛盾的。“选择恰当的运算方法计算异分母分数加减法”实际上就是我们原来所说的“知识与技能”，“说明运算过程，归纳异分母分数加减法的法则”实际上就是我们原来所说的“过程与方法”，“感悟算法的一致性”实际上就是我们原来所说的“情感态度与价值观”。原来我们将教学目标割裂为三个，实际上是不科学、不合理的，三维目标应该是一个整体，新课标的核心素养是对三维目标的发展与超越，强调整体性，要形成核心素养离不开三维目标，简单来说，新课标所强调的核心素养就是三维目标的整合版、升级版，两者不冲突。

张葳：张老师的解读让我们对教学目标的制订更加清晰明了，但在以往的教学中，我们提出的是“真实情境”，本课教学目标中提出“较复杂的真实情境”，张老师那“较复杂的真实情境”又具体指的是什么样的情境呢？

张英军：原来我们经常强调在具体的情境中，在真实的情境中。而新课标为了培养学生的核心素养，更强调在较复杂的情境里，因为在较复杂的情境中，能更好地发展学生的综合能力即核心素养。那么何为较复杂的情境呢？我简单举三个小例子，大家就好理解了。我们把原来文字的情境变成图或图文结合的方式出现，就是较复杂的情境了，因为学生不光要读懂文字，还要读懂图，图中的信息、关系、关联等，需要学生有综合能力。还有就是我们原来的情境创设时就把数学问题同时给出了，学生只负责解决问题就行。如果我们把问题去掉，让学生自己来发现问题、提出问题，再分析问题、解决问题，这样的情境就是较复杂的情境。再有一种较复杂的情境，就是情境中有一些多余条件的介入，这个比较好理解，我就不做过多的解读了。

解来宾：感谢张老师精彩解读。下面由我来就《异分母分数加减法》一课的教学流程谈一点想法。

【教学流程】

设计教学流程，也就是设计学生的学习路线，这是属于“怎么教”中的问题。依据课标解决“怎么教”的问题要阅读“教学提示”。

【教学提示】

通过分数的运算，进一步感悟计数单位——分数单位在运算中的作用，感悟运算的一致性。再联系涉及本课的“学业要求”是“在较复杂的真实情境中，选择恰当的运算方法解决问题”。涉及本课的“内容要求”是“能进行简单的分数四则运算和混合运算，感悟运算的一致性”，以及培育核心素养的关键能力“运算能力”“推理意识”和“经历数学‘再发现’的过程”。

直白地说有三点：①分数加减法计算这一单元的核心概念是分数加减法运算和分数单位。②核心素养就是运算能力和推理意识。③运算的一致性。大家都知道整数加减法要数位对齐，小数加减法要小数点对齐，而分数加减法要同分母才能相加减。其实，归根结底都是要保证单位相同才能相加减，这就是运算的一致性，包括后面的运算律的保持不变都是运算一致性。

综上所述，本课我设计了四个教学环节：

“复习同分母加减法、通分、约分”——“创设学生熟悉的较复杂情境，发现和提出异分母分数加减法计算的问题”——“独立思考、合作交流，选择恰当的运算方法计算异分母分数加法，说明运算过程，归纳异分母分数加法计算法则”——“巩固练习，拓展提升，运用异分母分数加法运算律解决简单的计算问题”。

教学环节一：复习同分母加减法、通分、约分（可以课前预习中完成）

这节课为了了解学生预备知识和对核心概念的掌握程度，我利用问卷星设计了如下一个预习问卷：

1. 你知道什么叫做分数吗？分数单位指的是什么？

2. 说一说表示什么含义？

3. 想一想，同分母分数怎样相加减？

计算：$\frac{2}{7}+\frac{3}{7}=$　　$\frac{5}{12}+\frac{1}{12}=$　　$\frac{7}{6}-\frac{1}{6}=$　　$\frac{9}{10}-\frac{7}{10}=$

4. $\frac{1}{8}$和$\frac{1}{4}$的分数单位是什么？如何通分？通分的实质是什么？

第 1、2 小题是课标中提及的核心概念——分数单位，第 3 小题是同分母分数的加减法运算，设计意图是巩固旧知，为新课做好铺垫。同时，我设计了第 4 小题让学生尝试明确$\frac{1}{8}$和$\frac{1}{4}$分数单位不同，怎样统一分数单位。

教学环节二：创设复杂情境，提出分数加、减法的探究问题

为了实现本课的学习任务，需要创设较为复杂的教学情境。其实，情境的创设，要有利于学生数学学习，有利于促进学生认知技能、数学思考等方面的发展。所以，教学中既要紧紧围绕教学目标创设情境，又要充分发挥情境的作用，及时引导学生从情境中提炼出数学问题。

我创设了这样一个情境：

为了让同学们德、智、体、美、劳全面发展，我们学校为同学们安排了丰富多彩的社团活动。我们五年一班的同学更是积极踊跃地参加了各种社团。具体情况如下图。

同学们想一想，根据图中数据你能提出哪些用加法或减法解决的问题呢？

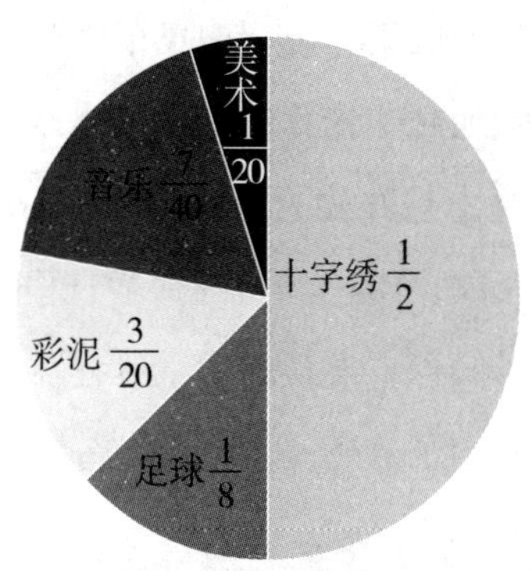

五年一班参加社团情况统计图

教学环节三：独立思考、合作交流（选择恰当的运算方法计算异分母分数加减法，说明运算过程，归纳异分母分数加法运算律）

（一）讨论

刚才你提出的问题该怎样列式呢？你会计算吗？老师希望同学们在学习小组里，首先独立思考，在合作交流，大家一起探究异分母分数加减的计算方法。

为了记录学生的思维过程，我设计了如下学习记录单。（一共有5个小问题）

学习记录单

1.我提出的问题：
2.我的列式：
3.如何计算？把想法写清楚。
4.你认为计算异分母加减法，关键是什么？
5.听听小组其他成员的想法，总结一下计算方法。

为了保证探究过程有序且高效我提出如下合作要求：

1. 先独立思考完成记录单 1—4 小题。

2. 完成后与其他组员交流自己的想法。

3. 用简练的数学语言概括得出的计算方法完成第 5 小题。

（二）小组汇报

1. 小组代表分别汇报学习成果，说明记录单中各个问题的思考过程。

2. 小组和全班归纳分数加减法计算法则。

这样的情境，问题的提出是开放的是发散的，不同的学生提出的问题不尽相同，可以是不同的社团，可加可减。经历的探索过程也不相同。这样的记录单，详细地记录了每个孩子数学知识再发现的思维过程。

在探究的过程中，把重点放在了理解算理、掌握算法上，这也是课标对计算课中要培养学生的核心素养。

为了让学生逐步形成运算能力和推理意识，我设计了如下一组练习题，这里我就不一一赘述了。

教学环节四：巩固练习，拓展提升

（一）填空：

（1）2 个 $\frac{1}{10}$ 是（　　），$\frac{7}{10}$ 里面有（　　）个 $\frac{1}{10}$。

（2）比 $\frac{3}{5}$ 米短 $\frac{1}{2}$ 米是（　　）米，$\frac{7}{8}$ 米比（　　）米长 $\frac{1}{2}$ 米。

（3）分数单位是 $\frac{1}{5}$ 的所有最简真分数的和是（　　）。

（4）$\frac{5}{6}+\frac{7}{24}=\frac{(\quad)}{24}+\frac{(\quad)}{24}=\frac{(\quad)}{8}$

（5）分母不同的分数相加减，先（　　），再按（　　）进行加减计算。最后的结果能（　　）的先约成（　　）。

（二）计算下面各题：

$\frac{5}{6}-\frac{1}{4}=$　　　$\frac{1}{5}+\frac{7}{15}=$　　　$\frac{3}{4}-\frac{2}{5}=$　　　$\frac{1}{3}+\frac{2}{5}=$

（三）解决问题：

1. 妈妈用黄豆面和玉米面做面饼。玉米面用了 $\frac{4}{5}$ 千克，黄豆面用了 $\frac{3}{4}$ 千克，用的玉米面比黄豆面多多少千克？玉米面和黄豆面一共用了多少千克？

2. 小明看一本故事书，已经看了全书的 $\frac{4}{9}$，还剩下几分之几没有看？剩下的比已经看的多几分之几？

以上是本节课的教学流程，恳请各位老师批评指正。

乙占国：针对解老师的教学流程，大家有什么想法？

张英军：听了解老师的教学流程，我非常欣赏，尤其是学习记录单的设计，可以让学生们将自己的思考过程记录下来，让学生更好地感受知识的形成过程。在记录单这里我有个小建议，在学生交流汇报完第 5 条后，我们可以将书中准确的计算法则呈现出来，使学生有个清晰、准确的记忆。

宋欢欢：谢老师的教学设计注重了教学情境的创设，其实一个良好的适合学生心理需求的教学情境，能让学生注意力集中，思维活跃。扩大学生课堂上的参与面，同时使抽象的数学具体化、紧张的情绪轻松化。所以我觉得谢老师创设的这个社团的情境贴近学生生活，非常好。

张葳：我也觉得创设情境这部分特别好，但创设情境提问题时，要是有背景效果会不会更好？比如十字绣社团和美术社团因为场地需求，要在一个美术教室活动，根据此提出数学问题“十字绣社团和美术社团的人数共占总人数的几分之几？”这样更能突出数学和生活实际的紧密联系。

乙占国：针对学习记录单中的第 1 题，我提出的问题，在这之前，出示情境统计图时，我建议应该给学生时间，让学生读一读每个分数，让学生说一说，明确谁占谁的几分之几，这样一来，学生提出的问题会更有指向性。接下来请张葳老师说一说本节课的策略和方法。

张葳：下面由我就解老师本节课的教学流程说一说具体的策略方法。

如何依据课标选择教学策略？首先阅读本课的“教学提示”：通过整数的运算，感悟整数的性质；通过整数、小数、分数的运算，进一步感悟计数单位在运算中的作用，感悟运算的一致性。

在我们这一课里就是，要通过“分数运算，感悟分数单位在运算中的作用”。要实现这个目标就要设计学生熟悉的生活情境，解决异分母分数加减法问题，经历发现和提出问题、分析和解决问题、数学“再发现”的过程。我们采用的教学策略为：

（一）整合了复习和了解预备知识掌握以及新课学习引领的课前预习问卷

五年级的学生已经具备了一定的自主学习能力，课前设计学生对学习新知的预备知识掌握情况的问卷。在预习问卷中，首先以问题的方式强化了分数的意义的掌握；接着，对同分母分数加减的运算的计算法则进行了巩固练习。最后，出示问题：1/4 的分数单位和 1/8 的分数单位分别是什么，如何统一分数单位的？

问卷既和旧知有一定的联系，又为学生学习本节课异分母分数相加减做了一定的铺垫，引导学生关注“分数单位”，“统一分数单位”是本节课学生自主学习的关键点和突破点。

（二）教学情境创设

本节课是以学生熟悉的校园生活、社团活动统计导入的，引导关注“计数单位”在计算中的重要性，培养学生的学科探索意识，培养学生从真实复杂的情景中发现问题、提出问题，培养学生解决实际问题，要经历思考探究的过程。

（三）有效的小组合作探究

在小组合作探究学习之前，个人的独立思考尤为重要，教师一定要给予学生足够的个人独立思考的时间。学生要做任务型学习，自己提出数学问题，自己解决问题，如“同分母分数加减怎么计算？”“异分母分数加减计算的关键是什么？”“如何统一分数单位？”等，引导学生得出异分母分数加减的计算法则。小组合作探究活动时，活动的建议、方法、规则一定要明确。还要考虑小组合作探究的效率，如何编组，如何分配责任，如何评价激励等，都会影响小组的合作探究效率。

（四）研制记录学生学习的表单

在新课程标准的学业要求中，有“说明运算过程”的要求，以此为依据来研制学生学习过程记录表单。学习活动记录表中，问题一定要明晰，并且小组活动分工要细致，如谁主持、谁记录、谁汇报等。学习活动记录单要人手一份，记录好自己学习探究的思维过程，再进行小组的整合汇总，以小组为单位用数学的语言严谨地概括出规律，小组活动评价激励要及时准确到位。

针对解老师课堂用的学习记录单，问题可以设计得更精准，做以下调整：

1. 我提出的有关数学问题。

2. 列出数学算式。

3. 列横式，说明思考过程。

（五）研制过程性评价的表单

关于评价也要细致，如教师对小组的整体评价，可以从以下几个方面评价：小组研究成果的严谨性，小组记录过程的完整性，小组对结论描述的准确性等。还要有小组内成员之间的评价：组内成员的参与情况，个人完成情况及学生自我对比的进步情况，观点是否明确完整等。

以上就是我对本节课教学做的策略方法的解读。

张英军：我还有一个对学习过程记录单的改进意见。建议把学习记录单与过程性评价结合起来。在学习记录单上加上两列，一列是自我评价的评语栏（有明确环节子目标要求的对照），还有一列是小组评语栏。评语的填写可以在每一个教学环节结束时安排时间进行。

这样我们就把学习过程记录与过程性评价结合起来，体现了“教学评”一体化。

接下来，请乙老师来介绍关于教学中应用的技术支持。

乙占国：

（一）备课平台的支持（学习资源）

教学《异分母分数加减法》这一内容时，教师可首先利用国家智慧教育平台中的“教师备课应用情境”，利用其中优质资源备课。

我们还可以在网上找到大量的关于本节的教学 PPT 以及网络资源，把和教学内容有关的课件、微课等资源运用到教学中。在制作课件时，利用 WPS 或希沃中的自动生成统计图功能，输入数据，得到扇形统计图，帮助学生理解数学知识点。

备课前，还可以通过观摩国家智慧教育公共服务平台，或一师一优课等平台教师的教学视频，看一看不同版本的教材，不同地区的优秀教师，尤其是北京上海等教育发达地区的老师，对于同一节课的授课方法，和对于重点问题的处理方式，来不断地改进自己的教学设计，实现教学效果的更大提升。

（二）表单支持

新课标要求学生在校的学习不再仅仅是掌握知识的活动，更重要的是学会如何获取知识和技能，而学生在一个相对完整的学习过程中，总要经历课前预习、认真听讲、独立思考、做好笔记、作业练习、复习巩固几个阶段，才能把相关的知识比较牢靠地掌握好。教学本课的前一天，可以以问卷星的方式在班级群，下发关于本课的调查问卷或预习单，在解决问题过程中遇到的难点，可以为确定教学的重难点提供现实依据，便于紧扣重难点细化教学方案，帮助学生深入理解知识本质，让学习走向深入，改进教育教学方式。课堂上还可以为学生提供记录思维过程的学习记录单，促进学生自主学习。在课下巩固阶段，也可以参考国家智慧教育平台里面的课后作业单，检验学情。

（三）课后延伸（学习资源）

通过两则历史故事，使学生了解了异分母分数加减法，在中西方分数运算史上是如何解决的，有哪些趣闻，使课堂得以延伸。

第一则“有趣的破碎数”，学生能够了解分数在欧洲发展的历史；第二则“合分与减分”使学生了解，早在两千多年前的西汉时期，《九章算术》就提出了分数运算法则，与我们今天的分数加减法运算法则基本相同。《九章算术》是世界上最早系统叙述了分数运算的著作，是我国流传至今最古老的数学专著之一，身为炎黄子孙的我们对此应该感到无比骄傲和自豪。通过对《九章算术》的介绍，对学生进行德育渗透，让学生了解我国古代数学研究的辉煌成就，激发学生的爱国热情和民族自豪感。

学完本课之后，布置一项作业：推荐学生观看国家中小学智慧教育平台的科学公开课：伟大的抽象——数概念历史漫游。让学生经历一次对数的认识的历史漫游，延伸课堂。

以上就是我从技术支持方面做的分享。

乙占国：老师们，一个人可以走得很快，一群人才能走是更远。思想的碰撞，往往才能擦出激励前行的火花，2022 版课程标准的颁布，给我们传递了很多前沿的信息。今后我们将继续以课例研讨为载体，开展素养导向的教学，促进学思结合，着力实现“教学评”的一致性，让我们的课堂教学能更好地服务学生。

以上就是我们江岸数学教研组本次的集体备课，也是在摸索中砥砺前行，希望各位领导，老师们多提宝贵意见，多多批评指正。

（案例撰写者：解来宾、张英军、宋欢欢、张葳、乙占国、邱平平）

案例 1.2

三年级上册《口算乘法》核心素养导向的支架式集体备课纪实

齐齐哈尔市龙江县头站镇中心学校小学　数学组

张金萍：新课标颁布一年多以来，我校注重引导教师更新教学理念，扎实推进课堂教学改革，努力构建素养导向的学科探究的课堂。为了适应新课改的要求，我们对教学设计这一重要教学环节进行再思考和再认识，改变传统的、陈旧的备课观念、方式和方法。在备课环节围绕新课标中“为什么教、教什么、怎么教、教到什么程度以及资源提供和信息技术融合创新”五个备课核心内容的解决，采用了五环节的备课模式，收到不错的效果。

今天我们数学教研组将对人教版三年级上册第六单元“多位数乘一位数”第一课《口算乘法》依据课程标准的“内容要求”“学业要求”“教学提示”，围绕“明确着力培养的核心素养（为什么教）——确定切适教学目标（教什么）——设计学科探究的教学流程（怎么教）——选择‘教学评’一致性的策略方法（怎么教和教到什么程度）——整合教学资源以及深度融合信息技术”五个环节展开教学设计的研修。

参加此次备课的成员有张金萍老师、邓阳柱老师、管婷婷老师、王芳老师和赵静老师。

下面请邓阳柱老师就《口算乘法》一课的“为什么教”——明确着力培养的核心素养发言。

邓阳柱：

第一部分“为什么教”——明确着力培养的核心素养

本单元的学习是在学生已经掌握了表内乘法，能够正确地口算 100 以内加减法、会笔算两位数和三位数加减法的基础上进行学习的。学好这部分知识，将为以后学习多位数乘法、笔算除法打好基础。本单元知识属于小学“数与运算”教学中的基础部分。多位数乘一位数不仅在生活中有着广泛的应用，更是学生学习多位数乘法和除法的基础。因此教师不仅要重视过程的教学，让学生切实理解算理、掌握算法；还要重视学习的效果，即计算的正确率和速度达到一定的标准，提高解决问题的能力。

数学课程目标的确定，立足学生核心素养发展，集中体现数学课程育人作用。数学课程着力培养的学生核心素养主要包括以下三个方面。一会用数学的眼光观察现实世界，二会用数学的思维思考现实世界，三会用数学的语言表达现实世界。明确课程着力培育的核心素养就是要解决为什么教的问题。

新的数学课程标准倡导以核心素养为导向的新教学。“多位数乘一位数”是三年级上册第六单元的内容。属于数与代数领域中的数的运算。那么在本单元我们究竟要落实哪些核心素养?

乘法教学分布于小学二年至六年，后续三年下册教科书第四单元为“两位数乘两位数”，四年级上册第三单元为“三位数乘两位数”，以及五年级上册第一单元为“小数乘法”。这些的教学内容都是在熟练地掌握多位数乘一位数理解的基础上,进行继续深入地学习,在这里涉及了“推理意识”“抽象能力”“运算能力”等学生核心素养的形成。

新课标中涉及本课的“内容要求”明确要求：“能进行简单的分数四则运算和混合运算，感悟运算的一致性，发展运算能力和推理意识。”

依据课标的“内容要求”，我们进一步确认本课着力培育的核心素养为“运算能力和推理意识”，也就是培养学生的数学思维，培养学生学会用数学思维来思考现实世界。“通过经历独立的数学思维过程，学生能够理解数学基本概念和法则的发生与发展，数学基本概念之间、数学与现实世界之间的联系；能够合乎逻辑地解释或论证数学的基本方法与结论，分析、解决简单的数学问题和实际问题；能够探究自然现象或现实情境所蕴含的数学规律，经历数学‘再发现’的过程；发展质疑问难的批判性思维，形成实事求是的科学态度，初步养成讲道理、有条理的思维品质，逐步形成理性精神。”

本课为《多位数乘一位数》，是在熟练地掌握了表内乘法，能够正确地口算 100 以内加减法、会笔算两位数和三位数加减法的基础上进行学习的。在学习多位数乘一位数时学生们先要理解低级数位满十要向高一级的数位进一，也就是十进制进位法；知道乘法是加法的简便运算，也就是乘法的意义。知道数的组成的，如一个三位数是由几个百、几个十和几个一组成的，了解不同数位的计数单位，以上就是本节课涉及的数学核心概念。如在探究 12×3 时，通过摆小棒的形式引导学生把 12 分成 10 和 2。3 组 10 根小棒就是 30 根小棒；3 组 2 根小棒就是 6 根小棒，所以一共就是 36 根小棒。学生通过经历独立的数学思维过程，理解了数学基本概念和法则的发生与发展，经历了数学再发现的过程，初步养成讲道理、有条理的思维品质。学生在完成多位数乘一位数的学习后，理解了多位数乘一位数的算理，于是便过渡到多位数乘一位数的算法学习理解，就可以进行多位数乘一位数的笔算乘法。通过这部分知识的学习，学生们能够正确地进行多位数乘一位数的计算，利用所学知识去解决实际问题，进而感悟从未知到已知的过程。

第二部分“教什么”——确定本课切适的教学目标

2022 版新课标对“数与代数”领域进行了整合。将数的认识、数的运算整合为“数与运算”。因此 2022 版新课标“数与代数”领域只包含“数与运算”“数量关系”两个主题。整合原课标的“数的认识”和“数的运算”这两个主题为“数与运算”，是因为认识数就要运算，通过运算才能更好地认识数。这种结构化的课程内容，能更好地形成、培育运算能力和推理意识等数学核心素养。

2022 版新课标课程内容在“内容要求”的基础上，新增了“学业要求”“教学提示”，分别从学生“学什么”“学到什么程度”“怎样学”三个方面提出了详细的要求。

新课标强调“教学评”一致性，切适的、素养导向的教学目标是课堂中学生的学、教师的教和对教与学的过程性评价的依据，教学目标的重要性不言而喻。确定教学目标就是解决“教什么”的问题！

如何依据课标确定切适的教学目标？我们可以在第二学段“数与代数”领域“数与运算”的“内容要求”中找到本节课的相关要求：探索并掌握多位数的乘法，感悟从未知到已知的转化，逐步形成数感、运算能力和初步的推理意识。

再结合“学业要求”中的“能计算多位数乘一位数，能在简单的实际情境中，运用所学知识解决问题，形成初步的应用意识”，得到本课教学目标为：探索多位数乘一位数的口算方法，理解算理，掌握算法，能计算多位数乘一位数。

教学重点：探索整十、整百、整千数乘一位数及两位数乘一位数（不进位）的口算方法，理解算理。

教学难点：能够正确口算整十、整百、整千数乘一位数及两位数乘一位数（不进位）。

在本课的教学目标中，使用的结果目标行为动词为“掌握”；而过程目标的行为动词是“探索”。新课标对行为动词“掌握”是这样解释的：多角度理解和表征数学对象的本质，把对象用于新的情境；对“探索”的解释是这样的：在特定的问题情境下，独立或合作参与数学活动，理解或提出数学问题，寻求解决问题的思路，获得确定结论。因此，在教学设计时，我们会增加的自主探究的数学活动实践，让学生探索多位数乘一位数的计算方法，理解从一位数乘法到两位数乘法算理和算法的迁移，感悟从未知到已知的转化。

以上就是我结合新课标制订教学目标的过程及依据，谢谢大家。

管婷婷：听了张老师的分享，让我更明确了教学目标的确定，应紧紧围绕课程标准中的“内容要求”“学业要求”来进行，在以往教学目标的制订中，我们往往都会出现培养学生怎样的能力、使学生达到怎样的水平等字样，而新课标中指出教师是课堂教学的组织者和引导者，学生才是课堂教学的主体。所以我们教学目标的制订也必须以学生为主体。

赵静：我也非常认同管老师的说法，我们的目标设定就是要站在学生“学”的角度出发设计，因为这样才会推动教师加快课堂教学的“教与学转型”。

邓阳柱：对照原来的课程标准我们不难发现，现在新课标的教学目标和内容是以问题为导向，以核心素养为导向的，所以我们的教学目标也是围绕要更好地实现着力培养的核心素养而确定。新课标的核心素养导向的教学目标是对以前三维目标的发展与超越，是三维目标的升级版。

王芳：张老师的解读让我们对教学目标的制订更加清晰明了，但在教学目标中使用的结果目标行为动词为“掌握”，我们知道“掌握”的解释是：多角度理解和表征数学对象的本质，把对象用于新的情境。是否对于三年级学生来说目标过高。

张金萍：我认为不高，因为本节课是学生在第一学段已经经历过探索乘法的算理与算法，会简单的整数乘法，能熟练口算表内乘法的基础上开展的学习。学生已经形成乘法初步的运算能力，借助本节课开展的数学活动，通过小棒等学具的帮助，学生能够将未知转化为已知，从算理过渡到算法。相信在这样的过程中，学生的运算能力和推理意识也能得到相应的发展，掌握的程度不难达到。

接下来，由王芳老师依托课程标准的教学设计流程与大家进行交流。

王芳：

第三部分“怎么教”——设计学科探究的教学流程

依据新课标中的“四基”“四能”“核心素养”的要求，在教学中设计成数学实践的教学流程，由浅入深，层层递进。过程中善用过程性评价，关注学生学习数学的过程，激励学生学习。以“四基”为基础，“四能”为导向，“核心素养”为终极目标，为学生搭建高效学习的平台，形成思维意识和计算能力等关键能力、理性思维和科学精神。

设计教学流程也就是设计学生的学习路线，这是属于“怎么教”中的问题。依据课标解决“怎么教”的问题需参考“教学提示”。课标中涉及本课的“教学提示”要求：“数的运算教学应利用整数的乘法运算，理解算理与算法之间的关系，感知计数单位的意义。通过设计合适的问题情境，引导学生分析和表达情景中的数量关系。”还要注意有效达成相关“学业要求”“内容要求”。

【学业要求】

能计算多位数乘一位数，形成数感、符号意识和运算能力。

【内容要求】

1. 探索并掌握多位数的乘除法，感悟从未知到已知的转化，能运用所学知识解决生活中的简单问题，形成初步的模型意识和应用意识。

2. 培育核心素养的关键能力数与运算中的“数感”和“运算能力”的过程。

以此为依据，可以设计四个主要的教学环节：

教学环节一：复习导入，扫清障碍

第 1 小题是口算表内乘法和求几个相同加数和的运算。

第 2 小题是根据数的组成知识进行复习。

例如：40 是几个十？ 700 是几个百？

（设计意图：利用旧知引入新知是一个非常重要的方法，不仅能够降低新知识的难度，也能增加学生的学习兴趣。）

教学环节二：情境创设，明确目标

情境的创设，有利于提高学生数学学习的兴趣，促进学生认知能力的提高，有利于数学思维方面的发展，并及时引导学生从情境中提炼出数学问题，明确本课学习目标和任务。

创设这样一个情境：让同学们看碰碰车、过山车、旋转木马、激流勇进的游乐场图片。

问：同学们你也喜欢去游乐园玩吧？你知道游乐园里还有数学问题吗？观察图片，你发现了哪些信息？能提出用乘法解决的数学问题并列出算式吗？

通过学生们列出的问题，请同学们口算出结果，剩余的末尾带0的乘法，不能马上说出结果，从而引出本课学习内容《口算乘法》，明确本课学习目标。

教学环节三：独立思考，合作交流

针对刚才我们提出的问题该怎样列式呢？你会计算吗？

首先独立思考，再合作交流，大家一起探究口算乘法的计算方法。通过学生的交流，教师有方向、有具体内容地引导学生进行思考。在这个过程中，学生既能表达自己的想法，也能听取他人的想法，总结出算理和算法，有助于提高独立思考的能力、表达能力和团队合作能力。同学展示环节，可能会想到用加法解决、用数的组成解决、用表内乘法的方法解决等。教师引导学生，找到最优方法。口算 20×3 时，先用0前面的 2×3，再在6后面添上一个0。

教师进一步提出两位数乘一位数的不进位乘法，引导学生用连加法和拆分法解决。最后，用运算的横式表达思考过程，弄清算理。

总结知识点：把两位数看成几十和几，先计算几十乘一位数，再计算几乘一位数，最后把两次乘得的积相加。

教学环节四：巩固练习，拓展提升

设计几十乘几、几百乘几以及两位数乘一位数的不进位乘法算式，让同学们口算说出结果，方法可以多样性。通过练习，再一次巩固口算两位数乘一位数不进位乘法的先分后合的思想，为后续学习笔算乘法做铺垫。

最后回顾总结自己的收获。达到学有所思，学有所获。

张金萍：接下来由管婷婷老师从“教学评”一致性的角度对本节课采取的策略方法进行阐述。

管婷婷:

第四部分“怎么教和教到什么程度”——选择“教学评”一致性的策略方法

【教学提示】

数的运算教学应利用整数的乘法运算，理解算理与算法之间的关系。在具体情景中，利用加法或乘法的意义，通过列横式描述思维过程，弄清两位数乘一位数的算理，进而用数学语言总结出算法，形成运算能力。

【学业要求】

能计算多位数乘一位数；能在简单的实际情景中运用所学知识解决问题，形成初步的应用意识。

要实现这些目标，就要利用学生熟悉的方法和已经掌握的运算能力、数学语言表达能力，将学生引入教学情境中经历发现和提出问题，分析和解决问题，再总结问题的过程。

我们采用的教学策略为:

（一）复习策略

研制预习单。三年级学生已经学会了表内乘法，而这节课是对乘法的进一步学习。为了了解学生的学情，所以我们设置了一个课前预习单。预习单的一个模块是通过预习单来了解学生对表内乘法的掌握情况，另一个模块是对两位数的组成进行复习，例如数的构成和计数单位。复习旧知，提前预习，为学生进一步学习整数乘法做了一定的铺垫，不仅能降低知识的难度，也增加了学生的学习兴趣。

（二）生活情境创设策略

数学是一门抽象的学科，对许多小学生来说，数学是一门难以理解和乏味的学科。

为了激发学生对数学学习的兴趣，练习生活，促进他们解决问题的能力和数学思维能力，在教学中需要创设教学情境，让数学学习融入生活、实践和游戏中。本节课是由学生熟悉的游乐园情境导入的，引导学生观察情境中的图片，发现图片中隐藏的数学信息，培养学生从真实情境中发现问题、提出问题、分析问题、解决问题，培养学生在具体情境中解决问题的能力。

（三）小组合作策略

在小组合作探究学习之前，个人要独立思考，先提出数学问题，根据问题列出算式，然后小组同学共同讨论，列出横式，解决问题，找到计算多位数乘一位数的方法，弄清算理。

设置学习任务：求出 20×3 的值

方法一：根据乘法意义转化为加法，计算相同加数乘相同加数的个数，求几个相同加数的和。例如 20×3 相当于 3 个 20 相加就等于 60。

方法二：借助数的组成转化为表内乘法计算，20 可以分成 2 个十，20×3 等于 6 个 10，6 个 10 就等于 60。

方法三：先看成表内乘法计算再添零。例如 20×3，我们先算 2×3，在结果 6 的后面添上 0。

（四）小棒演示策略

借助直观模型理解多位数乘一位数的实质，就是将一个多位数拆分成几个几，几十个，几个百，再分别与这个数相乘，然后把分别乘得的积相加，理解口算计算算理，学习先分再合的思想。

（五）及时复习巩固策略

根据共同探究导出的规律，学生独立完成。在题目的选择上，要兼顾学生的学习水平和兴趣爱好。对于一些比较优秀的学生，可以设置一些拓展性的题目，让他们挑战一些较难的数学问题，培养他们的逻辑思维能力和解决问题的能力，例如设计两位数乘一位数的不进位乘法算式，让同学们口算说出结果。对于一些学习较差的学生，可以设置一些针对性的习题，从算理和算法入手，设计几十乘几，几百乘几的口算。方法可以多样性，帮助他们消化和理解难点知识。

张金萍：下面，由赵静老师来介绍关于教学中应用的技术支持，整合教学资源以及深度融合信息技术。

赵静：

第五部分　整合教学资源以及深度融合信息技术

随着信息技术的高速发展，多媒体技术满足了各种信息数据的收集、整理、编辑、播放等功能。极大地满足了教学的要求，成为学校课堂教学的重要手段之一，多媒体集各种技术于一身，具有处理图像、文字、音频、视频等综合能力，多媒体课件在教学中的运用可以极大地提高教师与学生之间的互动，极大地丰富教学内容。在教学本课时我从以下几个方面入手：

（一）备课平台的支持

新的课程标准优化了教学设置，落实党中央、国务院“双减”政策要求，所以教师在备课环节就要精益求精，将党的教育方针具体细化为本课程应着力培养的核心素养，体现正确价值观、必备品格和关键能力的培养要求。教学《口算乘法》这一内容时，我们首先从网络中进行搜索，以研究者的目光浏览、选择、分析大量的网络资源，找到大量的关于本节的教学 PPT、教学设计、微课等，把和教学内容有关的课件、微课等资源运用到教学中，以便给学生创设适合他们年龄和心理特点的教学情境。当然教师也可根据自己心仪的教学设计，自主进行 PPT 的制作。备课前，我们还观摩了国家智慧中小学教育平台，希沃白板，荣德基教育 APP 等，来不断地完善自己的教学设计和课件的制作，利用信息化的趣味性、时效性随时改变课堂的教学情境，不同的学生要选择不同的情境，这样教师才能实现教学效果的更大提升。我们还可以在希沃白板手机 APP 中，找到适合本课的课件资源，搜索适合本课程的学生预习单需要的内容。从中筛选适合本课学生预习单中需要的内容，制成预习单供学生使用。

（二）技术支持情境的创设

新课标指出：促进信息技术与数学课程融合。教师要利用现代信息技术，提供丰富的学习资源，设计生动的教学活动，促进数学教学方式方法的变革。在实际问题中，创设合理的信息化学习环境提升学生的探究热情。因此，我们数学教研组依据新课程标准的基本理念。创设了适合学生学习探究的游乐园的真实情境，将抽象的知识点与具体的场景进行有机结合，帮助学生更好地理解知识，激发了学生的学习兴趣，提高了他们学习的内驱力。在希沃白版 5 中，我们搜索了大量的关于本课的情境图并根据实际需要做了一定的改进。学生把自己置身在游乐场中，提高了自信心和沟通能力。通过对知识的迁移，巩固了自身知识的体系，培养了学生的创新思维和综合运用知识的能力。学生很快进入情境，激发学生的学习兴趣。引导学生读图发现并提出问题，让学生联系生活实际，合理想象。在这节课的设计中，通过多媒体演示把学生带入了一个充满童趣而又轻松愉悦的学习氛围。旋转的木马、惊险刺激的过山车更是让学生们进入了一个他们梦寐以求的欢乐世界。在这个过程中充分调动了学生的学习积极性，发挥了学生的主体地位。

（三）电子白板演示计算

对于学生来说计算不是困难的，最主要的是掌握乘法的算理。小棒的移动，使学生目睹了乘法的计算过程，先是把几个整十数相加，即一个因数的十位乘另一因数的个位，再把剩下的几个几相加，也就是一个因数的个位和另一个因数的个位相乘，最后把二者进行相加。通过学生探究学习不同的方法，用加法算乘法，利用数的组成进行计算……让学生在不知不觉中突破了本节课的难点。并用 PPT 课件直观地展示，还可以让学生观察不同计算方法的优劣，不仅形象直观，而且利于理解。

（四）技术支持巩固训练

练习是学生掌握知识，形成技能，发展智力的重要手段。新课标强调，“教师应激发学生的学习积极性，向学生提供充分从事数学活动的机会。”因此，在练习设计中，我们利用多媒体信息技术融合体现层次化、趣味化、弹性化，还融入趣味性，以竞赛的形式，调动学生的学习积极性，使学生真正成为数学学习的主人，做得愉快，练得开心！这时国家智慧中小学平台又可以大显身手了，学生可以在课堂教学环节下搜索本节课的习题，赛一赛自己的方法见解，最终达到学习的目的。创设游乐园举行闯关游戏获得免费门票的情境，激发学生学习兴趣。在我们设计的巩固练习“火眼金睛”这个环节，用手势判对错。利用 PPT 设置学生容易出错的题，让学生来判断，利于在以后的学习过程中不再出现同样的错误。

（五）技术支持过程性评价

教师是学生学习的指导者，教师的评价要采用多元化的评价方式，结合学生的课堂表现、小组讨论、展示学习等方面对学生进行综合性评价，为了更好地调动学生的积极性，教师更应该重视过程评价，充分挖掘学生的潜力，除此之外还要因材施教注重个体的重要性，让每个人都有所收获。

课堂上我们还为学生提供记录思维过程的学习记录单等促进学生自主学习。在课下巩固阶段，也可以参考国家智慧教育平台里面的基础性课后作业，巩固练习和检验学情。

以上就是我从技术支持方面做的分享。

张金萍：“如果你有一种思想，我有一种思想，彼此交换，我们每个人就有了两种思想，甚至多于两种思想”，集体备课就是我们思想的交换。2022 版课程标准的颁布，“教学评”一致性的提出，都给我们传递了新的教学理念。今后我们将继续研读课程标准，以核心素养为导向，借助教学课例，促进学思结合，着力实现“教学评”的一致性，真正实现有效、高质量的课堂。

以上就是我们头站镇中心学校小学数学教研组本次的集体备课，谢谢大家。

（案例撰写者：王久义、王胜明、张金萍、石有双、邓阳柱、王芳、管婷婷、赵静）

案例 1.3

四年级下册《两位数乘两位数（不进位）》

核心素养导向的支架式教学设计

齐齐哈尔市铁锋区人民小学　数学组

一、大单元教材分析与明确着力培养的核心素养

本次教学设计的课程内容是人教版小学数学三年级下册第四单元《两位数乘两位数》中笔算部分的“例 1”（不进位笔算）。这部分内容属于第二学段“数与代数”领域“数与运算”主题。关于这部分内容 2022 版的课标中是这样阐述的：

【内容要求】

探索并掌握多位数的乘法，感悟从未知到已知的转化。

【学业要求】

能计算两位数乘除三位数。

【行为动词】

探索。在特定的问题情境下，独立或合作参与数学活动，理解或提出数学问题，寻求解决问题的思路，获得确定结论。

探索多位数的乘法——经历发现问题，提出问题，独立思考（利用乘法的意义、乘法加法的运算律），解决实际生活中两位数乘两位数的实际问题；合作交流弄清算理；再与老师同伴概括算法——用数学的眼光观察世界（抽象能力、数感），用数学的思维思考世界（运算能力、推理意识），用数学的语言

表达世界，总结概括出多位数乘多位数的算法竖式运算（模型意识）。

着力培养的核心素养关键能力为推理意识和运算能力，也包括模型意识。

关于这部分内容的学业要求，课标中的教学提示为：数的运算教学应利用整数的乘法运算，理解算理与算法之间的关系，在这样的过程中，感悟如何将未知转化为已知，形成初步的推理意识。本节课的教学重点是，先明算理再到理解两位数乘两位数乘法算法的迁移（从过程到结论）。学生已知 14×10 的计算方法和 14×2 的计算方法，探索 14×12 的计算方法（运算律）。也就是在具体问题解决方法（明算理）分析的基础上建立乘法运算竖式的计算方法，从算理过渡到算法。本节课的核心素养就是在这样的过程中发展学生的运算能力和推理意识。运算能力是核心素养在小学阶段的行为表现，在竖式计算中，能够熟练地依据运算法则进行程序化的操作，同时理解乘数的范围扩大后运算的一致性，进一步理解乘法是几个相同数连加的简便运算。本课教学时还可以引导学生借助面积表述运算的道理，培养几何直观。

二、确定素养导向的切适教学目标

（一）课标要求

《两位数乘两位数》这一单元隶属于“数与代数”这一领域。我们对照课标中第二学段的相关要求：

【内容要求】

探索并掌握多位数的乘除法，感悟从未知到已知的转化。

【学业要求】

能计算两位数乘除三位数。

（二）行为动词

行为动词“能”——掌握的同类词。

“掌握多位数的乘法”表现为“能计算两位数乘两位数”。

两位数乘两位数的笔算不仅是本单元的重点，也是全册书的一个重点。在小学阶段“数与代数”的学习中有着举足轻重的作用。掌握两位数乘两位数的计算方法，不仅可以解决与之相关的实际问题，为以后学习两位数乘三位数打下基础，为除数是两位数的除法和混合运算的学习做好准备，同时也为学生解决生活中遇到的乘数是更多位数的乘法问题奠定基础。

（三）教学目标

依据课标的内容要求和学业要求，确定以下素养导向的教学目标：

1. 探索两位数乘两位数的算理，概括两位数乘两位数竖式的算法。

2. 能计算两位数乘两位数，能解决简单的两位数乘两位数的实际问题。

三、依据“教学提示”设计数学学科探究的学习过程（教学环节）

（一）课标中的“教学提示”

第二学段，数与代数主题“数与运算”的“教学提示”：通过数的认识和数的运算有机结合，感悟计数单位的意义，了解运算的一致性。

数的运算教学应利用整数的乘法运算，理解算理与算法之间的关系，在这样的过程中，感悟如何将未知转为已知，形成初步的推理意识。

关键词：感悟、计数单位、意义、理解、算理、算法、关系。

（二）教学流程

1. 创设实际问题情境，探索两位数乘两位数的实际问题解决。

问题情境：马上就到端午节了，老师打算带领三年二班 42 名同学制作五彩绳，每根五彩绳需要 12 个铃铛，一共要准备多少个铃铛呢?

首先，临近端午节，本次活动通过老师和学生制作五彩绳的活动，让学生发现问题，提出问题，并明确本节课的学习任务，引导学生独立思考，利用已学过的知识正迁移解决新问题。

（1）情境导入，发现并提出两位数乘两位数的实际问题。

（2）独立思考并解决问题。

2. 梳理解决问题的过程，找到最合理的方法，明确其中道理。

各小组汇报本组的方法，通过“式”“形”结合，对不同计算方法和点子图的比较、归纳和分类，体验方法的异同，掌握解题的策略，关注算理的深度理解。

（1）小组内讨论找到较为合理的方法。

（2）小组代表汇报方法，通过对比分析找到最合理的方法，教师帮助梳理并明确其中道理。

小组讨论，组员分别说明解决问题的方法，预设方法如下：

方法一：用 42×12 改写成 12 个 42 相加，算出结果为 504 个。

方法二：把 42×12 改写成 $42\times2\times6$，先算 $42\times2=84$，再算 $84\times6=504$（个）。

方法三：把 42×12 改写成 $42\times（10+2）$，把括号打开变成 $42\times10+42\times2=504$（个）。

……

组长组织组员找到最合理的方法，经过讨论发现“方法一”太过繁琐，计算时间过长且容易出现错误；“方法二”不满足在所有情况下都能使用，如每人需要铃铛的个数改成 13 个，就无法拆开计算；方法三最合理，计算时间短且方便计算，最终选择第三种方法。

3. 总结概括算法，引入竖式计两位数乘两位数。

这一环节主要有两个层次。首先，掌握笔算书写的格式；其次，通过数形结合巩固算理，突破“错位对齐”的难点。

（1）学生汇报竖式的算法。

（2）教师与学生及时答疑解惑，概括总结算法，落实本节课教学重难点。

（3）学生巩固 42×12 的竖式方法，并在小组内巩固交流算法。

4. 应用算法解决问题，巩固训练。

针对本节课的重难点，设计了基础性和探究性两个层次的练习，在练习中巩固和内化知识，让学生能够将所学的笔算方法灵活应用到题目中，并能充分理解算理进一步巩固算法，提高计算能力。

（1）完成 43 页“做一做”，进一步巩固两位数乘两位数的算法。

（2）完成“练习九”第 5 题，用两位数乘两位数的算法解决生活中实际问题。

四、基于“教学提示”选择教学策略方法

（一）真实情境中解决两位数乘两位数的策略方法

【策略活动】

以端午节为全班准备五彩绳为实际背景，创设生活情景。先经历学生明确已有数学信息：全班一共有 42 人，每人需要 12 个铃铛的过程，然后明确相关数学问题：一共需要多少个铃铛？再列式操作并解决问题。

【策略分析】

数学为人们提供了一种认识与探究世界的观察方式。通过数学眼光可以从现实世界的客观现象中发现数量关系，提出有意义的数学问题。数学以核心素养导向的课程目标也一直要求要发展运用数学知识与方法发现、提出、分析和解决问题的能力。本节课从学生发现要解决的问题，明确数学信息，到提出数学问题，再到尝试分析、列式解决问题的过程符合数学学科实践的要求，有利于形成推理意识、计算能力、理性思维、科学精神和不怕困难不断探索的品格。

（二）实际问题解决后梳理两位乘两位算理的策略方法

【策略活动】

学生在充分独立思考后，展开小组内的分享与讨论，利用点子图等工具，数形结合，验证问题结果是否正确、尝试分析各种解决方法的利与弊。最后全班汇报分析最佳方式，梳理算理，明确算法。

针对学生的解决问题不同方式，开展不同的策略活动。

1. 用 42 × 12 改写成 12 个 42 相加，算出结果为 504 个。

此方法成功解决了该问题，学生可直接通过乘法的意义说明此方法的烦琐之处，不适合推广使用。

2. 把 42 × 12 改写成 42 × 2 × 6，先算 42 × 2=84，再算 84 × 6=504（个）。

利用将一个两位数转化为两个一位数相乘的方法，成功将未知的两位数乘两位数转化为已经学习过的两位数乘一位数问题，符合数学学习逻辑。这时可引导学生发现并不是所有的两位数都可以转化成为两个一位数相乘的形式，如：11、13、17 等质数作乘数，显然这种方法就不行了。

3. 把 42 × 12 改写成 42 ×（10+2），把括号打开变成 42 × 10+42 × 2=504（个）。

利用将两位数按照不同计数单位展开的方式，分析优点发现此方法可以很好地解决前两种方法的局限性，而且计算方法也比较简单，带有普遍性。

另外，学生汇报时易出现表述不清楚或者过于烦琐等问题，为解决此问题，教师可以通过提供语言支架的方式，突破这一问题。

语言支架：将 12 分成 10+2，42 × 12 就可以改写成 42 × 10+42 × 2=420+84=504，在点子图上是这样表示的——这里代表着 42 × 10，这里代表着 42 × 2，加到一起就是 42 × 12。

【策略分析】

课标要求“探索并掌握多位数乘除法，感悟从未知到已知的转化”，而感悟从未知到已知的转化的重点就在于知识的迁移。此部分是在学生理解一位数乘法和整十数乘法算理和算法的基础上进行的，学生已知了 42×10 和 42×2 的计算方法。在探索 42×12 计算方法的过程中，要充分理解分析学生提出的不同解决方法，引导学生发现按照不同计数单位分解的好处。引导学生在点子图上画一画，分一分，说一说将 12 分解成 10+2，再利用横式体现算理 42×12=42×（10+2）=42×10+42×2，将未知转化为已知。同时利用语言支架，帮助学生经历了用数学语言表达世界中的简单数量关系的过程。

（三）引出和概括竖式计算算法的策略方法

【策略活动】

这一部分主要通过学生尝试竖式计算，自学竖式并对照点子图说明每一步有何含义，再到反复质疑提问，突破相关难点。最后总结算法——先用个位上的 2 乘 42，二二得四，个位写 4，二四得八，十位写 8，再用十位上的 1 乘 42，一二得二，十位上写 2，一四得四，百位上写 4。针对学生可能产生的疑问提出不同的应对方法。

1. 计算第二步时，为什么要在十位上写 2？

这时一定要先明确这一步代表着这并不是 42×1，这里的 1 是十位上的 1，十位上的 1 乘 2 的 2 个十，所以 2 要写在十位上。同样的道理，十位上的 1 乘十位上的 4，就表示 4 个百，所以百位上要写 4。

2. 为什么各位上的 0 不写？

百位上写 4，十位上写 2 就可以表示 42 个十，也就是 420. 既然写不写 0 都可以表示 420 个，那么就可以省略不写，符合数学的“简洁美”。

3. 竖式先计算 42×2，再计算 42×10，可以颠倒顺序吗？

这时可以引导学生发现竖式加减法都是从个位开始的，所以乘法也需要从个位算起。

【策略分析】

课标要求“数的运算教学应利用整数的乘法运算，理解算理与算法之间的关系”“在这样的过程中，将未知转化为已知，形成初步的推理意识”。本节课学生在教师的帮助下运用先拆后和的方法，从已知算式推出未知算式的算法，在分析的基础上建立乘法运算竖式，从算理过渡到算法，并逐步明确竖式计算的每一步所代表的意义。教师通过引导学生深入思考，逐步解决重点问题时，加深学生对算理的进一步理解。在提出问题以及解答问题的过程中，学生逐渐理解乘的顺序以及各部分积的书写位置，明确两位数乘两位数竖式计算的法则。学生在自主探索中经历知识的生成过程，在探索“怎样算”“为什么这样算”的过程中学算法、明算理，将“冰冷”的算法和“神秘”的算理融合，并通过渗透数学思想方法，让学生清楚地感受到“法中有理、理中有法”。学生的运算能力和推理意识得到了进一步的发展。

（四）有效的小组合作学习的策略方法

【理论分析】

课标指出“学生学习应当是一个生动活泼的、主动的和富有个性的过程，除接受学习外，动手实践、自主探索和合作交流也是数学学习的重要方式”“小组合作有利于培养学生多渠道获取信息的能力，有利于学生自我意识的形成与发展”。

【分组策略】

1. 分组原则

要坚持同组异质和异组同质的原则，即同一组内要保证成员有能力强弱、性格差异等不同特质；不同组间要保证能力的均衡性，有利于不同组间的均衡性。

2. 分组方法

（1）人员分配

每一小组由四名成员组成。包含高、中、低三种层次学生。

（2）任务分工

组长负责组织不同成员发表意见，记录员负责记录讨论过程中产生的想法或疑问。外联员负责组织成员形成本组的汇报，并推选代表发言。评价员负责组内成员参与情况的记录与评价。

（3）评价管理

参与度评价：利用课后时间进行小组任务复盘，通过自评与他评的方式，总结每个人的参与情况。

默契度评价：合作时的态度是一项重点的评价内容。当一名同学发言时其他成员是否认真听讲，认真思考，给出意见是评价员需要重点关注的。

任务完成情况评价：能否按时完成不同任务，这不仅仅考察的是数学学习能力，更需要组员间默契的配合。

（五）“教学评”一致性过程性评价

1. 理论分析

两位数乘两位数笔算乘法的学习，不仅仅是学生知识的进阶，更是核心素养的阶段性与一致性的具体体现。在学法的指导上，教师要在充分理解学生的学习应是一个主动的过程，且认真听讲、独立思考、动手实践、自主探索、合作交流都是学习数学的重要方式的基础上设计教学活动。要注重教学内容的结构化，两位数乘两位数笔算乘法，就是在掌握两位数口算乘法，以及两位数乘一位数笔算乘法的基础上，对于乘法算法的进一步学习。因此活动设计中要充分考虑这种知识运用本质上的一致性。在教学方式上，要让学生在实践、探索、体验、反思、合作、交流等学习过程中感悟基本思想，积累基本活动经验，发挥育人价值，促进核心素养的发展。在教学内容上，选取贴近学生生活经验的素材加工，体会数学价值，在真实情景中引发思考，设置合理的问题——乘数 42 与我们之前学习的内容有何不同？该如何解决？将 12 分解成 10+2 有什么好处？激发学生学习动机，促进学生积极探究。在教学评价上，发挥评价育人的导向作用，坚持以评促学、以评促教。本节课就可以通过表单工具及课堂观察了解学生的学习过程、学习态度及思考策略。在课堂作业中了解学生基础知识和基本技能的掌握情况。在探究活动中了解学生独立思考的习惯和合作交流的意识。

2. 表单研制

学习任务单

<table>
<tr><td colspan="6">课程基本信息</td></tr>
<tr><td>学科</td><td>数学</td><td>年级</td><td>三年级</td><td>学期</td><td>春季</td></tr>
<tr><td>课题</td><td colspan="5">笔算乘法（例1）</td></tr>
<tr><td>教科书</td><td colspan="5">书名：义务教育教科书数学三年级下册
出版社：人民教育出版社</td></tr>
<tr><td colspan="6">学生信息</td></tr>
<tr><td>姓名</td><td></td><td>学校</td><td></td><td>班级</td><td></td></tr>
</table>

续表

学习目标
1.探索两位数乘两位数的算理，概括两位数乘两位数竖式的算法。 2.能计算两位数乘两位数，能解决简单的两位数乘两位数的实际问题。
课上学习任务

【学习活动一】尝试计算12×42的结果，可以借助点子图圈一圈、画一画、算一算，也可以用你喜欢的方法计算。

评价	自我评价	同伴评价	总评价
所得星星			

【学习活动二】

思考：

1.我的解决方法有适用于所有情况吗?

2.我们小组认为最好的方法?

3.能说清算理。

评价	自我评价	同伴评价	总评价
所得星星			

【学习活动三】

1.尝试竖式计算。

$$\begin{array}{r} 12 \\ \times 42 \\ \hline \end{array}$$

2.思考：在学习过程中有什么疑惑?

评价	自我评价	同伴评价	总评价
所得星星			

续表

<table>
<tr><td colspan="4">【学习活动四】巩固练习
1.基础性练习。
$\begin{array}{r}23\\ \times 13\\ \hline\end{array}$ $\begin{array}{r}33\\ \times 31\\ \hline\end{array}$ $\begin{array}{r}43\\ \times 12\\ \hline\end{array}$ $\begin{array}{r}11\\ \times 22\\ \hline\end{array}$
2.探究性练习。
一本书有300页。
（1）如果每天读40页，一个星期（7天）能读完吗?
（2）如果每天读22页，两个星期能读完吗?</td></tr>
<tr><td>评价</td><td>自我评价</td><td>同伴评价</td><td>总评价</td></tr>
<tr><td>所得星星</td><td></td><td></td><td></td></tr>
<tr><td colspan="4">本节课评价</td></tr>
<tr><td>评价</td><td>自我评价</td><td>同伴评价</td><td>总评价
（星星总个数）</td></tr>
<tr><td>所得星星个数</td><td></td><td></td><td></td></tr>
</table>

五、教育资源的整合与信息技术支持

1. 信息技术对小组合作学习的支持。

课标要求“指导学生做好时间管理，规划学习任务，利用数字化平台、工具和资源展开学习活动，加强自我监控、自我评价，提升自主学习能力。”学生的小组合作探究学习是新课标下的一种重要的学习方式，希沃白板可以为学生高效探究实现技术支持。

第一，在时间管理方面，可以通过大屏幕呈现每一环节的倒计时，可以提高同学们的学习效率，促进成员间的合作。

第二，合作交流过程中，在大屏幕上呈现数学语言支架，学生可参照语言支架，规范数学语言的应用。

第三，为小组展示赋能，活动之后就是汇报展示了，在学生的汇报展示过程中，可以利用视频展台将本组讨论结果通过多媒体向全班同学进行展示。

2. 参考国家中小学智慧教育平台研制的基础性作业，结合学生实际，设计作业习题。

3. 利用 101 教育 PPT、希沃白板等软件，下载课程动画，再进行整合设计。

4.《课标》指出“教师可以利用信息技术对文本、图像、声音、动画等进行综合处理，丰富教学场景，激发学生学习数学的兴趣和探究新知的欲望。”本节课可以出示若干端午节民俗物件的图片，激活生活经验，为学生发现数学问题助力。

5. 课堂教学过程中，教师通过信息化工具记录学生的学习过程和学习成果，如课堂教学记录单，学生点子图作品等。同时，还可以利用多媒体技术制作学生学习成果展示的视频、PPT 等，进行学生的学习成果展示和评估。

6. 在布置作业时，可以利用班级小管家程序，设置不同层次的作业，将基础的计算巩固与检查算法算理掌握程度的智能作业结合，利用平台进行数据分析，精准掌握学生对知识点的掌握程度。

（案例撰写者：肖然、李颖、马爽、王洋、陈复）

案例 1.4

四年级下册《三角形内角和》核心素养导向的支架式教学设计纪实

齐齐哈尔市龙江县头站镇中心学校小学　数学组

支架式备课就是要严格按新课标要求解决好“为什么教”“教什么”“教到什么程度”和“怎么教”的问题。围绕这四个问题的解决，努力实现素养导向的教学设计和课堂教学的实施。

我们数学教研组以《义务教育数学课程标准（2022 年版）》为指导，在备课过程中以核心素养为导向，对《三角形内角和》一课进行“教学评”一致性支架式教学设计的研讨。

在集体备课过程中，我们重点关注本节课在课程标准中涉及的核心素养的表现及其内涵，依据“内容要求”“学业要求”“教学提示”三部分的内容，从“为什么教”“教什么”“教到什么程度”和“怎么教”几个方面进行设计研修。

一、大单元视角的教材分析，明确着力培养的核心素养

（一）本单元和本课教材分析

《三角形内角和》是现行人教版九年义务教育小学数学四年级下册第五单元的内容。属于“图形与几何”领域中“图形的认识与测量”主题。本单元的内容结构围绕三角形相关知识层层递进，要求理解三角形概念的内涵（定义），三角形构成要素及特征，掌握三角形的特性（稳定性）以及三角形各要素之间的关系（三角形的内角和以及三边关系）。在一年级下册，学生已经认识了长方形、正方形、平行四边形、三角形和圆五种平面图形，能够在众多的平面图形中辨认出三角形。本单元在此基础上进行学习，进一步丰富学生对三角形的认识和理解。

三角形边的特性、角的特性，在小学阶段是无法用演绎推理证明的，只能用归纳推理的方法来认识。而归纳推理的前提是学生对相关事实有了较为充分的了解，而这种了解是在对三角形画图、测量、拼摆的实践操作中积累的。在这个三角形性质的认识过程中学生几何直观和推理意识得到不断提高。

（二）课标重大变化

1. 学段变化

为体现义务教育数学课程的整体性与发展性，根据学生数学学习的心理特征和认知规律，将九年的学习时间划分为四个学段。其中，“六三”学制 1—2 年级为第一学段，3—4 年级为第二学段，5—6 年级为第三学段，7—9 年级为第四学段。我们这节课已经归属第二学段了。

2.“图形的性质”与“测量”的整合及对本课的意义

新课标将原有的“图形的认识”“测量”两部分进行了整合，将“图形的性质与测量”作为一个整体处理。由于图形的大小和形状等性质需要通过图形的测量来认识，将“图形的认识”与“测量”进行了整合有助于在数学实践中着力培养核心素养。三角形内角和当中涉及角度的测量，根据测量后得到的三个内角度数数据求和，从而积累对三角形内角和为定值的认识。“图形的性质”与“测量”的整合，让学生能够经过测量图形，直观感知到图形特征，能更好地形成空间观念和推理意识。

3. 尺规作图加入课程内容并从第二学段开始学习

在新课程标准中图形与几何第二学段（3—4 年级）的“内容要求”中规定学生“会用直尺和圆规作一条线段等于已知线段”，标志着尺规作图加入到课程内容要求当中。学习利用尺规画三角形的角、边，画出三角形，为探索三角形性质奠定了基础。

在本课现行教材中，本课第一部分就要求学生用量角器测量出不同三角形的内角分别是多少，通过对各个内角的度数求和，初步感知三角形内角和为 180°。由于尺规作图在第二学段中学生已有一定掌握，因此在本课学习中学生可以根据学习任务进行小组探究，独立画三角形，测量内角度数，完成相应的任务。

（三）从“内容要求”“学业要求”“教学提示”看着力培养的核心素养

【内容要求】

1. 会用量角器量角，会用量角器或三角板画角。（第二学段）

2. 知道三角形的内角和是 180°。（第三学段）

第一条是利用圆规、直尺、量角器等画图工具作图，动手操作（形成空间观念）；第二条是认识图形性质。

【学业要求】

通过对图形的操作，感知三角形内角和是 180°，能根据已知两个角的度数求出第三个角的度数。

【教学提示】

可以从特殊三角形入手，通过直观操作，引导学生归纳出三角形的内角和，形成初步归纳推理意识，增强几何直观。

由此可以确认本课着力培养的核心素养为几何直观和推理意识。

几何直观。几何直观主要是指运用图表描述和分析问题的意识与习惯。本节课中主要是建立形与数的联系，构建数学问题的直观模型。

推理意识。推理意识主要是指对逻辑推理过程及其意义的初步感悟。知道可以从一些事实和命题出发，依据规则推出其他命题或结论，能够通过简单的归纳或类比，猜想或发现一些初步的结论，通过法则运用，体验数学从一般到特殊的论证过程，对自己及他人的问题解决过程给出合理解释。推理意识有助于养成讲道理、有条理的思维习惯，增强交流能力，是形成推理能力的经验基础。

推理又分归纳推理和演绎推理。

归纳推理：是指从个别性的前提出发，通过感官的观察和经验的推理，得出一个具有或然性（指或许可能，有可能而不一定，合情推理）的一般结论的过程。在我们小学数学里归纳推理用在得到带有公理性质的结论（基本的事实），本课就是归纳推理的应用。

演绎推理：演绎推理是由一般到特殊的推理方法。与“归纳法”相对。推论前提与结论之间的联系是必然的，是一种确实性推理。

二、依据“内容要求”“学业要求”确定素养导向的教学目标

【内容要求】

1. 会用量角器量角，会用量角器或三角板画角。（第二学段。本课在新课标里与现行教材不同，属于第三学段）

2. 知道三角形的内角和是 180° 。（第三学段）

【学业要求】

能通过对图形的操作，感知三角形内角和是 180° ，能根据已知两个角的度数求出第三个角的度数。

注意行为动词“感知”——“感受”和“知道”，感受过程中知道（建构知识）。

感受：“经历”的同类词。经历是指有意识地参与特定的数学活动，感受数学知识的发生发展过程，获得一些感性认识。

行为动词“感受”与“探索”一样，强调学生参与数学实践，经历数学实践过程，获得数学活动的经验，建构相关知识。

知道：“了解”的同类词。

了解：从具体实例中知道或举例说明对象的有关特征；根据对象的特征，从具体情境中辨认或举例说明对象。

由此确立本课教学目标如下：

1. 通过对三角形画图、测量（内角）、计算、归纳等操作，知道三角形的内角和是 180° 。

2. 能根据已知两个角的度数求出第三个角的度数。

教学重点难点：

在讨论三角形内角关系的情境中，通过从特殊到一般对三角形内角角度的测量操作中发现规律，用归纳推理的方法，了解三角形内角和是 180°。着力培育的核心素养为推理意识与几何直观。

三、依据“教学提示”设计数学实践的学习路线

新课标重视让学生经历数学知识的形成过程，要求教师创设有效的问题情境激发学生的参与欲望，提供足够的时间和空间让学生经历观察、猜测、验证、交流反思等过程，学生在动手操作、合作交流等活动中亲身经历知识的形成过程。这样，学生不仅可以建构知识，而且可以积累探究数学问题的活动经验，发展几何直观和推理能力等核心素养。

依据新课标中重视“四基”（基础知识、基本技能、基本思想和基本活动经验），培养“四能”（运用数学知识与方法发现、提出、分析和解决问题的能力），让学生像数学家一样思考，像前人发现数学定律一样探究。结合本节课着力培养学生推理意识的核心素养及归纳推理的一般过程，我们将本节课的教学基本流程设计为：现实情境中提出问题——研究具体特殊事物，猜测整体规律——进行分类验证确认——数学语言表达和应用。并将其细化为如下 4 个环节：

环节一：创设学习情境，明确学习任务

学生经过本单元前面的学习已经掌握三角形的部分性质，通过对三角形特征及三角形性质复习的情境，激发学生进一步探索三角形性质的兴趣，从而明确本节课的学习任务——了解三角形的内角和为 180° 及其应用。

环节二：测量操作，发现“三角形内角和”的规律

新课标中推理意识内涵描述中指出：“能够通过简单的归纳或类比，猜想或发现一些初步的结论”。学生对三角形实物最熟悉的莫过于三角板，三角板是两个特殊的直角三角形。直角三角形内角和的特殊情况是学生推断、猜测三角形内角和度数的极好切入点，再从直角三角形拓展到一般三角形，是对学生推理意识和几何直观培养的恰当时机。

课程标准明确指出：“要结合有关内容的教学，引导学生进行观察、操作、猜想，培养学生初步的思维能力”。四年级学生具备了初步的动手操作、主动

探究的能力，他们正处于由形象思维向抽象思维过渡的阶段。因此，本节课应重点引导学生从猜测——验证——归纳推理展开学习活动，让学生感受这种重要的数学思维方式，发展几何直观和推理意识的核心素养。

本环节则是提示学生从常见的特殊三角形讨论入手，大胆猜测。例如对将常见的三角板的两种直角三角形，通过对各个角的度量并将他们求和，得出两种直角三角形内角和是 180° 。学生会猜测是否所有三角形内角和都是 180° ？

环节三：概括三角形内角和度数规律，并用数学语言描述

为验证三角形内角和度数是 180° ，将从特殊的直角三角形得到的结论在一般三角形中分类进行验证。学生需要绘制不同类型的三角形，通过度量、计算，或者剪、拼、折叠等方法验证自己的猜测。

学生通过三角板这两个特殊三角形得到三角形内角和是 180° ，对于一般三角形是否具有相同性质，也就是学生需要通过探究实践完成从特殊到一般的归纳推理。

教材先通过“量、算”不同类型的三角形的内角度数，学生感受到他们的内角和大约是 180° 。为了使学生们都能参与到实践探索中，在教学过程中设计了“剪、拼、折”等课堂活动。学生以小组为单位，通过测量、拼折、验证等方式度量各类三角形内角和，验证猜测的结论，表达结论，最终确定三角形内角的度数和，并完成记录过程，汇报成果。

环节四：利用“三角形内角和 180° ”解决实际问题

解决生活中的实际问题是数学学科的重要意义，同时将所学知识进行运用是巩固知识、促进知识再认识的良好途径。

数学知识与现实生活有着密切的联系，为增强学生运用知识解决问题的能力，我们在此环节设计两个学习活动。

1. 通过三角形内角和 180° 性质，求出第三个角的度数。

2. 通过对大三角形的分割，求小三角形的内角和，帮助学生进一步理解三角形性内角和是 180° 为三角形的本质属性，体会三角形内角和与三角形的大小、分类无关。

四、依据“教学提示”的教学策略选择和“教学评”一致性的过程评价

【教学提示】

1. 图形的认识与测量的教学。将图形的认识与图形的测量有机融合，引导学生从图形的直观感知到探索特征，并进行图形的度量。

2. 可以从特殊三角形入手，通过直观操作，积累感性认识，引导学生归纳出三角形的内角和，增强几何直观。

新课标中建议教师改变教学方式，根据不同的学习任务选择合适的教学方式。让学生在实践、探究、反思、合作等学习过程中积累基本活动经验，促进学生核心素养的发展。

所以本课的整个教学过程我们采取以生为本，数学探究，先学后扶的教学策略。放，不是漫无目的的放，而是为学生提供足够的探究规律的材料和时间，放手让学生自主学习，合作探究；扶，则是根据学生的不同探究方法和出现的错误，给予恰当指导，引导学生归纳概括出规律。

（一）强化使用直尺（规）和量角工具测量的训练

1. 为什么强化使用直尺（规）和量角工具测量的训练？

学生在“量、算”三角形内角和的活动中常出现两个问题：

问题一：测量 3 个内角后所得到的和不是 180°。

问题二：学生已经知道结论，操作时不自觉地用结论调整自己的测量，制造出一个“伪结果”。

在用剪下来的三个角拼成一个平角的过程中学生也常出现两个问题：

问题一：剪下来的角不知道是哪个角。

问题二：剪下来的三个角拼不成平角。

2. 教师如何强化使用直尺（规）和量角工具测量的训练？

首先，关注学生操作活动中遇到的问题；其次，重视学生的实践活动与数学结论存在误差的处理。

面对学生的问题，教师可以组织学生研讨“应该怎样进行测量操作？操作的时候应该注意什么？”使学生懂得，在验证三角形的内角和是 180°，先测量再求和的过程中，测量可能有误差，剪得三角形的边不够直也会造成误差，在一系列的实验、操作活动中，积累一些认识图形的经验和方法，思考产生误

差的原因，学会减少误差，减少失误。

这样，既培养了观察能力和归纳概括能力，又体现了动手实践、合作交流，自主探索的学习方式，培养了探索能力和创新精神，同时培养学生实事求是、诚实、严谨的实验态度，感受误差的真实存在性。

（二）研制记录学习过程和基于学习过程的评价

准确的教学评价会驱动学生自主投入到学习之中，通过对学生学习过程、学习态度及学习任务完成情况的记录，可以对学生的学习产生一个有效的及时的反馈。为了帮助学生在整个学习过程中清晰“要到哪里去、怎样去、到了那里吗”等问题，我们借助课堂评价单来为学生指引方向。

《三角形的内角和》过程性学习评价记录单

序号	目标指向	学习活动要求	学习过程记录	自评	组评
1	空间观念：根据物体特征抽象出几何图形。	正确将三角形实物抽象成平面图形。			
2	量感：选择合适的度量单位进行度量。	准确度量三角形中各角的度数。			
3	运算能力。	对度量的角度准确求和。			
4	推理意识：能够通过简单的归纳或类比，猜想或发现一些初步的结论。	提出三角形内角和度数是180° 的猜想。			
5	调动以往的数学活动经验。	选择合适的数学方法验证猜想。			
6	量感：感知度量工具和方法引起的误差。	合理避免测量误差。			
7	有效小组合作。	组员分工明确，学习任务完成度高。			
8	应用意识：感悟现实生活中蕴含大量的与图形有关的问题，可以用数学的方法予以解决。	利用三角形内角和解决问题。			

（三）提高小组合作学习的效率

为提高学生探究学习效率，小组在探究之初就要有明确的分工，组内成员各司其职，通力合作完成任务。

三角形内角和度数探究的学习中，学生需要经历猜测——验证——得到结论的学习过程，在整个过程中，小组合作的学习方式会在提高学生参与率的基础上，给学生充足的自主学习空间。组内同学的交流合作可以让同学们思维的火花产生碰撞，不同的思想考虑不同的角度与方法，从而提高了验证猜想的全面性和可信度。

（四）促进学生的表达、交流

在课堂的巩固训练过程中，我们以数学常见的填空、判断、计算的形式帮助学生巩固三角形内角和是 180° 的知识点，同时结合不同三角形的特性，使学生能运用三角形的内角和进行有关的计算，将三角形分类和三角形内角和知识有效融合，实现知识间的融合。学生在完成课堂练习之后，需要通过自己的语言表述知识之间的联系，促进学生会用数学的语言表达现实世界的核心素养的发展。有助于学生养成讲道理、有条理的思维习惯。

（五）研制分层作业

我们基于推行落实“双减”政策和“五项管理”的精神，为改变传统作业观念和模式，优化作业的设计，提升作业的质量，增强作业的内容和形式的趣味性、综合性、多样性及层次性，使学生完成作业时更具主动性，通过创新优化作业设计，让作业不再成为学生的负担而是提高能力的桥梁。真正让“双减”落到实处。

本节课的作业设计我们分为两部分：

1. 基础和提升部分——“我来练一练”

这部分是让所有同学都参与进来完成的，通过常见基础题型及联系生活实际为学生创设了真实的生活情境，让学生在解决问题的同时既能完成对三角形的再认识，又能切实地感受到数学对于解决生活实际问题的价值。

2. 综合作业——“我想试一试”

这部分是给学生们选做的题目。虽然是选做题，但我们期望同学们都去试一试。对给出三角形进行操作得到要求的图形，同时对剩余图形的形状做出判断，并阐述理由。这看似是一道开放的题目，但数学是严谨的科学，无论学生选择何种分割方式都要结合三角形性质的知识，是对本单元知识的整体回顾和应用。

让不同层次学生在“跳一跳”的过程中各有所得，不断提高学习能力，我们将选择的权利交给学生，真正实现学生为主体的学习过程。拔高的综合作业我们设计的是实践作业，动手操作会使学生更有兴趣尝试，希望学生在动手实践的过程中获得学习数学的乐趣，感受数学严谨却充满多种可能的独特魅力。同时本节课的作业也是对下一节四边形内角和360°起到了良好的铺垫作用。

五、整合教学资源以及深度融合信息技术

（一）课前教学资源整合与预习铺垫

教学《三角形内角和》这一课时内容时，教师可以在网上找到关于本节课的教学 PPT 以及网络资源，把和教学内容有关的课件、微课等资源根据需要运用到教学中。通过几何白板、PPT、微课、同屏技术的有机结合，激发学生的学习兴趣，提高课堂效率，同时能更好地渗透数学思想。

备课前，教师可以通过观摩国家智慧教育公共服务平台中的教学视频，看一看不同地区的优秀教师，尤其是国家级名师，对于本节课的授课方法，和对于重点问题的处理方式，来不断地改进自己的教学设计，实现教学效果的更大提升。

教师在课前运用问卷星设计调查问卷对学生本单元预备知识掌握情况进行调查。将问卷在微信、钉钉群或国家中小学智慧教育平台班级群向学生推送，学生来回答问卷。预习问卷帮助学生回顾三角形两边之和大于第三边、角的分类、三角形的特性以及三角形的分类等相关知识，有针对性地让学生感受到新知识就是旧知识的引申和拓展，为新知做铺垫。

（二）课中支持

几何白板，可以很方便地制作图形，让图形动起来，并且它还有测量功能，利于我们在图形运动变化的过程中去发现其中不变的位置关系和数量关系。学生自己动手操作不同的角，不仅提高了学习兴趣，还复习了角的分类，最后通过引导学生创造出当三角形三个顶点 A、B、C 三点在同一条直线上时，会形成平角，下面把三角形的三个内角和转化成一个平角做铺垫。

利用 PPT 演示常见的三角板，然后再由实物图抽象出平面图，为了创设学生熟悉的情境，由直观转化为抽象，为诱发学生进行思考做铺垫。

学生需要先后通过度量法、剪拼法、折叠法、分割法等多种方法完成对三角形内角和度数的探究，在探索过程中，将学生的探索过程和结果适时地通过投屏技术投放到黑板上，帮助学生更好地进行对比、发现规律。通过与PPT的切换，让师生、生生进行无障碍的交流。

运用微课技术，引入数学家帕斯卡验证三角形内角和的小故事，激发学生的学习兴趣，有文化的数学课堂，数学知识才更富魅力与灵性，让枯燥乏味的数学教学变得生动活泼。

（三）课后延伸

教师把国家中小学智慧教育平台关于本节课的基础性作业通过班级群布置为课后作业，通过学生作业完成情况，建立数据库，能更快地了解学生掌握运用知识的情况。

《三角形内角和》的研究有着悠久的历史，同学们可以通过图书馆、网络等平台查阅资料，了解泰勒斯、帕斯卡等数学家与三角形内角和的故事。学生跨越时空了解他们解决问题的策略，提升自身认知的弹性，促进了对知识的融会贯通。数学家不懈追求的探索精神在激发学生兴趣的同时也让学生感受到了数学极富魅力的一面。

核心素养导向的支架式集体备课在新课标颁布之后给我们任课教师提供了清晰明了的教学设计的方法支持，促使我们从培养学生核心素养出发，深入探究新课程标准对内容学业的要求，从而明确“培养什么人、怎样培养人、为谁培养人”，推动新课程改革进一步发展。

（案例撰写者：王久义、王胜明、张金萍、邓欣磊、孔祥冰）

案例 1.5

三年级上册《数学广角——集合》集体备课纪实

齐齐哈尔市铁锋区人民小学　数学组

高琦：今天我们开展一次核心素养导向的五环节支架式教学设计研修。我们准备进行教学设计的教学内容是人教版小数数学三年级上册第九单元《数学广角——集合》。

一、大单元教材分析与确定着力培育的核心素养

李颖：我们在单元教材分析时，首先要确定备课的这部分内容是哪个学段、属于什么领域、是哪个主题。

依据以往的教学处理，因为涉及数据的收集和整理，我们可以把这段内容归为“统计与概率”领域，初步确定的教学目标为：

1. 经历具体情境中解决问题，了解集合产生过程。

2. 借助直观图，运用集合思想方法解决简单实际问题，并进一步感悟集合思想。

3. 探索多种方法解决重叠问题的途径，运用合适的方式分析与表达数据中蕴含的信息。

大家看对不对，与新课标要求是否一致?

马爽：集合这部分教学内容，确实存在收集、整理和描述数据的过程，会涉及集合元素个数的问题。我觉得可以确定属于统计与概率范畴。

肖然：我不这样认为，我们来看 2011 版课标，其中对“统计与概率”的主要内容是这样描述的：收集、整理和描述数据，包括简单抽样、整理调查数据、绘制统计图表等；处理数据，包括计算平均数、中位数、众数、方差等；从数据中提取信息并进行简单的推断；简单随机事件及其发生的概率。很明显，集合知识是不在统计与概率范畴内的，而且查阅其他领域的课标内容要求也找不到关于“集合”的内容要求。

高琦：现在有了不同意见，我们再看看教科书的安排吧。这个教学内容是小学数学三年级上册教材的最后一个单元，这个单元的名字叫《数学广角——集合》。“数学广角”显然应当是整合这学期学习的知识，应用到实践中去，也就是说应当把这部分学习内容归入“综合与实践”领域中去。

王艳：确实如此，我也赞同《集合》一课属于“综合与实践领域”我们可以采用跨学习领域、探究式、主题教学的方式来展开课堂教学活动。

高琦：既然大家都同意把《集合》一课，划归于“综合实践”领域，那我们一起来研究课程标准中对“综合实践”的要求。

肖然：

我们先来看一下 2011 版课程标准中对第一学段“综合实践”的要求（在

2011 年版课标中三年级属于第一学段）：

1. 通过实践活动，感受数学在日常生活中的作用，体验运用所学的知识和方法解决简单问题的过程，获得初步的数学活动经验。

2. 在实践活动中，了解要解决的问题和解决问题的办法。

3. 经历实践操作的过程，进一步理解所学的内容。

高琦：我们可以概括为经历实践过程、感受数学作用、获得活动经验、了解（问题）解决方法。

王艳：

我们再来共同研读一下 2022 版课标对小学阶段“综合与实践”的总要求：

综合与实践是小学数学学习的重要领域。学生将在实际情境和真实问题中，运用数学和其他学科的知识与方法，经历发现问题、提出问题、分析问题、解决问题的过程，感悟数学知识之间、数学与其他学科知识之间、数学与科学技术和社会生活之间的联系，积累活动经验，感悟思想方法，形成和发展模型意识、创新意识，提高解决实际问题的能力，形成和发展核心素养。

综合与实践主要包括主题活动和项目学习等。第一、第二、第三学段主要采用主题式学习，第三学段可适当采用项目式学习。

在主题活动中，学生将面对现实的背景，从数学的角度发现并提出问题，综合运用数学和其他学科的知识与方法，分析并解决问题。

在第二学段（新课标中三年级属于第二学段）的综合与实践的主题活动中没有涉及集合的，其他年级也没有，但按新课标要求我们还是应当把这节课设计为以“综合与实践”为主题的主题式学习课。

陈复：

再梳理一下 2022 年版课标要求：

1. 学生将在实际情境和真实问题中，运用数学和其他学科的知识、方法与经历发现问题、提出问题、分析问题、解决问题的过程。

2. 感悟数学知识之间、数学与其他学科知识之间、数学与科学技术和社会生活之间的联系。

3. 积累活动经验，感悟思想方法。

4. 形成和发展模型意识、创新意识，提高解决实际问题的能力，形成和发展核心素养。

高琦：我们可以概括为通过主题活动发展核心素养。那么，在新课标的视角下，本节课我们着力培养的核心素养又是什么呢?

马爽：其实2022年版课标对小学阶段“综合与实践”的要求已经很明确了，即着力培养的核心素养为“模型意识”“创新意识”和“应用意识”（提高解决实际问题的能力）。

肖然：

如何培养这些核心素养？那就是新课标要求的：

学生将在实际情境和真实问题中，运用数学和其他学科的知识与方法，经历发现问题、提出问题、分析问题、解决问题的过程，感悟数学知识之间、数学与其他学科知识之间、数学与科学技术和社会生活之间的联系。

孙航：是的，我们在主题式学习的过程中，积累活动经验，感悟思想方法，形成和发展模型意识、创新意识，提高解决实际问题的能力，形成和发展核心素养。

李颖：

本节课要培育的核心素养具体表现为：通过合作学习，积累多种方法解决有重叠问题的活动经验（利用集合和集合的交），感悟采用韦恩图表示集合的模型思想，形成和发展应用意识。

二、确定素养导向的切适的教学目标

高琦：本单元是非常有趣的数学活动，也是逻辑思维训练的起始课。本单元主要要求学生能根据提供的信息，借助集合韦恩图进行判断、推理，得出结论，使学生初步接触和运用集合韦恩图分析问题、解决问题。学生能通过一些生动有趣的简单事例，运用操作、实验、猜测等直观手段解决这些问题，渗透数学的思想方法，初步培养学生应用数学的意识。

肖然：本单元教材第一次安排了简单的集合思想的学习，集合思想是数学中最基本的思想。其实学生在计数和计算的学习中，已经接触过集合思想。例如，学生在一年级学习数数时，把1个人、2朵花、3支铅笔等用一条封闭的曲线圈起来表示，这样表示的数学概念更直观、形象，给学生留下的印象更深刻。又如，我们学习过的分类实际上就是集合的运用。

马爽：我们可以这样说，小学生从一开始学习数学，就已经在接触集合的思想方法了，但学生在低年级接触的集合思想中很少涉及两个有交集的集合间数量的计算。

陈复：由于学生的年龄特点，他们具有较高的学习热情，喜欢做游戏，喜欢与他人合作，同时也具备了一些简单的推理能力。

我们对新旧课程标准进一步进行了研读，确定了本节课所属的教学领域，依据学生的学情特点，我们来修改一下最初确立的教学目标。

原教学目标为：

1. 学生经历在具体情境中了解集合圈产生的过程。

2. 借助直观图，运用集合思想方法解决简单实际问题，并进一步感悟集合思想。

3. 探索多种方法解决重叠问题的途径，运用合适的方式分析与表达数据中蕴含的信息。

我们在确定教学目标的时候，要明确教学目标不仅仅是知识目标，而应该是核心素养导向的目标，是学生素养形成的指向目标。

原第一条教学目标修改为：在解决排队、报名人数计算等问题的生活真实情境中，了解集合，感悟现实生活中蕴含的数学，形成模型意识。

使用的行为动词为“了解”和“感悟”。

原第二条教学目标修改为：能借助直观韦恩图，尝试运用集合和集合交集的思想方法解决简单实际问题，发展实践能力。

用“能”（“掌握”水平的同类词）“尝试”两个行为动词，描述目标内容的表现程度。

原第三条教学目标删除。

可以把核心素养落到实处。

三、设计数学学科探究的教学流程

高琦：我们要设计怎样的教学过程体现数学探究的方法，使学生既感悟集合的思想方法又能真正地运用集合思想解决问题。

王艳：我们刚刚将本单元确定为综合与实践领域部分的内容，课标指出：在综合与实践领域中，学生将在实际情境和真实问题中，运用数学和其他学科的知识与方法，经历发现问题、提出问题、分析问题、解决问题的过程，那么我们就应当设计一个以学生探究为主线的任务式主题活动，在问题解决评价活动中完成本节课的学习目标。

孙航：这样我们的教学就不能是以教师讲授为主，而要以学生自主合作探究的学习方式为主。要组织好探究学习、合作学习，实现在活动中培育核心素养。

马爽：如果我们认真分析教科书的编写意图，你会注意到，人教版教科书编者也注意了探究学习要素的渗透，是一个学生探究学习、自主合作学习的教学流程。

陈复：

我再补充一点，课标中教学提示指出：主题活动的实施要有利于学生的参与与体验。全程跟进，关注学生的参与情况，包括获得了什么样的体验，如何与他人交流，需要怎样的帮助等，指导学生反思与交流，引导学生描述感受、表达收获、总结发现。所以我觉得学生的主题活动主要是在小组合作探究中开展的。

李颖：

课标中的教学提示还指出：主题活动的设计可以考虑问题引领的形式。这样就需要学生在主题活动中经历探究学习的“发现问题”“提出问题”“分析问题”“解决问题”的过程；我们要设计主题活动方案；在统计活动中发现问题，提出问题；然后通过独立思考、合作探究，分析整理数据得出结论；进行解决问题的全过程。这里必须实现学生在开展的主题活动中合作探究体验集合的思想方法并培养应用意识。

肖然：只要我们真正认真学习课程标准，用课程标准指导自己的教学目标选取、教学流程设计、教学策略选择时，我们就会主动实现课堂教学的“教与学转型”。

教学流程设计——探究式主题式学习方式

流程 1. 在熟悉的学校组织的社团活动生活情境中发现和提出参加社团活动总人数的问题——创设情境，唤起经验，诱发思考。（生活中的，具有集合问题的情境。）

流程 2. 通过独立思考，小组合作交流分析问题解决总人数计算问题。——在组织社团活动的主题活动中，通过交流分析集合思想，并尝试解决简单的两项活动总数中的有交集的集合元素总数问题。（重点讨论分析维恩图和计算的方法。）

流程 3. 学生通过讨论和实践，拓展应用。——通过知识迁移，内化理解集合数学思想，培养应用意识。

流程 4. 总结交流收获，相互启迪。

在这个流程中强化经历过程，获得体验，感悟数学的应用，体会数学与生活的联系。

马爽：

四、选择“教学评”一致性的策略方法

1. 真实情境创设

在“流程 1”中：组织学生填报参加（什么比赛说清楚，不然别人不清楚是什么情境）比赛报名表，提出问题，依据学生填报的数据，通过统计参加比赛的人数与人员，提出问题。（其中两项、三项比赛一共安排几人参加比赛？）

这一环节主要把自主探究与有意义教师引领的接受学习有机结合。在突破本课重点时通过情境创设，体现由“引—帮—放”的教学策略，比如肖老师提出：你能从这份报名表中一眼就看出有几位同学参加两项比赛？让学生意识到如果能直观看出重复的同学就不会计算错误的问题，激发学生想重新整理名单的欲望。

2. 探究活动的设计

（1）策略分析

在“流程 2”中：组织学生根据统计表的数据，谈谈自己对参加两项比赛人数的猜测的想法，教师在小结中介绍韦恩图的使用。通过小组探究解决集合问题：一共有多少人参加比赛？

在这个活动中围绕四个层次展开：

提出猜想：参加两项比赛的人数可能是怎么样的？

（怎样表示能清楚地看出来呢？同学们可以借助学具，小组合作，同学间相互交流。教师巡视，个别辅导。）

操作验证：小组讨论后，派学生代表上台操作，启发思考。

思维冲突：重复参加的同学该放在哪个位置？怎样表示更合理？

初步建模：启发学生借助韦恩图来表示。这部分是学习韦恩图来解决集合问题。

（2）探究方法

选出几种不同作品展示，理解分析不同整理方法。我们可以预设三种方法：例如连线法、列式计算法、集合图法。由此引入韦恩图（集合图），了解其中的各标题含义，进行填写。在掌握韦恩图的基础上，理解集合的意义。其中重点讨论列式计算法的意义。用算式怎么表示？说出每个算式所表示的意义。算式中的每一个数代表了集合图的哪一部分？是什么意思？课件演示各部分内容，让学生比较，正确表述各部分的意义。利用数据，列式计算出该班参加比赛的人数。指名学生计算，并反馈交流。

3. 合作学习的组织

（1）激发探究欲

在“流程 2”中要放手给学生，学生可通过小组合作学会与交集、并集有关的计算。怎样表示能清楚地看出重复的名字呢？学生对于“重复的人数要减去”是有经验的，因此在充分尊重学生经验认知的基础上，放手让学生通过小组合作自主探究，再汇报交流。

同时我们关注“冲突”，激发学生的探究欲望和兴趣。方法就是提出需要解决的问题“参加这两项比赛的共有多少人”后，学生的不同答案有可能引发“冲突”。抓住这一“冲突”，追问“你能确定有 17 人吗、你能证明为什么不是 17 人吗”，为了配合学生汇报，课件可出示韦恩图，运用讲授法引导学生认识并理解韦恩图。

（2）培养严谨思维

在教学过程，注重培养学生思维的严谨性，如解读韦恩图的过程中，让学生表述各个部分的意思。大圈是表示“参加跳绳人数”和“参加踢毽人数”，而去掉了都参加的部分后是“只参加跳绳人数”和“只参加踢毽人数”，多了一个字“只”，虽然只有一字之差，但是意思完全不一样。

还有“既参加跳绳又参加踢毽”让学生明白这是两种活动都参加的。并通过直观演示将两个集合圈合并的过程，引导学生讨论发现计算总数时“集合中的元素是不能重复出现的”，体会集合元素的互异性；集合元素是没有顺序的，体会集合元素的无序性。并让学生想一想、说一说图中每一部分所表示的含义，尤其是“两项都参加的和参加这两项比赛的”，体会交集和并集的含义。

（3）学生在列式解答时，根据连线或韦恩图，会列出多种方法。放手让学生尝试解决，体现了利用集合的思想解决问题策略的多样性。让学生结合韦恩图体会各个算式所表示的含义，体会求“两个集合并集的元素个数”就是要将两个集合的元素个数相加后减去其交集的元素个数。突出基本的方法，加深学生对与交集、并集有关计算的体会和对集合知识的理解。本着从实践中来到实践中去的原则，在过程中体验集合的思想，在过程中感悟重复，并顿悟重复问题的解决方法。让学生经历问题解决的数学化过程，获得数学学习体验。

（4）辩论感悟

现在用韦恩图来表示各项参赛的人数，与之前的表格比较，它有哪些优点？让学生感悟集合图能直观看出参加各项运动的人数，尤其是重复参加两项比赛人数的部分很清楚。

（5）变式练习，内化集合思想

在“流程 3”中给出问题：有 35 名同学，每位同学至少参加一项。那么有多少位同学两个项目都参加？参加足球和大绳这两项活动的同学，最少需要多少人？组织学生利用集合思想解决三项比赛一共有多少人参加？提出问题。也就是拓展活动中设计的两个问题。这也是本节课的点睛之笔，内化理解公共部分。学生在独立思考后，对在没有重复的反向思维与并集的情况中加深对集合知识的内化与理解，防止学生出现思维固化，感悟数学与生活中重叠现象的联系，体会数学知识学问的应用价值，形成应用意识。

4. 过程性评价的设计

孙航：评价的方式有很多，包括口头书面测试、课堂观察、访谈、课内外作业等，最重要的是以评促学、以评促教，在评价中促进学生反思的学习。在本节课中，我们可以根据课堂观察，与课堂任务清单来了解学生的学习过程、学习态度和学习策略，从探究活动中了解学生独立思考的习惯和合作交流的意识。

高琦：我们在之前研讨过程当中把这节课定为综合与实践领域的主题教学，在新课标当中，对于主题活动的评价是怎么描述的呢？

肖然：课标提到，主题活动评价要以教学目标为依据（“教学评”一致），主要内容包括学生对相关知识内容的理解，对现实情境和数学表达之间关系的把握，学习活动中操作、思考、交流、创意方面的表现和学习活动过程当中的作品报告等物化成果的评价。

陈复：同时我们在评价的时候要注意一个评价维度的多元，在新课标当中指出评论维度多元是指在评价过程当中，在关注“四基”“四能”达成的同时，特别关注核心素养的相应体现，不仅要关注学生知识技能的掌握，还要关注学生对基本思想的把握，基本活动经验的积累，不仅关注学生分析问题、解决问题的能力，还要关注学生发现问题、提出问题的能力。全面考核和评价学生核心素养的形成和发展。

李颖：由于我们是第二学段，所以我们可以采取描述性的评价和等级评价相结合的方式，设计课堂学习情况评价单，注重过程性评价，更多地关注学生的进步、学生的提升空间，也就是“这堂课我学会了什么”，也有利于增强学生学习数学的自信心和学生学习数学的兴趣，养成良好的习惯，促进核心素养的发展。

孙航：而且在我们的评价过程当中，评价主体不仅是老师，更是学生自己。综合运用教师评价、学生自我评价、学生的互相评价、家长评价等方式对学生的学习情况进行全方位的考察，在本堂课的教学过程当中，我们就可以通过教师的及时评价和学生的自我评价以及学生小组内部的互相评价等方式，让学生总结自己的进步，也反思自己的不足，吸取他人值得借鉴的经验。

5. 工具表单的研制

（1）学习活动记录、评价单

学习活动记录单

学习过程记录	自我评价	小组评价
活动一：我提出的问题		
活动二：我解决的方法		

（2）学习情况评价要求

对教学情境中提出问题给予评价；在解决问题中对于合作交流相互支持给予评价；拓展中不断加深理解给予评价。

最后要给出自己学习过程改进的建议；还要给出小组其他成员学习活动的建议。

（五）整合教学资源，深度融合信息技术

高琦： 2022 版课标的课程理念模块指出，要注重合理利用现代信息技术，提供丰富的学习资源，设计生动的教学活动，促进数学教学方式方法的变革。在实际问题解决中，创设合理的信息化学习环境，提高学生的探究热情，开阔学生的视野，激发学生的想象力，提高学生的信息素养。

王艳： 没错，不仅仅是课程理念模块。在课程实施模块的教学建议一栏，2022 版课标的课程首次明确指出要注重信息技术与数学教学的融合。重视大数据、人工智能等对数学教学改革的推进作用，改进教学方式，促进学生学习方式的改变。这是在 2011 版课标从未提出过的。

李颖：

课标中指出：

1. 教师可以利用信息技术对文本、图像、声音、动画等进行综合处理，丰富教学场景，激发学生学习数学的兴趣和探究新知的欲望。

肖然： 本节课就可以利用多媒体技术呈现图片，声音等辅助手段丰富教学场景，为同学们真实呈现出“人民小学趣味运动会”相关的实际问题情景。摆脱了传统枯燥的注入式教学方式，通过为学习者提供图文并茂、真实有趣的实际问题案例，激发学习兴趣，并为其实现探索和发现知识创造有利条件，达到让学生主动构建知识的目的。

马爽：

新课标还要求：

2. 指导学生做好时间管理，规划学习任务，利用数字化平台、工具和资源展开学习活动，加强自我监控、自我评价，提升自主学习能力。

学生的小组合作探究学习是新课标下的一样重要的学习方式，信息技术可以为学生高效探究实现技术支持。

第一，在时间管理方面。可以通过大屏幕呈现每一环节的倒计时，可以提高同学们的学习效率，促进成员间的合作。

第二，规划学习任务。孩子们由于年龄等原因，会有认知、理解能力的方面的限制。就会出现任务不明晰等情况。这时候我们就可以利用信息技术进行任务的呈现。把研究的问题、小组合作要求以及对学生的小提示，呈现在大屏幕上。通过合理的学习任务分配，让小组中的每位同学都有任务，更能够高效地完成活动。

第三，为小组展示赋能。活动之后就是汇报展出了，在学生的汇报展示过程中，可以利用视频展台将本组讨论结果通过多媒体向全班同学进行展示。也可以像之前肖老师上课时那样，利用手机实现实时转播。给孩子提供分享和交流的平台。而且在小组进行展示汇报交流的过程中，学生们学会了倾听，在倾听中产生困惑，产生困惑就会有质疑、有疑问。在倾听中得到启发，又会获得更多的灵感。也促进了学生对知识的掌握。

第四，为教学评价赋能。教师通过多媒体技术记录学生的学习过程和学习成果，如课堂教学评价单，学生作品等。同时，还可以利用多媒体技术制作学生学习成果展示的视频、PPT 等，进行学生的学习成果展示和评估。

（案例撰写者：肖然、高琦、李颖、马爽、孙航、王艳、陈复）

第二章　初中数学学科结构化、支架式教学设计案例

案例 2.1

八年级上册《三角形全等的判定（边角边）》的支架式教学设计

齐齐哈尔市龙江县头站镇中心学校中学　数学组

一、大单元教材分析，明确本节课需要落实的数学核心素养

人教版数学八年级上册《三角形全等的判定（边角边）》一课是第十二章　全等三角形中“12.2　三角形全等的判定”的学习内容，属于第四学段，“图形与几何”领域，“图形的性质”主题。

在“12.2　三角形全等的判定”一节中，学生将学习四个三角形全等的判定定理，新课标要求：

掌握基本事实：

1. 两边及其夹角分别相等的两个三角形全等。

2. 两角及其夹边分别相等的两个三角形全等。

3. 三边分别相等的两个三角形全等。

证明定理：两角分别相等且其中一组等角的对边相等的两个三角形全等。

为什么前三个判定定理是“掌握基本事实”，这是因为在欧式几何的一般公理“完全叠合的两个图形是全等的（移形叠合公理）”下，我们还不能用演绎推理推导出前三个判定定理，而“两角分别相等且其中一组等角的对边相等的两个三角形全等”是可以利用前三个判定定理推导出来的（用演绎推理推导出来）。前三个判定定理只能在大量（尺规作图）画图实践——发现规律——

归纳推理的活动中被学生掌握，因此把它们叫作基本的事实。

在“掌握基本事实”的过程中，学生经历尺规作图的过程，增强动手能力，能想象出通过尺规作图的操作所形成的图形，理解尺规作图的基本原理与方法，发展空间观念和空间想象力；在直观理解和掌握图形与几何基本事实的基础上，经历得到和验证数学结论的过程，感悟具有传递性的数学逻辑，形成几何直观和推理能力。

在《三角形全等的判定（边角边）》一课中：核心概念是图形全等、三角形全等；着力培养的关键能力为几何直观和推理能力。

其中推理能力主要是指从一些事实和命题出发，依据规则推出其他命题或结论的能力。理解逻辑推理在形成数学概念、法则、定理和解决问题中的重要性，初步掌握推理的基本形式和规则；对于一些简单问题，能通过特殊结果推断一般结论；理解命题的结构与联系，探索并表述论证过程；感悟数学的严谨性，初步形成逻辑表达与交流的习惯。推理能力有助于逐步养成重论据、合乎逻辑的思维习惯，形成实事求是的科学态度与理性精神。

在《三角形全等的判定（边角边）》一课中，“掌握基本事实”即推理能力中“对于一些简单问题，能通过特殊结果推断一般结论”，这就是归纳推理。

归纳推理是一种由个别到一般的推理。在初中数学学习体系中，归纳推理的方法是学生需要掌握的重要思维方法。无论是用归纳推理的方法得出题目的结果，还是用归纳推理的思维将知识点形成完整的逻辑链条，都是十分重要的。

二、根据具体“内容要求”和“学业要求”确定切适的教学目标

新课标中涉及《三角形全等的判定（边角边）》的“内容要求”和“学业要求”如下：

【内容要求】

掌握基本事实：两边及其夹角分别相等的两个三角形全等。

【学业要求】

在直观理解和掌握图形与几何基本事实的基础上，经历得到和验证数学结论的过程，感悟具有传递性的数学逻辑，形成几何直观和推理能力。（尺规作图得到结论）

在这些要求里要关注两个行为动词“掌握”和“经历”。

掌握：多角度理解和表征数学对象的本质，把对象用于新的情境。同类词为“能”。

经历：过程方法的行为动词。结合实例，尝试运用各种方式（如文、图画、表格等）呈现小组的调查结果，讲述调查的过程和结论。强调“经历得到和验证数学结论的过程”，必须坚持转变学习方式，让学生经历主动数学实践的全过程，获得数学活动的经验，像数学家一样思考，形成数学的结论和方法，帮助人们认识、理解和表达现实世界的本质、关系和规律，培育、形成核心素养。

依据课程标准及核心素养导向，确定本课教学目标：

1. 经历探究的过程，掌握基本事实：两边及其夹角分别相等的两个三角形全等。［蕴含核心素养：（归纳）推理能力、几何直观和空间想象能力］

2. 会用“边角边”证明两个三角形全等，得到线段或角相等。

教学重点：

1. 经历尺规作图实际操作，归纳推理推出基本事实“两边及其夹角分别相等的两个三角形全等”的过程。

2. 会用“边角边”证明两个三角形全等。

三、确定核心素养导向的教学流程（学习路线）

演绎推理是从已知的前提出发，通过逻辑推导得出结论的推理方式，而归纳推理是从具体实例出发，推导出普遍规律的推理方式。演绎推理得出的结论是必然成立的，因为它是从已知的前提推导出来的，具有绝对的可靠性和准确性。而本课要“掌握基本事实”需要使用归纳推理的方法。归纳推理是一种从个别事实或案例出发，通过观察和分析，推广到一般性结论的推理方法。它通常包括以下基本步骤。

1. 观察个别事实

首先，我们需要观察和收集一系列个别的事实或案例，这些事实或案例通常是具体的、明确的，并且是我们能够直接感知或验证的。

2. 找出相似性或规律性

在收集了足够的事实或案例后，我们需要分析这些事实或案例之间是否存在某种相似性或规律性。这些相似性或规律性可能是数量上的，也可能是质量上的，或者是它们之间的关系。

3. 形成假设或猜想

基于上述的相似性或规律性，我们可以形成一个假设或猜想，即这些相似性或规律性可能不仅仅局限于我们观察到的那些个别事实或案例，而是可能具有更普遍的适用性。

4. 进行推广

在形成了假设或猜想之后，我们需要通过进一步的观察、实验或论证来检验这个假设或猜想的普遍性。如果这个假设或猜想通过了这些检验，那么我们就可以认为它是一个较为可靠的归纳推理结论。

5. 修正和完善

归纳推理的结论并不是一成不变的，随着新的观察和实验数据的出现，我们可能需要对这个结论进行修正和完善。

需要注意的是，归纳推理的结论并不具有演绎推理那样的必然性，而是具有概率性或可能性。这是因为我们无法穷尽所有的个别事实或案例，因此无法完全确定归纳推理的结论是否绝对正确。然而，这并不意味着归纳推理没有价值，实际上，归纳推理是我们获取新知识、发现新规律的重要方法。

2022 年版课程标准中关于《三角形全等的判定（边角边）》一课的“教学提示”为：

图形的性质的教学。需要引导学生理解欧几里得平面几何的基本思想，感悟几何体系的基本框架：通过定义确定论证的对象，通过基本事实确定论证的起点，通过证明确定论证的逻辑，通过命题确定论证的结果。要组织学生经历图形分析与比较的过程，引导学生学会关注事物的共性、分辨事物的差异、形成合适的类，会用准确的语言描述研究对象的概念，提升抽象能力，会用数学的眼光观察现实世界；要通过生活中的或者数学中的现实情境，引导学生感悟基本事实的意义，经历几何命题发现和证明的过程，感悟归纳推理过程和演绎推理过程的传递性，增强推理能力，会用数学的思维思考现实世界；要引导学生经历针对图形性质、关系、变化确立几何命题的过程，体会数学命题中条件和结论的表述，感悟数学表达的准确性和严谨性，会借助图形分析问题，形成解决问题的思路，发展模型观念，会用数学的语言表达现实世界。

综上我们设计本课学习路线为：

1. 创设讨论“三角形边角边相等的两个三角形全等”的学习情境，明确学习任务。

2. 尺规作图，在收集了足够的“三角形边角边相等的两个三角形全等”的事实或案例后，分析这些事实或案例之间是否存在某种规律性。

3. 归纳推理，得到三角形“边角边”判定定理，形成假设或猜想：基于上述规律性，我们可以形成一个假设或猜想——“两边及其夹角分别相等的两个三角形全等”。进一步验证，并用数学语言严谨描述为定理：“两边及其夹角分别相等的两个三角形全等”。

4. 用三角形全等“边角边”判定定理解决实际问题。合作探究，发现“边边角”相等的两个三角形不一定全等。

四、“教学评”一致性的教学策略与方法

（一）创设教学情境，明确学习任务

1. 复习上节课学习内容——三角形判定定理“三边相等的两个三角形全等”，讨论三角形全等是否还有其他判定定理的新问题，创设学习情境。

2. 明确本课的学习目标。

（二）尺规作图，形成假设或猜想

收集“三角形边角边相等的两个三角形全等”的事实或案例。

【动手画图】

用直尺、圆规画图。

【投影】

作一个角等于已知角。

【学生活动】

已知：$\angle AOB$。

求作：$\angle A_1O_1B_1$，使$\angle A_1O_1B_1=\angle AOB$.

【作法】

（1）作射线 O_1A_1；

（2）以点 O 为圆心，以适当长为半径画弧，交 OA 于点 C，交 OB 于点 D；

（3）以点 O_1 为圆心，以 OC 长为半径画弧，交 O_1A_1 于点 C_1；

（4）以点 C_1 为圆心，以 CD 长为半径画弧，交前面的弧于点 D_1；

（5）过点 D_1 作射线 O_1B_1，$\angle A_1O_1B_1$ 就是所求的角.

【教师提出问题】

请同学们连接 CD，C_1D_1，回忆作图过程，分析 $\triangle COD$ 和 $\triangle C_1O_1D_1$ 中相等的条件。

【学生活动】

与同伴交流，发现下面的相等量：

$OD=O_1D_1$，$OC=O_1C_1$，$\angle COD=\angle C_1O_1D_1$，$\triangle COD\cong\triangle C_1O_1D_1$。

（三）归纳推理，得到三角形“边角边”判定定理

【归纳出规律】

数学语言描述：两边和它们的夹角对应相等的两个三角形全等（简写成“边角边”或“SAS”）。

【评析】

通过让学生回忆基本作图，在作图过程中体会相等的条件，在直观的操作过程中发现问题，获得新知，使学生的知识承上启下，开拓思维，发展探究新知的能力。

【媒体使用】

投影显示作法。

【教学形式】

操作感知，互动交流，形成共识。

（四）应用与拓展

1. 三角形全等“边角边”判定定理的实际应用

【例】

如课本图 11.2–6 所示，有一池塘，要测池塘两端 A，B 的距离，可先在平地上取一个点 C，从点 C 不经过池塘可以直接到达点 A 和 B. 连接 AC 并延长到点 D，使 $CD=CA$. 连接 BC 并延长到点 E，使 $CE=CB$. 连接 DE，那么量出 DE 的长就是 A，B 的距离，为什么？

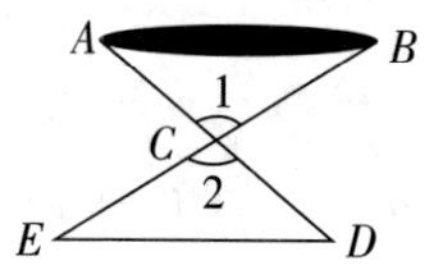

【教师活动】

操作投影仪，显示例题。

【师生活动】

师生共同分析解题思路。如果能证明△ $ABC \cong$ △ DEC，就可以得出 $AB=DE$。由题意，得 $CD=CA$，$CE=CB$，∠ 1 与∠ 2 是对顶角，所以具备“边角边”的条件。学生口述证明过程，教师板书。

【评析】

证明分别属于两个三角形的线段相等或角相等的问题，常常通过证明这两个三角形全等来解决。

2. 两边一角相等，两个三角形是否全等的讨论

【问题探究】

（投影显示）我们知道，两边和它们的夹角对应相等的两个三角形全等，由“两边及其中一边的对角对应相等”的条件能判定两个三角形全等吗？为什么？

【教师活动】

拿出教具进行示范，让学生直观地感受到问题的本质。

操作教具：把一长一短两根木棍的一端固定在一起，摆出△ ABC。固定住长木棍，转动短木棍。出现一个现象：△ ABC 与△ ABD 满足两边及其中一边对角相等的条件，但△ ABC 与△ ABD 不全等。这说明，有两边和其中一边的对角对应相等的两个三角形不一定全等。

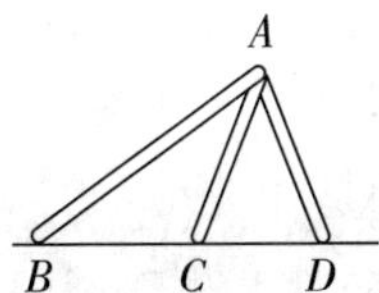

【学生活动】

观察教师操作教具、发现问题、辨析理解，动手用直尺和圆规实验一次，做法如下：（如图所示）

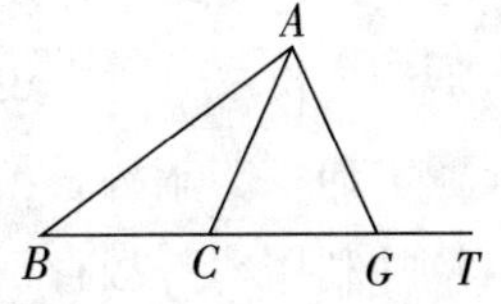

（1）画∠ ABT；

（2）以 A 为圆心，以适当长为半径，画弧，交 BT 于 C，C'；

（3）连线 AC，AC'，△ ABC 与△ ABC' 不全等。

【形成共识】

“边边角”不能作为判定两个三角形全等的条件。

【教学形式】

观察、操作、感知，互动交流。

3. 随堂练习

（1）如图，已知 $AD \parallel BC$，$AD=CB$。

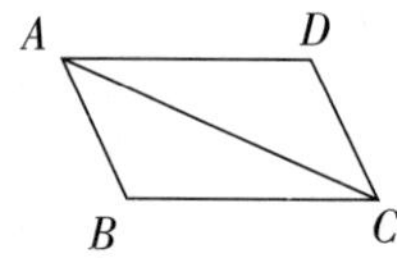

求证：△ ADC ≌△ CBA.

（2）如图，已知 $AB=AC$，$AD=AE$，∠ 1= ∠ 2. 求证：△ ABD ≌△ ACE.

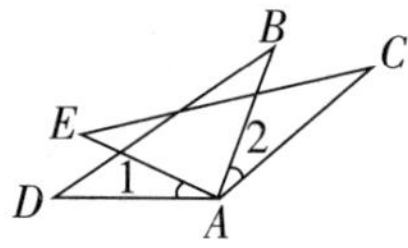

（五）课堂总结

1. 本节课，我学到了哪些知识？

2. 本节课，给我感受最深的是什么？

3. 课后你准备对哪方面进行进一步研究？还有哪些困惑？此外你还知道了……

五、数字化资源和信息技术手段的支持

（一）中小学智慧教育平台优质资源的使用

智慧教育平台不仅为数学教学提供了支撑，比如多样化的数字资源的选择、课堂及课下的互动、学生及教师的评价反馈等，也为学生的个性化教学提供了有力的支持。在本节课新授环节中遇到的难题，不同的学生有不同的方法解决问题。在整个探究的过程中，教师利用智慧教育平台的传屏、书写和移动拖曳等功能，清晰地展示了学生的思维过程。尊重学生的想法，提升学生的学习主动性和积极性，从而提高学习效率。最后，教师利用电子交互白板所呈现的不同方法，引导学生相互交流，学习各种方法，比较利弊。培养学生思维的缜密性、灵活性。让学生学会思考，敢于创造性地思考。智慧教育平台为学生们大胆发言，尽情展示提供了充分的舞台。

（二）电子白板资源的开发利用

数学的课堂应该是充满活力的互动的课堂，是探究的课堂。电子白板具有手写、画图、播放、拉幕、擦除等功能，可以使学生在教师的指导下进行一些具体操作，为学生提供了良好、全面的交流平台，教师与学生及学生与学生之间的相互作用得到很好的体现。既能让教师更加自如地参与到学生中交流，又能及时捕捉课堂教学中生成性的信息，随时调整自己的教学思路，孩子们也很自然地实现了与老师情感上的交流沟通，在优化课堂教学结构，提高课堂教学效率方面，白板可以说发挥了它的巨大优势。一堂课教学的最终目的是使学生能运用本节课所学的知识创造性地解决实际问题，电子白板的运用，能充分挖掘教材，有利于丰富表象，引发联想，启发思维，化繁为简，化难为易，启迪学生进行全方位、立体的思维，展开想象的翅膀。用电子白板，使学生在操作中获取直接经验，启迪学生的思维发展。

（三）跨媒体的数学学科阅读

在教学实践中发现，在课堂上给予学生更多的阅读、自学时间，不仅能提高学生的阅读理解能力，还能提高教学效率。能力的提高离不开反复、持久的训练，要想提高学生的阅读理解能力也不例外。可是我们的老师往往认为讲得越细，学生学得就越容易，课堂教学效率会更高。其实，书本上大部分知识学生通过自学都能够解决，老师的讲反而更耽误时间。所以本节课采取减少课堂中“讲”的时间，给学生更多“阅读”“思考”的时间。这样一来，不仅能提高学生的阅读理解能力，更能提高教学效率。

（案例撰写者：刘强）

第三章　小学语文学科结构化、支架式教学设计案例

案例 3.1

五年级上册《慈母情深》核心素养导向的支架式教学设计纪实

齐齐哈尔市龙江县头站镇中心学校小学　语文组

《义务教育语文课程标准（2022 年版）》立足学生核心素养的发展，把语文课程的育人目标用语文着力培养的核心素养表述为：文化自信、语言运用、思维能力、审美创造。新的语文课程标准充分发挥语文课程的育人功能，并且遵循学生身心发展特点来安排语文学习任务群，关注课程的阶段性和发展性，增强课程实施的情境性和实践性，倡导课堂评价的过程性和整体性，促进学生学习方式的变革。

新课标用语文学习任务群的课程内容的整合引导我们推进核心素养导向的课堂教学变革，这需要认真研究学习任务群背景下的教学设计与实施新特点、新规律。

为了适应新课改的要求，我们必须改变传统的、陈旧的备课观念、方式和方法。今天语文教研组将依据课程标准的“内容要求”“学业要求”“教学提示”，围绕“明确着力培养的核心素养（为什么教）——确定适切教学目标（教什么）——设计教学流程（怎么教）——选择‘教学评’一致性的策略方法（怎么教和教到什么程度）——整合教学资源以及深度融合信息技术”五个环节展开结构化、支架式教学设计的研修。语文教研组将针对统编版五年级上册第六单元《慈母情深》一课展开教学设计的研讨。

一、明确着力培养的核心素养（为什么教）

学习任务群视角下的教材分析，明确着力培养的核心素养。

《慈母情深》一课是统编版五年级上册第六单元的一篇精读课文。本单元以“情”立意，以“舐犊情深”为人文主题。《慈母情深》一课语言平实，笔触细腻，记叙了母亲在极其艰苦的条件下，不顾别人的劝阻毅然拿钱给我买书的故事，通过对母亲外貌、动作、语言的描写，勾勒出一位辛劳、瘦弱、开明、慈爱的母亲形象。

这篇课文在主题与载体上应属于“中华优秀传统文化”，弘扬的是敬老爱亲的中华传统美德。本单元的主题是“舐犊情深”，单元导读指出，本单元语文要素是体会作者描写的场景、细节所蕴含的感情。本单元课文对故事中的场景和人物言行举止中的细节都有具体的描述，学生通过品读可以更细致地体会蕴含在其中的人物情感。

从学习任务群的划分上，可以将《慈母情深》归入“文学阅读与创意表达”的学习任务群，设计学习主题为“感受亲情”。需要落实培育的核心素养归纳总结如下：

1. 文化自信方面的核心素养

本课要让学生感受“敬老爱亲”的中华传统文化美德，体验母亲勤俭持家的优秀品质和关爱子女成长的亲情。（默读课文《慈母情深》，边读边想象课文中的场景，说说在哪些地方感受到了“慈母情深”。）

2. 语言运用方面的核心素养

有较强的独立识字的能力，书写力求美观，书写有一定的速度。培养学生的阅读能力，学习运用多种阅读方法，欣赏课文中场景、细节描写和人物语言行动描写，体验“母子情深”的情感，逐步形成独立阅读这类叙事性文章的能力。（边默读边想象文中描写的场景，勾画自己感触最深的地方，结合生活实际，体会作者和母亲之间浓浓的情意。在反复诵读中细细品味、揣摩感悟作者是怎样从场景和细节描写中表达情感的。）

3. 思维能力方面的核心素养

引导学生把握课文内容，体会爱的内涵，通过理解重点词句，把握文章的中心思想。培养学生善于通过生活小事发现不寻常的“爱”，并能运用场景和细节描写表达自己的情感的能力。

4. 审美创造方面的核心素养

通过反复品读场景和细节描写的重点句段，体会平凡生活中的不寻常的“爱”，并结合实际感受母亲对孩子的爱，体会字里行间蕴含的真挚情感。

对教材内容、学生情况进行了深度的分析，同时也明确了本课要培育的核心素养后，再依照课程总目标第五条和“文学阅读与创意表达”学习任务群的第三学段中的“学习内容”和课文课程目标体系第三学段的要求来确定教学目标。

二、确定素养导向的教学目标（教什么）

第三学段，“文学阅读与创意表达”中的“学习内容”要求：

阅读表现人与社会的优秀文学作品，走进广阔的文学艺术世界，学习品味作品语言、欣赏艺术形象，复述印象深刻的故事情节，积累多样的情感体验，学习联想与想象，尝试富有创意地表达。

阅读反映少年成长的故事、小说、传记等，交流自己获得的启示；学习运用细节描写等文学表现手法，描述自己成长中的故事。

在教学中可以运用默读、浏览、想象等多种阅读方法，培养学生独立自主学习能力，引导学生感受母亲在极端贫困艰难的生活条件下对孩子读书的支持和无私的爱。引导学生借助“我”的视角，感受母爱的特别之处及“我”在其中的成长。学生在自主识字、理解字词的基础上，根据事情的发展顺序厘清层次，初步把握课文内容。彼此交流印象深刻的场景、细节，细细品味，感受蕴含在字里行间的母爱和“我”情感的变化。结合自己的生活经历，运用掌握的细节描写表现手法，描述“鼻子一酸”的经历。

同时，新课标的课程目标对第三学段的要求：

有较强的独立识字能力认识本课生字，美观、有一定速度地书写本课生字。

默读有一定速度，学习略读，查找需要信息。

能联系上下文和自己的积累，推想课文中有关词句的意思，辨别词语的感情色彩，体会其表达效果。

阅读叙事性作品，了解事件梗概，能简单描述印象最深的场景、人物、细节，说出自己的喜爱、憎恶、崇敬、向往、同情等感受；受到作品的感染和激励，向往和追求美好的理想。

结合“学习内容”与“学段目标”要求，确定本课教学目标为：

1. 独立自主识写本课的生字和词语。

2. 在阅读中了解文章的表达顺序，“精读”场景描写和细节描写的重点语段，体会“慈母情深”，初步领悟文章的基本表达方法。

3. 结合自己的生活实际，说一说并写出自己“鼻子一酸”的经历。

三、设计学科探究的教学流程（怎么教）

按照新课标要求：新课标的语文课程内容主要以学习任务群组织与呈现。语文学习任务群中学习任务的设计，要围绕特定学习主题，确定具有内在逻辑关联的语文实践活动。语文学习任务群由相互关联的系列学习任务组成，共同指向学生的核心素养发展，具有情境性、实践性、综合性。

设计教学流程，也就是设计学生的学习路线，这是属于“怎么教”中的问题。依据课标，解决“怎么教”的问题要依据第三学段的“文学鉴赏与创意表达”的“学习内容”。本课在学习任务群的划分上，可以归入“文学阅读与创意表达”的学习任务群。设计学习主题为“感受亲情”，属于“中华传统优秀文化”需落实“继承和弘扬中华传统文化”中的“敬老爱亲中华传统美德”（文化自信）核心素养中的“孝亲敬老、感受亲情”。

课标中涉及本课的“阅读与鉴赏”目标：

熟练地用普通话正确、流利、有感情地朗读课文。默读有一定的速度，默读一般读物每分钟不少于300字。学习浏览，扩大知识面，根据需要搜集信息。

能联系上下文和自己的积累，推想课文中有关词句的意思，辨别词语的感情色彩，体会其表达效果，在理解课文的过程中体会顿号与逗号、分号与句号的不同用法。

在阅读中了解文章的表达顺序，体会作者的思想感情，初步领悟文章的基本表达方法。在交流和讨论中，敢于提出看法，作出自己的判断。

阅读叙事性作品，了解事件梗概，能简单描述印象最深的场景、人物、细节，说出自己的喜爱、憎恶、崇敬、向往、同情等感受；阅读诗歌，大体把握诗意，想象诗歌描述的情境，体会作品的情感。受到优秀作品的感染和激励，向往和追求美好的理想。

课标中“学习内容”涉及本课的“表达与交流”目标：

听人说话认真、耐心，能抓住要点，并能简要转述，乐于表达，与人交流能尊重和理解对方。注意语言美，抵制不文明的语言。

表达有条理，语气、语调适当。参与讨论，敢于发表自己的意见，说清自己的观点。能根据对象和场合，稍作准备，作简单的发言。

综上，本课的教学流程就由长学时（两节课）的学习任务序列组成，共同指向本课素养导向的教学目标的达成。这个学习任务序列要围绕本课语言运用、文化自信等核心素养培育的教学目标的达成，设计有内在逻辑关联的学习任务。教学时要以学生阅读交流为主，引导学生在自主识字、阅读的基础上，根据事情的发展顺序厘清思路层次，初步把握课文内容。然后找到印象深刻的场景、细节，细细品味，感受蕴含在字里行间的母爱和“我”情感的变化。最后结合自己的生活说一说、写一写“鼻子一酸”的经历。

本课设计了如下的教学过程：

任务一　创设语文情境，引领学生在语文场景中展开语文学习。

出示游子吟画面，吟诵古诗《游子吟》，明确学习目标，提出探究任务。

任务二　明确学习任务，初读课文，感知母爱。

开展本课研读，了解“我”的家境以及“我”对书的强烈渴望。出示游子吟画面，吟诵古诗《游子吟》，明确学习目标，提出探究任务。

任务三　品味感触最深的场景、细节，体会“慈母情深”。

场景一：初到厂房。

体会小工厂环境的恶劣，可以引导学生从厂房的狭小、噪声、闷热等方面去想象。

场景二：寻找母亲。

体会“我”在工厂中找到母亲时的心情。让学生设身处地想一想，第一次来到这样的工厂，“我”的心情会是怎样的？让学生带着自己的理解，读一读第 6—19 自然段，谈谈自己的感受。再引导学生重点关注第 16—19 自然段，想象“我”从发现母亲到最终确认是自己母亲的场景。可以提出问题，引导学生关注其中的细节，体会“我”当时的心情。

场景三：母亲给钱买书的场景。

引导学生关注“我向母亲要钱”“工友责问”两组对话和“母亲掏钱”“母亲立刻投入工作”两处细节。

任务四　体会课文结尾句的意味深长，联系生活进行课后“小练笔”。

四、选择“教学评”一致性的策略方法

（一）各学习任务中教学活动的设计方案

任务群“文学阅读与创意表达”中的“教学提示”：

可以根据学段学习要求，围绕多样的学习主题创设阅读情境，第三学段“英雄赞歌”“壮丽山河”“爱与责任”“成长的脚印”等，在主题情境中开展文学阅读和创意表达活动，引导学生感受文学之美，表达自己的独特感受，促进学生的精神成长。

注意整合听，说，读，写，引导学生综合运用朗读，默读，诵读，复述，评述等方法学习作品，重视古代诗文的诵读积累。感受文学作品语言、形象，情感等方面的独特魅力和思想内涵，提升审美能力和审美品位，鼓励学生在口头交流和书面创作中运用多样的形式呈现作品，发挥自己的创造性，引导学生成长为主动的阅读者、积极的分享者和有创意的表达者。

评价应围绕学生阅读文学作品的过程性表现进行。第一学段关注阅读兴趣，通过朗读和想象等，侧重考查学生对作品情境、节奏和韵味的感受。第二学段在阅读全文基础上，侧重考查学生对重要段落和语句的理解，以及对作品的语言和形象的具体感受。第三、第四学段。侧重考查学生对语言、形象、情感、主题的领悟程度和体验，评价学生文学作品的欣赏水平，关注研讨、交流以及创意表达能力。

根据以上教学提示，本课围绕四个学习任务设计了一系列的学习活动，具体活动方案如下：

学习活动 1：出示游子吟画面，然后吟诵古诗《游子吟》，从而出示本单元的学习主题语，继而开启本单元的学习。

学习活动 2：了解“我”的家境以及“我”对书的强烈渴望。

教学这一部分时，学生能通过“想得整天失魂落魄”“在自己对自己的怂恿之下”等语句感受“我”对《青年近卫军》的渴望，教学时要引导学生在此基础上进一步体会“我”渴望买书背后更深层次的情感，那就是由于家庭贫困，“我”想买书又舍不得买书的纠结。还可以让学生结合母亲的收入，明白书价相当于母亲两天的工资，买一本小说意味着一家四口人两天的口粮没有了，感受到在这个连收音机都被卖了换生活费的家庭里，一元多钱是一笔不小的开支。还可以让学生结合上下文理解第 2 自然段的两句话：“母亲还从来没有一次给过我这么多钱”，不是因为母亲吝啬不舍得给，而是家里实在太穷；“我也从来没有向母亲一次要过这么多钱”，可见“我”对家庭贫困的现实是知道的，是很懂事的。即使在这种情况下，买书的渴望还是让“我”实在忍不住去找母亲要钱，从中可以感受到“我”渴望买书的程度之深。

学习活动 3：品味感触最深的场景、细节，体会“慈母情深”。

如，体会空间的狭小时，可以将“不足二百平米”与生活中熟悉的封闭空间（如小型会议室、室内篮球场）作对比，将这个抽象的数字具体化，想象在这样小的厂房内挤着七八十台破缝纫机、七八十个女人，还堆积着如山的货物，体会厂房的逼仄。再如，有些学生可能对缝纫机发出的声音比较陌生，教师可以用音频或视频资料帮助学生真切地感受缝纫机转动时所发出的声音，从而体会“七八十台破缝纫机发出的噪声震耳欲聋”。

如，组织学生小组合作，选择自己感兴趣的问题一起品读、交流。在交流中让学生体会到以下两点。一是“我”在狭小嘈杂、周遭昏暗而唯有灯泡刺眼的环境中寻找母亲，因此要不断地辨认。课文详细地描述“我”的所见所感，表现出母亲工作环境的恶劣。二是“我”的心情也在随着自己发现母亲的过程而变化，从一开始看见时的不敢相信，到辨认后的震惊、心疼母亲。

如，在交流“我向母亲要钱”的对话中，可以提出问题：这组对话中，母子之间一问一答特别简短，给你什么感受？引导学生理解人物内心。让学生感受到母亲的问话干脆利落，从而体会到母亲在工作环境中十分紧张忙碌的状态；也理解到“我”的回答中，省略号表示说话吞吞吐吐，感受到“我”内心对“要钱”这件事十分迟疑和懊悔。再让学生带着自己的理解分角色朗读或表演，加深体会。学习工友和母亲对话的内容时，引导学生通过对话的内容和标点符号来体会人物不同的内心想法和说话语气。比如，让学生从女工友的话中理解到母亲养儿女的不易，读出女工友抱怨责备的语气；从母亲的回答中体会到她对孩子无私的爱以及对孩子读书无条件的支持。“母亲掏钱”“母亲立刻投入工作”两处细节都描写了母亲的动作，可以让学生想象情境，谈谈自己的体会，理解母亲挣钱的不易；也试着从“我”的角度，想想“我”看到母亲这样的行为，内心会有怎样的触动。接着结合第 33—34 自然段的内容，引导学生思考：为什么“我”拿到钱时会“鼻子一酸”？

可以让学生进行角色体验：假如自己就是文中的儿子，看到母亲工作的场景、听到母亲和工友的对话、拿到母亲给的揉得皱皱的毛票，想对母亲说些什么？让学生走进人物内心，体会“我”第一次发现母亲的瘦小，其实是对母亲的心疼；“我”觉得自己“应该是一个大人了”，意味着“我”买书的强烈渴望已经变成了照顾母亲的责任感。

学习活动 4：体会结尾的意味深长，联系生活进行课后“小练笔”。

最后结合课后“小练笔”，提示学生回顾生活中令自己“鼻子一酸”的经历。可以打开学生的思路：这件事情可以是自己与父母、师长、朋友之间发生的，“鼻子一酸”可以是感动的、委屈的、难过的……鼓励学有余力的学生运用课文中通过场景、细节表达情感的方法。最后全班进行交流和评价。可以挑选出与父母有关的“小练笔”，作为之后口语交际或习作时的参考素材。（该练笔也可作为课后作业）

（二）完成学习任务的教学活动中学习方式的变革

根据语文课程理念“增强课程实施的情境性和实践性，促进学习方式的变革”内容，我们发现变革学习方式既是坚持素养导向、落实育人为本、践行以学习者为中心教育理念的应有之义，同时也是与时俱进，适应未来经济社会发展与科技革命的必然要求。但是，新课标背景下，中小学学习方式的转型仍面临诸多短板与障碍，需以系统化协同理念，深入思考学习方式变革的机制与路径。

变革学习方式需构建以学习为中心的“教学评”一体化体系，强化教学活动、学业评价与学生学习方式的有机匹配和相互支撑。有什么样的评价标准，就有什么样的学习方式。应充分运用教学评价指挥棒，发挥评价的引领与导向功能，将学习方式纳入以素养为导向的学业质量标准体系之中，开发与学习方式变革相匹配的作业设计模式，引导学生学习方式逐步向自主、合作和探究转型。本篇课文的教学活动以学生自主、合作探究的方式为主，在学习任务的驱动下，以问题为载体，以学法提示为学习支架，以成功实现教学目标为评价标准，尤其是关于学习方式的变革着力体现在评价方案上。

（三）基于“教学评”一致性的表现性评价

在新课标出台后，“‘教学评’一致性”和“表现性、过程性评价”对促进语文教学变革的作用十分显著。以“‘教学评’一致性”的理念为起点，凸显“‘教学评’一致性”的课堂表现性评价是落实新课标的重点方式之一，而对应的教学设计与课堂实例研究也尤为重要。表现性评价作为一种新型评价方式，符合以学生为中心的、基于生活情境的、指向高阶思维、体现学习进阶的教学评价变革需求。

遵循“‘教学评’一致性”的理念和进阶的课堂“表现性、过程性评价”的实施框架，建立将评价置于教学前，将评价镶嵌于教学中，学生在评价过程中获得指导，教师根据评价反馈调整评价方案的体系。在“‘教学评’一致性”的设计理念指引下，核心素养、课堂教学、表现性评价三者相辅相成、动态呼应。表现性评价可基于学生行为表现、作品表现、答题表现等过程性呈现进行。

结合本课的教学目标和学习任务活动，我们设计了评价标准、表现性任务活动和评价量规，如上课伊始，要对学生课前预习任务进行评价，也就是教学目标 1 所对应的评价标准。课中的任务二和任务三，在品味“慈母情深”时，有小组合作的成果评价，有个人的自主探究、交流表达的评价，还有小组合作表演要钱的场景和细节所呈现的作品创意表达中的表现。具体如下表：

《慈母情深》过程性学习评价记录单

序号	目标指向	学习活动要求	学习过程记录	自评	组评
1	有较强的独立识字能力；写字姿势正确，有良好书写习惯，力求美观，有一定的速度。	能独立自主学习本课生字和词语。			
2	能与他人分享作品获得的有益启示，有意识地运用积累的词语进行口头或书面表达。在反复诵读中加深对文本内容的理解。	通过课堂观察、对话交流、小组分享等方式，收集语文学习过程的表现。			

（四）“教学评”一致性作业改革

《义务教育课程标准（2022年版）》中作业评价建议指出：

作业评价是过程性评价的重要组成部分，作业设计是作业评价的关键。教师要以促进学生核心素养发展为出发点和落脚点，精心设计作业，做到用词准确、表述规范、要求明确、难度适宜。要合理安排不同类型作业的比例，增强作业的可选择性，除写字、阅读、日记、习作等作业外，还应紧密结合课堂所学，关注学生校内外个人生活和社会发展中的热点问题，设计主题考察、跨媒介创意表达等多种类型的作业，培养学生自主学习和综合学习的能力。随着学段升高，作业设计要在识记、理解和应用的基础上加强综合性、探究性和开放性，为学生发挥创造力提供空间。教师要严格控制作业数量，用少量、优质的作业帮助学生获得典型而深刻的学习体验。教师要认真批改学生作业，针对学生素养水平和个性特点提出意见，及时反馈和讲评，激发学生的学习热情，保护学生的自尊心，尊重学生的个性差异；要对学生作业进行跟踪评价，梳理学生作业发展变化的轨迹，及时反馈不同阶段作业质量的整体情况。

根据以上建议，本课设计了课前、课中和课后作业。

1. 基础性作业

选取、整合国家智慧教育公共服务平台的五年级上册“基础性作业”相关内容。

2. 拓展性作业

课前通过网络阅读，了解梁晓声写作这篇课文的时代背景以及相关作品，课后阅读梁晓声的作品《我的母亲》整本书，尝试着用自己的方式有创意地朗诵作品《母爱》。

五、信息技术的融合

信息技术在数字化教学平台的应用主要体现在电子教案、在线课程、虚拟实验等方面。智慧中小学可以充分利用这些平台，为学生提供更加生动、有趣的学习体验。同时，信息技术还能为教师提供丰富的资源，帮助他们更好地进行备课和教学。通过数字化教学平台，学生和教师可以更好地互动，实现教学相长。

信息技术在智慧中小学的另一个重要应用是智能化数据分析。通过收集和分析学生的学习数据，教师可以更好地了解学生的学习情况，制订更具有针对性的教学计划。同时，信息技术还能帮助学生和家长更好地了解自己的学习情况，及时调整学习策略。智能化数据分析还能为学校提供更加科学的决策依据，为学校的发展提供有力的支持。

随着信息技术的飞速发展，我们的教育领域也正在经历一场深刻的变革。在小学语文课本《慈母情深》中，信息技术以其独特的优势，为教学提供了新的可能。

首先，信息技术在《慈母情深》的教学中，起到了重要的辅助作用。教师可以通过多媒体教学，将课文中的场景、人物、情感等元素生动地展示在学生面前，帮助他们更好地理解课文。同时，信息技术还可以提供丰富的课外资源，如相关背景知识、扩展阅读材料等，帮助学生更全面地理解课文。

其次，信息技术在个性化教学方面也发挥了重要作用。教师可以通过在线学习平台，根据学生的不同需求和水平，为他们提供个性化的学习资源和学习路径。这样的教学方式不仅可以提高学生的学习效率，还能更好地满足学生的个性化需求。

教学中，根据“目标”和“对象”的特点，通过教学设计，合理选择和运用多媒体计算机辅助现代教学，并与传统教学手段有机组合，共同参与教学全过程，以多种媒体信息作用于学生，形成合理的教学过程结构，才能达到最优化的教学效果。新课标要求学生在校的学习不再仅仅是掌握知识的活动，更重要的是学会如何获取知识和技能，而学生在一个相对完整的学习过程中，总要经历课前预习、认真听讲、独立思考、做好笔记、作业练习、复习巩固6个阶段，才能把相关的知识比较牢靠地掌握好。课堂上还可以为学生提供记录思维过程的学习任务单，促进学生自主学习。在课下巩固阶段，也可以参考国家智慧教育公共服务平台里面的课后作业单，检验学情。

然而，信息技术的应用也带来了一些挑战。如何正确、有效地利用信息技术，避免过度依赖电子设备，是当前教育领域需要关注的问题。

总的来说，信息技术在《慈母情深》的教学中起到了重要的辅助作用，为教学带来了新的活力和挑战。我们应合理、有效地利用信息技术，提高教学效果，同时也要关注其可能带来的问题，积极应对挑战。

2022 版课程标准的颁布，给我们传递了很多前沿的信息。今后我们将继续以课例研讨为载体，开展素养导向的教学，促进学思结合，着力实现“教学评”的一致性，让我们的课堂教学能更好地服务学生。

（案例撰写者：王久义、王胜明、张瑞华、滕彦丽、张金萍、闻春雨、李馥、王海云、关秋悦）

案例 3.2

三年级下册《海底世界》核心素养导向的支架式教学设计

齐齐哈尔市龙江县头站镇中心学校小学　语文组

2022 版义务教育课程方案明确提出核心素养导向的教学改革。核心素养是学生通过课程学习逐渐形成的正确世界观价值观、必备品格和关键能力，是课程教育价值的集中体现。语文课程围绕着文化自信、语言运用、思维能力、审美创造等核心素养，明确课程性质，反映课程理念，确立课程目标。义务教育阶段语文课程着力培养的核心素养是学生在积极的语文实践活动中积累和建构起来的，并在真实的语言运用情境中展现出来的。核心素养是文化自信、语言运用、思维能力、审美创造的综合体现。

语文新课标在内容组织与呈现形式上也发生了很大的变革，主要以核心素养培养为引导，以学习任务群的形式组织与呈现，要围绕特定的学习主题，确定具有内在逻辑关联的语文实践活动，语文学习任务群由相互关联的系列学习任务组成，共同指向核心素养的发展，具有情境性、实践性、综合性，也就是说学习任务的确立要紧紧围绕核心素养来进行组织安排。

为了适应新课改的要求，我们必须对备课这一重要教学环节进行再思考和再认识，改变传统的、陈旧的备课观念、方式和方法。

语文教研组依据课程标准相应学习任务群的“学习内容”“教学提示”和“学段课程目标”，围绕“明确着力培养的核心素养（为什么教）——确定切适教学目标（教什么）——设计学科探究的教学流程（怎么教）——选择‘教学评’一致性的策略方法（怎么教和教到什么程度）——整合教学资源以及深度融合信息技术”五个环节展开教学设计的研修。

一、明确着力培养核心素养（为什么教）

（一）教材分析

学习任务群视角下教材分析，明确着力培养的核心素养。

《海底世界》是统编版三年级下册一篇叙写大自然的课文。本单元以“奇妙的世界为主题”，作者用生动形象的语言介绍了海底是个景色奇异、物产丰富的世界，激发了学生热爱大自然、探索大自然奥秘的情感，也表达了作者对大海的赞美之情。课文以生动的笔法，从光和声两方面描述了海底的景色，从动物、植物、矿物三方面介绍海底的物产，从而让学生认识到海底真是个景色奇异，物产丰富的世界，使学生在感受美、欣赏美的过程中受到美的熏陶。

本课属于“社会主义先进文化”，可以落实文化自信核心素养中的“热爱自然”“热爱科学”“保护环境”“爱护动物”“珍爱生命”的意识和品质的培育。本课是一篇说明文，归属于“实用性阅读与交流”，以“奇妙的大自然”为主题。

“实用性阅读与交流”总要求：

本学习任务群旨在引导学生在语文实践活动中，通过倾听、阅读、观察，获取、整合有价值的信息，根据具体交际情境和交流对象，清楚得体表达，有效传递信息，满足家庭生活、学校生活、社会生活交流沟通需要。

其中针对第二学段要求为：

学习阅读说明、叙写大自然的短文，感受、欣赏大自然的奇妙与美好。学习用日记、观察手记等，展示自己观察自然、探索科学世界的收获。

由于文化自信、思维能力、审美创造等核心素养，都是在语言运用的过程中形成的，我们在对本节课着力培养的核心素养分析中以语言运用素养分析为主线。

本课着力培养的语言运用的关键能力，包括识字写字能力、阅读能力、表达与交流能力等。具体表现程度为：认识和书写本课的生字词，掌握多音字的读音；学会运用多种阅读方法，具有独立阅读的能力，初步学会默读课文；积极观察、感知生活，发展联想和想象，提高语言的表现力和创造力，负责任地表达自己的观点；能说出第 4、第 5 自然段是如何围绕一句话把一个意思写清楚的；能说出课文是从哪几个方面来表现海底世界的景色奇异和物产丰富的。

（二）学情分析

小学三年级的学生通过一、二年级的学习经历，已经初步形成了主动识字的意识和习惯，逐步养成了课外阅读的习惯，对自己感兴趣的问题能积极地搜集、整理相关的文字、图片和资料。教材虽然配有插图，但是都是静止的，不能充分激发学生的学习兴趣。因此，应尊重学生对周围世界的好奇心和求知欲，倡导独立阅读，合作交流，体验感悟，培育核心素养。

二、确定核心素养导向的教学目标（教什么）

第二学段，“实用性阅读与交流”中“学习内容”要求：学习阅读说明、叙写大自然的短文，感受、欣赏大自然的奇妙与美好。

根据这个要求我们在课程标准的“课程目标”的“学段要求”中选择涉及本课的具体目标。

1. 识字与写字

养成主动识字的习惯，有初步的独立识字能力。认识、会写本课生字。

2. 阅读与鉴赏

（1）用普通话正确、流利、有感情地朗读课文。初步学会默读，做到不出声，不指读。学习略读，粗知文章大意。

（2）能联系上下文，理解词句的意思，体会课文中关键词句表达情意的作用。能借助字典、词典和生活积累，理解生词的意义。

（3）能初步把握文章的主要内容，体会文章表达的思想感情。学习圈点、批注等阅读方法。能对课文中不理解的地方提出疑问，乐于与他人讨论交流。

（4）能复述叙事性作品的大意，初步感受作品中生动的形象和优美的语言，与他人交流自己的阅读感受。

3. 表达与交流

能清楚明白地讲述见闻，说出自己的感受和想法。讲述故事力求具体生动。

4. 梳理与探究

结合语文学习，观察大自然，观察社会，积极思考，运用书面或口头方式，并可尝试用表格、图像、音频等多种媒介，呈现自己的观察与探究所得。

依据第二学段“文学鉴赏与创意表达”“学习内容”要求，并基于设计理念和新课标的要求，确定本课教学目标。

（1）独立自主学习本课的生字和词语。

（2）正确、流利、有感情地朗读课文，梳理课文脉络，读懂文段是如何围绕关键词句把内容写清楚的。

（3）运用默读、略读、精读等方法，了解海底动物种类多和活动方式有趣的情况。

（4）感受海底世界景色奇异、物产丰富，激发热爱自然和探索海底世界的情感和兴趣。

其中了解海底景色奇异和物产丰富的特点是教学的重点，难点是体会作者把海底动物种类多、活动有趣写具体的方法。

三、设计学科探究的教学流程（怎么教）

学生在一、二年级学习的基础上已经具备了初步阅读的能力，并在三年级上册掌握了“借助关键语句理解一段话的意思”的方法，又在本册第三单元学过“了解课文是怎么围绕一个意思把一段话写清楚的”的方法。但是作为身居内陆的孩子，他们对大海的认识非常片面单一，对于海底的了解更是知之甚少。故而在学习本课时，学生会产生强烈的好奇心和求知欲，所以在教学中，可以穿插一些关于海底的多媒体资料，帮助学生在感官上认识海底世界，为深入课文内容，探秘海底奠定基础。

《海底世界》是统编版三年级下册第七单元的第二篇教读课文，本单元以“奇妙的世界”为主题，需要落地的语文要素是“了解课文是从哪几个方面把事物写清楚的”。这是对三年级上册第六单元“借助关键语句理解一段话的意思”和本册第三单元“了解课文是怎么围绕一个意思把一段话写清楚的”这两个语文要素的进一步提升，是对学生理解能力和表达能力的进一步培养。

按照新课标学习任务群的设计思路，设计本课学习任务链。

任务一　读通顺课文，了解大意，提出疑难问题

初步学会默读，做到不出声，不指读；独立识字，借助字典、词典和生活积累，理解生词的意义；能联系上下文，理解词句的意思；学习略读，粗知文章大意。认读字词、理解“窃窃私语”，读好长句子，进而抓住文章的关键句。思考：海底是个怎样的世界？

任务二　梳理课文脉络，弄清描写海底世界的思路

初步了解海底的奇妙与美好，知道课文是从哪几个方面介绍海底世界的景

色奇异、物产丰富的——梳理作者写作思路，初步把握文章的主要内容，体会文章表达的思想感情。

任务三　精读课文中关于海底细节的描写，体会关键词语表情达意的作用，感受、欣赏大自然的奇妙与美好

品读课文，感受海底世界的奇妙，感受文章是怎么围绕一个意思把一段话写清楚的。学习圈点、批注等阅读方法。能对课文中不理解的地方提出疑问，乐于与他人讨论交流。能复述叙事性作品的大意，初步感受作品中生动的形象和优美的语言。

任务四　总结与提升

巩固字词，积累好词好句，书写练习。生字书写联系结合本单元语文园地当中的关于笔画多的字和笔画少的字的注意事项，在这里完成教学可以为后面的教学做铺垫。拓展阅读。保护大自然，保护海洋生态环境。

四、选择“教学评”一致性的策略方法（怎么教和教到什么程度）

在课前学习准备中，根据三年级学生自主探究意识增强、综合思维能力提高的特点，设计了通过布置 5 个层次化学习活动，达到整体学习的同时还能兼顾个性化学习的目标。让学生通过网络、书籍等多种途径对本课内容进行收集整理，以利于课堂教学的开展。

（一）默读和略读方法使用的指导策略

任务一：

在开始默读之前，确保你知道自己要读什么内容，并为自己设定一个清晰的阅读目标。这样可以帮助你保持专注并更好地理解和记忆所读内容。尝试使用一些默读技巧来提高理解和记忆效果。例如，使用手指或笔尖指向每个单词，以帮助你保持专注并防止漫不经心地读过。或者使用速度控制，逐渐加快你的默读速度，以提高阅读效率。

在略读课文之前，先快速浏览标题、副标题、引言、图片、图表、列表等内容，以获取整体的概念和结构。略读的关键是关注重要的信息和主题句，跳过次要的细节。注意段落开头和结尾，以及与主题相关的关键词和短语。

通过默读和略读方法来读字音，读通句子。思考：海底是个怎样的世界?认读字词、理解“窃窃私语”，独好长句子，进而抓住文章的关键句。

（二）初步把握文章的主要内容的指导策略

任务二：

了解课文是从哪几个方面介绍海底世界的景色奇异、物产丰富的？学生通过圈点勾画等方式，画出关键句总结，再结合板书复述文章内容。

任务三：

品读课文，感受海底世界的奇妙，感受文章是怎么围绕一个意思把一段话写清楚的。宁静部分是按照一定的顺序，声音部分是通过举例子。

（三）感受、欣赏大自然的奇妙与美好的指导策略

在精读部分，学生去找，去读，去悟，以读促悟。在朗读中引导学生自由交流阅读感受，同时联系生活去理解海底世界的宁静。在理解海底世界的声音上，抓住例子，引导学生练说，在这个过程中体会作者的写法。最后借助多媒体让学生感受，效果较好。最后一个任务是生字书写，生字书写联系并结合单元语文园地当中的关于笔画多的字和笔画少的字的注意事项，作为本单元的第一节课，在这里完成教学可以为后面的教学做铺垫。这也是大单元教学的体现。

在小组合作探究学习之前，个人的独立阅读和思考尤为重要，教师一定要给予学生足够的个人独立阅读和思考的时间。学生要做任务型学习：学生交流圈画出海参、梭子鱼、乌贼和章鱼、贝类等动物；交流海参的活动方法，抓住“伸缩爬行”，并联系生活思考伸缩爬行的动物；交流海参活动特点，抓住“慢”，并联系生活体会“慢”；要了解列数字的说明方法；还要学会迁移运用，总结梭子鱼的活动方法和特点；另外，通过指导朗读，比较体会“做免费的长途旅行”的表达效果。

（四）过程性评价

《海底世界》过程性评价记录单

序号	目标指向	学习活动要求	学习过程记录	自评	组评
1	有较强的独立识字能力，写字姿势正确，有良好书写习惯，力求美观，有一定的速度。	能独立、自主学习本课生字和词语。			
2	能与他人分享作品获得的有益启示，有意识地运用积累的词语进行口头或书面表达。在反复诵读中加深对文本内容的理解。	通过课堂观察、对话交流、小组分享等方式，收集语文学习过程的表现。			

针对《海底世界》这一课例，设计了学生学习活动过程性评价记录单（与

教学流程的具有一致性），设计思路主要遵循“教学评”一致性，记录和评价教学目标达成和核心素养养成的情况。

在新课程标准的学业要求中，有“发现作品中的优美词语、精彩句段，并根据需要进行摘录”的要求，以此为依据来研制学习任务单。任务单中，要解决的问题一定要明晰，并且小组活动分工要细致，如谁主持、谁记录、谁汇报等等。学习单要人手一份，记录好自己学习探究的思维过程，再进行小组的整合汇总，以小组为单位用数学的语言严谨地概括出规律，小组活动评价激励要及时准确到位。作为教师，我们要充分利用评价发现教学中存在的问题，根据评价结果及时调整教学进度和内容，改进教学策略。建立师生对话交流的沟通途径，共同解读和分析过程评价结果信息，提高评价结果的使用效率。本课设置的评价目标与教学目标具有一致性，教学和评价紧紧围绕学生学习这一中心展开，以过程评价纪实促进学生核心素养的发展。

（五）多层次作业设计

基于推行落实“双减”政策和“五项管理”的精神，为改变传统作业观念和模式，优化作业设计，提升作业质量，增强作业内容和形式的趣味性、综合性、多样性及层次性，使学生完成作业时更具主动性，通过创新优化作业设计，让作业不再是学生的负担而是提高能力的桥梁，真正让“双减”落到实处。

1. 基础作业内容：基础夯实，效度做加法

学习本课后，是否认识“窈”“私”等10个生字，是否能读准多音字“差”，会写“宁”“官”“推”“煤”4个字。

（作业设计意图：字词是语文的基础，引导学生用汉字的规律识字，初步认识多音字。积累词语，并感悟词语的搭配，培养自主识字、认字的能力。）

2. 提升作业内容：提升巩固，层次做加法

根据对海底世界的掌握，抄写你喜欢的好词、好句、好段。要求：字迹工整，语句通顺，表述完整，熟读并背诵。

（作业设计意图：摘抄是一种非常好的学习方法，它能增加语言积累，提高语感，把描写同类事物的语句分门别类地写下来，经常翻看，对语文的习作很有帮助。）

3. 综合作业内容：实践体验，难度做减法

结合古海底世界等相关内容，制作一张与海底世界有关的手抄报，内容丰富，图文并茂，色彩鲜明。让学生经历一次对海底的漫游，延伸课堂。

（作业设计意图：制作“手抄报”是一个锻炼学生自己动手能力的方式，可以锻炼收集知识的能力，培养分析和解决问题的能力以及提高审美能力。）

五、整合教学资源以及深度融合信息技术

可以先通过观摩国家智慧教育公共服务平台或一师一优课等平台教师的教学视频，钻研不同版本的教材，不同地区的优秀教师，尤其是北京上海等教育发达地区的老师，对于同一节课的授课方法，和对于重点问题的处理方式，来不断改进自己的教学设计，实现教学效果的更大提升。

教学《海底世界》这一课时，教师可先上网搜索，找到大量的关于本节的网络资源，把和教学内容有关的课件、微课等资源运用到教学中。教学中使用视频会让课堂教学活动变得活泼、生动，且富有启发性，可以从根本上改变传统单调的教学模式，从而活跃学生的思维。这样直观的教学方法，能帮助学生更好地理解海底世界。

教学中，根据“目标”和“对象”的特点，通过教学设计，合理选择和运用多媒体计算机辅助现代教学，并与传统教学手段有机组合，共同参与教学全过程，以多种媒体信息作用于学生，形成合理的教学过程结构，以图能达到最优化的教学效果。新课标要求学生在校的学习不再仅仅是掌握知识的活动，更重要的是学会如何获取知识和技能，而学生在一个相对完整的学习过程中，总要经历课前预习、认真听讲、独立思考、做好笔记、作业练习、复习巩固六个阶段，才能把相关的知识比较牢靠地掌握好。课堂上还可以为学生提供记录思维过程的学习任务单，促进学生自主学习。在课下巩固阶段，也可以选择、整合国家智慧教育公共服务平台里面的课后基础性作业的作业单。

（案例撰写者：王久义、王胜明、张瑞华、滕彦丽、张金萍、李馥、闻春雨、王海云、关秋悦）

案例 3.3

二年级下册《彩色的梦》核心素养导向的支架式教学设计研修纪实

齐齐哈尔市龙沙区江岸小学　语文组

李丹凤：

各位老师，大家好！

《义务教育语文课程标准（2022 年版）》较原 2011 版课标：凝练了四个方面的核心素养；将中华传统文化、革命文化、社会主义先进文化融入了语文课程，体现了语文课程的思想性；核心素养导向，将语文课程内容整合为六个学习任务群；增强了课程标准对教学的指导性；细化了学业水平考试的相关要求，让“教学评”一致性理念等 5 大核心变化更为鲜明。

对于语文教师而言，最为热门的话题莫过于落实“学习任务群”。新课标中对“学习任务群”的解释提到“注重整体规划，根据学段特征，突出不同学段学生核心素养发展的需求，体现连贯性和适应性”“综合考虑教材内容和学生情况，设计不同类型的学习任务，依托学习任务整合学习情境、学习内容和学习资源，安排连贯的语文实践活动”。这要求我们在备课时必须对学习内容进行分析、整合、重组和开发，形成具有明确的主题、目标、任务、情境、活动、评价等要素的一个结构化的教学形式。

为了适应新课改的要求，我们必须对备课这一重要教学环节进行再思考和再认识，改变传统的、陈旧的备课观念、方式和方法。

新课标颁布将近两年以来，我校注重引导教师更新教学理念，扎实推进课堂教学改革，努力构建素养导向的学科探究的课堂。

语文教研组依据课程标准的“内容要求”“学业要求”“教学提示”，围绕“明确着力培养的核心素养（为什么教）——确定切适教学目标（教什么）——设计学科探究的教学流程（怎么教）——选择‘教学评’一致性的策略方法（怎么教和教到什么程度）——整合教学资源以及深度融合信息技术”五个环节展开教学设计的研修。

参加此次备课的成员有王桂艳老师、李丹凤老师、唐俊老师、康延薇老师、魏佳老师和贾劲松老师。

王桂艳：

各位老师，大家好。

诚如李丹凤老师所说，2022年版《语文课程标准》的一个重要变化是增强了指导性。语文课程标准针对“学习内容”要求提出“教学提示”。我们将依据新课标要求，对二年级下册《彩色的梦》一课的教学设计和教学实施进行研修。

一、确定具体教学内容需要着力落实的学科核心素养

（一）明确学习内容所属“主题与载体”

《彩色的梦》是一首充满童真童趣的儿童诗，描写了小朋友用彩色铅笔在白纸上画画时的丰富想象，表现了儿童对大自然的赞美与向往。诗歌语言平易质朴，朗朗上口，句式简单，灵活多变。“大块的草坪，绿了；大朵的野花，红了；大片的天空，蓝了，蓝——得——透明！”句式结构相同，富有韵律。

课文插图有意采用儿童画风格，充满童真稚气，色彩明丽，意境优美，用儿童特有的语言，形象地再现了诗歌描述的彩色梦境：蓝天白云，绿草红花，拉着手的雪松，唱着歌的小鸟，苹果般的太阳，静谧的小屋，流动的溪水……在插图的右边竖着三支彩色铅笔，暗示这一切美好的画面都是彩色铅笔画出来的，对应诗句“我的彩色铅笔，是大森林的精灵”。课文插图有助于学生学习诗歌语言与鲜活画面的相互转化，有利于教学目标的达成。

从文化载体分类应属反映热爱生活、热爱美好事物的“社会主义先进文化”，需要落实培育“热爱生活”“追求美好”等文化自信方面的核心素养。

（二）确定内容组织与呈现形式以及所属学习任务群

《彩色的梦》一课是统编版二年级下册第四单元的第一课。本单元还有《枫树上的喜鹊》《沙滩上的童话》和《我是一只小虫子》四篇富有童心童趣，充满丰富的想象的课文。因而应把本单元归入发展型学习任务群的“文学阅读与创意表达”学习任务群，设计学习主题为“童心”。需要落实培育“感受美、发现美和运用语言文字表现美”的审美创造方面的核心素养。

本单元着力培育的语言运用的核心素养要素，包括主动识字写字、学习运用多种阅读方法和独立阅读等。本课“阅读与鉴赏”的训练重点是“展开想象，仿照课文相关段落把自己想画的内容写下来”，这是本单元训练的基础。需要

落实“语言运用”方面在阅读、交流等实践中，通过主动的积累、梳理形成良好语感，在具体语言环境中有效交流沟通的能力；落实“思维能力”方面有好奇心、求知欲，崇尚真知，勇于探索创新的品格，养成积极思考的习惯的核心素养。

此外，本课教学还要关注本单元提出的“默读课文”的要求，要注意低年段学生默读能力还处在学习、培养阶段的学情，不要拔高要求。要注意引导学生运用以往课文中习得的方法，在默读时逐步做到集中注意力，不出声，不动唇，不指读。教学设计还要兼顾第一学段的学生特点，设计活动化、游戏化的学习任务。

以上就是根据本课具体的教学内容确定的需要重点落实的学科核心素养。

二、确定素养导向的教学目标

对比 2011 版和 2022 版语文课程标准可以发现，正文字数由原来的 16000 字增加到 33000 字。其中，学习任务群的提出是语文课程内容的一大突破，是语文课程改革新的突破，是语文课程教学新的探索。它将静态的听说读写语文知识点学习转化为动态的语言实践过程，在综合性语文实践过程中提升学生的语言能力。其内容主要以学习任务群组织与呈现。

设计语文学习任务，要围绕特定学习主题，确定与其有内在逻辑关联的语文实践活动。因此，备课时要以生活为基础，以语文实践活动为主线，以学习主题为引领，以学习任务为载体，整合学习内容、情境、方法和资源等要素，设计语文学习任务群。

新课标也强调“教学评”一致性，切适的、素养导向的教学目标是课堂中学生的学、教师的教和对教与学的过程性评价的依据，教学目标的重要性不言而喻。确定教学目标就是解决“教什么”的问题！

如何依据课标确定切适的教学目标？我们可以在第一学段“文学阅读与创意表达”任务群和总目标中找到相关要求。

发展型学习任务群“文学阅读与创意表达”中涉及本课的“学段要求”这样表述：

诵读表现自然之美的短小诗文，感受大自然的美景与变化。学习儿歌、童话、阅读图画书，体会童真童趣，感受多姿多彩的生活，初步体验文学阅读的乐趣。

涉及本课的“总目标”要求：

积极观察、感知生活，发展联想和想象，激发创造潜能，丰富语言经验，培养语言直觉，提高语言表现力和创造力，提高形象思维能力。

能借助不同媒介表达自己的见闻和感受，学习发现美、表现美和创造美，形成健康的审美情趣。

我们需要把上述要求具体化为本节课的教学目标：

1. 学习独立识字，能主动识写本课生字，喜欢学习汉字。

2. 学习朗读，初步感受阅读的快乐，能边读边想象，感受想象的美好。

3. 能积极观察，基于生活经验的真实情境，展开想象，用文字表述出来。

唐俊：

三、语文学科实践的教学流程设计

根据新课标关于学习任务群的“教学提示”要求和以上的教学目标，我们设计了以下教学环节：

环节一，初读诗歌，自主识字。

环节二，美读诗歌，想象画面。

环节三，仿写诗歌，升华情感。

环节四，归类观察，自主书写。

环节一　初读诗歌，自主识字

学习活动 1：识写生字。

1. 孩子们，你们做过梦吗？说说你做的梦是什么样子的吧！

2. 同学们畅所欲言，分享自己梦的样子。

3. 小花也会做梦，它的梦是红红的，小树也会做梦，它的梦是绿绿的。鱼儿的梦是白白的，娃娃的梦是甜甜的。那彩色的梦又是什么样子呢？现在就让我们一起进入今天的学习吧。

请同学们和老师一起空书课题，大声朗读题目。

（1）仔细观察，为了写好“彩”“梦”，你有什么好建议？

（2）师生共同研学“彩”“梦”。

（3）学生归纳，教师提示书写要点。

①彩：左右结构，左边“采”的捺变点，避让右边的“彡”；“彡”的笔画是纵向平行排列，间距均匀，第一撇和第二撇起笔上下对齐，第三撇稍长。

②梦：上面的“林”写扁一点儿，下面“夕”起笔撇穿插在两个“木”的底部中间。

（4）学生独立练写。每个字认真描一遍，写一遍。提醒学生注意书写姿势，培养书写习惯。

（5）通过多媒体展评，请同学评价生字，打等级分数。指出学生易错、难写的笔画。

（6）修正练写。

学习活动 2：激发兴趣，读通读顺。

1. 请同学们拿出课前预习单，和小组同学交流分享你不懂的字和不明白的地方。

课前预习单内容：给生字注音、看拼音写词语、生字组词。概括课文主要内容通过课前预习单和小组学习、师生共学的方式，让学生充分发挥自主性，自主识字，体会识字的快乐。

2. 男女生合作朗读诗歌。

环节二　美读诗歌，想象画面

学习活动 1：

请同学们大声朗读第 1 小节。猜一猜：彩色铅笔躺在铅笔盒里会聊些什么呢?

通过设计想象说话：我是（　　）色的铅笔，我画了（　　）的（　　）。引导学生讨论、想象，体会铅笔快乐的情感。指导学生配上俏皮的表情朗读，轻读“聊天”，重读“跳蹦”，读出快乐。然后，师生配合朗读课文第 1 小节。

作者为什么又称这些彩色的铅笔是大森林的精灵呢？小组内先合作读一读，再互相说一说，然后集体交流想法。原来，这精灵脚尖滑过的地方，就出现了美丽的森林。

学习活动 2：

在学生汇报第 2 小节内容时，抓住草坪、野花、天空，感受这森林梦境里的美好。指导朗读，突出“大块、大朵、大片”和“绿、红、蓝”，读出画面之美，读好“蓝——得——透明”的停顿（范读）。“蓝得透明”是像蓝宝石那样晶莹透亮，像蓝色湖水那样清澈透明，太美妙了！学生自由朗读，找出表示动作的词。（同学找出“滑过”一词）学生交流反馈：一个“滑”字将彩色铅笔写活了，彩色铅笔好似一个轻盈的舞者，以曼妙的舞姿在白纸上跳跃。“脚尖”指的是彩色铅笔的笔尖。再仿照以上句式，说一说，“脚尖滑过的地方”还有什么场景？脚尖划过的地方什么样？如：（　　）稻田，黄了，（　　）白了（　　）红了，红得像火。脚尖还能划过哪些地方呢？请同学们小组交流并以小组为单位汇报交流的成果。为学生搭建支架，加强语言建构，培养学生的表达能力。

学习活动 3：

彩色铅笔还画了些什么？在学生汇报第 3 小节内容时，抓住“雪松、小鸟、烟囱、太阳”这 4 个词语进行想象。结合插图来理解词语“葱郁”“烟囱”。请一个学习小组的伙伴们手拉着手，通过想象画面来演一演雪松（同学们，站起来，伸出手，拉一拉，拉起手，请小鸟来唱歌吧。“拉”和“请”表现了雪松和小鸟之间的团结友爱）。想象小鸟唱歌的热闹的场景。读出它们的快乐。注意读好“又大——又红”。试着仿照第 2 小节中蓝得透明的读法。自己试着读一读吧，读出语言的节奏美、音律美。在葱郁的森林里，除了雪松，还会有什么？请学生仿照第 3 小节说一说自己的想象。

学习活动 4：

“我”的彩色铅笔还画了什么？引导学生汇报第 4 小节内容，抓住“水果香、季节风、叮咛”等词语，调动学生多种感官，使学生从嗅觉、听觉、视觉多方面感受到彩色铅笔所描绘的画面。

引导学生用“我的彩色梦境，有……有……还有……”的句式说一说自己的彩色梦境里有什么。

学习活动 5：

“我”的彩色铅笔画出了这么多美丽的梦，以师生配乐朗诵诗歌的形式带领学生再次走进诗歌，体验这奇妙的梦。

在这一部分的教学中，要注重引导学生自由想象画面，让学生在品词、练读的过程中，积累语言，发展思维，感受想象的奇特，体会大自然的美好。达成“学习朗读，初步感受阅读的快乐，能边读边想象画面，感受想象的美好”的教学目标。多次结合课文想象说话的训练，也为突破教学难点打下了基础。

环节三　仿写诗歌，升华情感

明确任务：你想用彩色铅笔画些什么？仿照第 2 小节或第 3 小节，把想画的内容用几句话写下来。这是本节课的教学难点，能力强的学生在刚刚进行的仿说基础上可以自主仿写。对于仿写有困难的学生，可以提供 4 幅图画：春天花园图、夏日荷花图、秋日果园丰收图、草原牛羊图。请他们看图进行仿写，降低了仿写难度。为学生搭建语言支架，突破教学难点，有助于不同层次学生完成学习任务，落实“乐于运用阅读和生活中学到的词语写想象中的事物”课程标准学段目标，培育学生思维创造和语言运用的核心素养。

通过小组评选，全班交流，展示学生优秀作品。实现“教学评”的一致性。

环节四　归类观察，自主书写

同学们观察写字表里的字，把字分为上下结构、左右结构和品字结构。根据之前教过的“彩”和“梦”，让学生归类观察字的间架结构，发现每一类字的特点。学生把这些字在田字格本上书写出来，写完之后要把自己写的字和例字相互对照，能够独立观察自主识字，最后结合生生互评的方式落实课标中对学生写字的要求。

康延薇：

【作业设计】

以落实“双减”政策为依据设计有趣又有料的作业，激发学生的学习兴趣。从作业的种类、数量、内容和难度上合理科学分层，增强学习的有效性。

【设计目标】

1. 完成基础作业，考查学生对本课识字写字、阅读与鉴赏目标的达成情况。

2. 通过拓展作业运用本课学习形成的，独立阅读拓展阅读材料，提高语言运用的关键能力。

【作业内容】

1. 大声朗读课文第 2、第 3 小节，想象梦里都有什么？

（设计意图：根据教学目标培养学生的朗读能力，以读促悟、以读促思、以读促写。知道要先有具体事物，再把事物描写具体和优美。让没有想法的孩子通过再次朗读感受诗歌的写作内容和手法。）

2. 感悟美妙的梦境

（1）导语：

小花爱做梦，梦是红红的世界；

小鱼爱做梦，梦是蓝蓝的大海；

小鸟爱做梦，梦是青翠的森林；

小朋友们爱做梦，梦是五彩缤纷的。

（2）让我也用彩色的笔在纸的周围画一画我的多彩的梦，再写一写我的梦吧！

我的梦里有：________、________、________……

我能把梦描述更清楚：

有________的山，有________的________，有________的________，有________的________，有的________……

（3）我是一个诗人，能把彩色的梦写成一首小诗：

________的地方，

________的________，________了；

________的________，________了；

________的________，________了；

______________________________了！

它们会在什么地方？会做些什么？我还能写得更具体。

在________________________，________________________，

________________________，________________________！

（设计意图：仿写作业为学生提供部分框架式的填写，从而把一首小诗完成。让学生了解诗歌的重复性及写作方式，有了这个框架就可以将想象落实在纸面。通过梦里有什么，用一些基础的简单词语来表达，再把词语写丰富，填写“的”字短语，从而熟悉“的”字短语的美妙。最后根据要求写语句，要把句子写具体写优美。这样阶梯式的写作方法加上先画后写，使学生感受到写作的乐趣，产生爱上写作的情感，有助于学生将来写作的发挥。）

3. 拓展阅读

（1）越读越优秀

假如

假如我有一支马良的神笔，
我要给窗前的小树画一个红红的太阳。
让小树在冬天也能快活地成长，
不会在寒冷的北风里缩着身子，
轻轻叹息。
假如我有一支马良的神笔，
我要给树上的小鸟
画许多好吃的谷粒。
鸟妈妈再也不用
到遥远的地方去寻食，让小鸟待在家里
苦苦等待，饿得哭泣。
假如我有一支马良的神笔，
我一定给不幸的朋友西西
画一双好腿，还他一个健康的身体。
他再也不会只坐在屋里
望着窗外的小树和飞燕，
而是和我们一起在操场上奔跑，
在草地上游戏。
假如我有一支马良的神笔……

推荐阅读：《神笔马良》

（2）作业评价：五星级评价

①书写正确、工整、美观。（满分 2 颗星）

②能正确流畅大声地朗读文章。（满分 1 颗星）

③想象丰富，表达完整。（满分 1 颗星）

④能用丰富的词语写诗文。（满分 1 颗星）

作业处理方式：师评和同伴互评相结合。

作业评价标准：满星为5星，我得到（　　）颗星。

（设计意图：《假如》这首诗歌与课文同样充满想象，又都与笔有关。当学生头脑中有梦想，有目标了再进行创作就会更容易。同时培养学生的道德品质，如关心他人、助人为乐、热爱大自然等。让学生在读他人作品时有新的思考，有新的感受。）

（3）总结语

一个爱诗的孩子，一定是一个童心十足，爱幻想，爱创造的孩子。自由选取自己喜爱的作品进行展示，可以是名家名篇，也可以是原创小诗。用饱含深情或活泼灵动的方式展现给大家。

魏佳：

四、“教学评”一致性策略和方法

下面由我就唐老师本节课的教学流程说一说具体的策略方法。

如何依据课标选择教学策略？阅读发展型学习任务群关于“文学阅读与创意表达”中涉及本课的学段要求是：

诵读表现自然之美的短小诗文，感受大自然的美景与变化。学习儿歌、童话，阅读图画书，体会童真童趣，感受多姿多彩的生活，初步体验文学阅读的乐趣。

能借助不同媒介表达自己的见闻和感受，学习发现美、表现美和创造美，形成健康的审美情趣。

要完成这个目标就要设计学生熟悉的生活情境，经历观察、感受自然，表达自己独特的体验与思考，进而尝试仿写的过程。而《彩色的梦》这节课就是要通过积极观察、感知生活，发展联想和想象，激发创造潜能，丰富语言经验，培养语言直觉，提高语言表现力和创造力，提高形象思维能力。我们采用的教学策略为：

（一）课前预习

语文预习是学习语文的基础，课前设计的预习单作为检查学生学习的工具，通过有目标的预习活动，使学生对自己的学习产生热情。通过完成预习单，学生可以对即将学习的内容有所了解，可以帮助学生提高学习效率，促进自主学习。

（二）情景体验，自主识字

从学生的梦出发，引导学生谈论各自的梦。引导他们发现每个人的梦不同，有奇怪的梦，也有可笑的梦，使教学更贴近生活实际，让学生对梦有初步的体验，为清除学生在后面的仿写中的畏难情绪做好铺垫。利用看图识字帮助学生理解“囱、郁”两个字，并通过组词进行巩固。通过熟字对比识字，既加深了对本课生字“坪”的认识，又巩固了之前所学过的字。

（三）合作探究，“教学评”一致

提高小组合作探究的时效性的前提是学生充分的独立的学习经历。也就是说，探究合作要经历自学、合作、展示的过程。针对本节课小组合作，组长组织讨论、分析用彩色铅笔画了什么，引导同学抓住每小节的关键词，如“脚尖”“滑过”等，然后汇总组内同学的观点、学习成果，并决定小组发言人，积极展示集体学习成果，最后提出小组疑难问题。

评价方面，教师对小组的整体评价，可以从以下几个方面考虑：小组合作的质量、小组合作的秩序、小组合作的效率、小组任务的履行和小组成果的汇报等。另外小组成员先组内自评、再组间他评等。实现“教学评”的一致性。

（四）情感升华，自主仿写，提高习作能力

总目标中指出，能借助不同媒介表达自己的见闻和感受，学习发现美、表现美和创造美，形成健康的审美情趣。因此，学生在学习活动中经历了自主识字、合作交流后，再结合课文想象说话的训练，为突破学习难点打下了基础。能力强的学生在进行仿说的基础上，就可以自主仿写。对于仿写有困难的学生，老师还提供了四幅图画，请他们看图进行仿写，降低了仿写难度。为学生搭建语言支架，突破教学难点。关注不同程度学生的情感体验，有助于学生完成学习任务。

贾劲松：

五、技术支持

教学《彩色的梦》这一课时，要充分利用好手中的教学资源：教科书、教师用书、课程标准、教学光盘等，充分备好课。

教师可以通过观摩国家智慧教育公共服务平台，或一师一优课等平台教师的教学视频，来不断改进自己的教学设计，更加全面、深入地学习教学内容，实现教学效果的更大提升。

课前制作课件环节，可在网络中进行搜索，找到大量的关于本节课的网络资源，按自己的设想制作或修改成我们需要的课件。

环节一中的学习活动1，学生要书写“彩”“梦”两个生字，环节四要书写本课其他的生字，在学生独立书写后，有学生互评展示，教师要为学生提供小组合作学习的星级评价表，以便学生操作展示。

环节一中的学习活动2，学生要初读课文，自主识字，了解诗歌大意。这里可以给学生提供预习单，来辅助学生自主预习、识字，初步感知课文内容。如果在教学设施发达的地区，还可以通过“问卷星”来考察学生的预习情况。

在环节二里，为了便于学生理解词语的意思，教师为学生提供了雪松和烟囱的图片，帮助学生观察、理解，表达和表演。

在第二环节的最后，要求学生配乐进行诗朗诵，体验奇妙的梦。那么就要为学生提供适合朗诵这首诗歌，并利于学生展开想象的配乐。帮助学生感受阅读的快乐，发展思维，感受想象的奇特，体会大自然的美好。达成“能用自己的话说出彩色铅笔画出的梦，体会诗歌表达的情感”的教学目标。

在环节三中，学生要根据第2小节或第3小节进行仿写。教师为仿写有困难的学生提供了四幅图画：春天花园图、夏日荷花图、秋日果园丰收图、草原牛羊图。这些图片都是在网上查找，反复筛选过的。让学生看图进行仿写，降低了仿写难度。为学生搭建语言支架，突破教学难点。培育学生思维创造和语言运用的核心素养。

在设计作业时，根据教学目标，查找相关的阅读资源《假如》和《神笔马良》，并制作作业单。

课上学生仿写了第2、第3小节，在作业中可以继续仿写。如果学生仿写有困难，可以让学生借助两个APP来完成任务。一个是“豆包”，一个是“光速写作”。如果学生没有创作思路，可以用豆包APP，它可以实现人和AI的互动对话。文字输入或语音输入要求后，就可以得到一篇由AI撰写的文章，也可以和自己写出的文章对照，看看自己的文章和“豆包”写的有哪些差距，借鉴修改。光速写作APP也可以达到这样的效果。二者的区别是：光速写作不能语音输入，但是光速写作有个更突出的功能，就是批改文章，包括文章的等级、错字、优缺点等，而且可以针对不足做出修改。

语文素养的提高必须要依靠大量阅读来实现。二年级的孩子识字量还相对有限，这也是他们阅读时会遇到的障碍，以往我们推荐学生和家长进行亲子共读。现在人工智能已经比较成熟了，对于低年级的学生，我们可以推荐学生使用绘本阅读机器人。里面有海量的资源，拿出一本纸质书，放在机器人面前，机器人就会识别封面，自动找到这本书的音频，随着学生的翻阅，朗读当前页面的文字内容，而且读得绘声绘色，这样，就能让家长解脱出来，还能达到学生边读边听边认字的效果。

还有各种点读笔，也是不错的选择，只要在点读笔中存储相关的点读包，就可以任意点读相对应的书籍，相比于绘本机器人，更容易操作。

人民智课网站上也有经典名著赏析课程，学生可以根据年级去选择课程，完成阅读。

中高年级的学生，常见字已经基本认全了，阅读的目的主要是拓宽知识面和体验感受，那么除了阅读纸质书外，听也是一个不错的选择。凯叔讲故事、蜻蜓 FM、喜马拉雅都是很方便实用的 APP。但是对于这些 APP 的使用，一定要在家长的监督之下，以免学生利用手机去做与学习无关的事情。

（案例撰写者：王桂艳、李丹凤、唐俊、康延薇、贾劲松、魏佳）

案例 3.4

四年级下册《黄继光》结构化、支架式教学设计

齐齐哈尔市铁锋区人民小学　语文组

一、大单元视角教材分析，明确着力培养的核心素养

《黄继光》一课属于统编教材小学语文四年级下册第七单元，是一篇由新闻报道改写的课文，展现的是抗美援朝战争中特级英雄黄继光以身堵枪眼的一往无前大无畏的英雄气概，因而应当归入“革命文化”的文化载体。《义务教育语文课程标准（2022 年版）》明确指出：革命文化“注重反映理想信念、爱国情怀、艰苦奋斗、无私奉献、顽强斗争和英勇无畏等革命传统”。本课着力培养的文化自信的核心素养是传承革命英雄“无私奉献、顽强斗争和英勇无畏等革命传统”。

当然，这类文章在教学时，由于课文内容离学生的生活久远，学生的生活经验和情感体验不足，教师在教学中具有很大难度，因此，教师一定要理顺课

文在教材中的编排特点。以本课为例，“从人物的语言、动作等描写中感受人物的品质”是本单元的语文要素，教学时，要让学生通过圈画、品味重点词语，以及有感情地朗读来聚焦语言与情感的交互点，使学生与文本产生共情，从而更好地体会英雄的伟大和无畏的精神，增强民族自豪感。

核心素养的四个方面是一个整体。语言是重要的交际工具和思维工具，语言发展的过程也是思维发展的过程，二者相互促进。语言文字及作品是重要的审美对象，语言学习与运用也是培养审美能力和提升审美品位的重要途径。语言文字既是文化的载体，又是文化的重要组成部分，学习语言文字的过程也是学生文化积淀与发展的过程。在语文课程中，学生的思维能力、审美创造、文化自信都以语言运用为基础，并在学生个体语言经验发展过程中得以实现。

可见，语言的构建与运用是语文核心素养的重要组成部分，也是语文素养整体结构的基础。下面，我们着重讨论在本单元语言运用素养表现的程度，兼顾其他核心素养表现。

《黄继光》一课所属学习任务群为“实用性阅读与交流”，新课标总体要求：

本学习任务群旨在引导学生在语文实践活动中，通过倾听、阅读、观察，获取、整合有价值的信息，根据具体交际情境和交流对象，清楚得体表达，有效传递信息，满足家庭生活、学校生活、社会生活交流沟通需要。

“实用性阅读与交流”任务群第二学段要求：

学习具体、清楚、生动地讲述有关老一辈无产阶级革命家和革命英雄、劳动模范、科学家的事迹，以及反映中华传统美德的故事。

基于以上分析，确定了本课着力培养的语言运用核心素养：

1. 识字写字能力：独立识字写字，主动积累、梳理基本的语言材料和语言经验，逐步形成良好的语感，初步领悟语言文字运用规律。学习使用常用的语文工具书，运用多种媒介学习语文。

2. 阅读与鉴赏能力：学习运用多种阅读方法，逐步形成独立阅读的能力。

3. 表达与交流能力：学习倾听与表达，初步学习用口头语言文明地进行人际沟通和社会交往。

二、以核心素养为导向，依据课程标准，确定教学目标

《黄继光》是一篇教读课文，讲述的是 20 世纪 50 年代抗美援朝战争特

级英雄黄继光的事迹。1952 年 10 月，在上甘岭战役中，为夺下被敌人占领的597.9 高地，黄继光冒着枪林弹雨去执行爆破任务，他将生死置之度外，用自己的胸膛堵住敌人的枪口，为夺取战斗胜利牺牲了年轻的生命。根据核心素养应当达成表现程度的导向，本课学习的任务：通过过程、情节、动作、语言描写，充分了解黄继光视死如归的英雄气概。阅读课文时要从整体入手，抓住描写黄继光的关键语言、动作的语句，与作者、文本、老师和同学对话，感受黄继光的英雄气概，最后具体、清楚、生动地把黄继光的英雄事迹讲述出来。

本课教学目标的确定涉及课程目标中的第二学段的具体目标。我们从课程标准中“课程目标”的“学段目标”中选择本课教学目标。

【学段目标】

（一）识字与写字

对学习汉字有浓厚的兴趣，养成主动识字的习惯。写字姿势正确，熟练书写正楷字，做到规范、端正、整洁。

（二）阅读与鉴赏

1. 用普通话正确、流利、有感情地朗读课文。初步学会默读，做到不出声，不指读。学习略读，粗知文章大意。

2. 能联系上下文，理解词句的意思，体会课文中关键词句表达情意的作用。能借助字典、词典和生活积累，理解生词的意义。

3. 能初步把握文章的主要内容，体会文章表达的思想感情。学习圈点、批注等阅读方法。能对课文中不理解的地方提出疑问，乐于与他人讨论交流。

4. 能复述叙事性作品的大意，初步感受作品中生动的形象和优美的语言，关心作品中人物的命运和喜怒哀乐，与他人交流自己的阅读感受。

（三）表达与交流

讲述故事力求具体生动。能主动参与日常生活中的文化活动，根据不同的场合，尝试运用合适的音量和语气与他人交流。

【学业质量标准】

学业质量标准中，对第二学段是这样要求的：能借助汉语拼音、工具书，在阅读中主动识字；能根据具体语境辨析多音多义字的读音和字义，辨识、纠正常见的错别字。

能结合关键词句解释作品中人物的行为，从某个角度分析和评价人物；能复述读过的故事，概括文本内容，根据自己的阅读理解提出问题并与他人交流。

学习活动可以采用朗读、复述、表演、讲故事、情景对话等学生喜闻乐见的形式，将识字、写字、阅读、口语交际等融为一体；应加强对跨媒介阅读与交流的指导，充分利用数字资源和信息化平台，引导学生提高语言理解与运用能力，逐步增强语言表达的准确性、规范性。

【教学目标】

根据“实用性阅读与交流”任务群的总要求，以及第二学段具体要求，以注重独立阅读能力提高为着眼点，确定本课教学目标如下：

1. 对学习本课汉字有浓厚的兴趣，努力养成主动识字的习惯。写好本课生字，养成良好的书写习惯。

2. 用普通话正确、流利、有感情地朗读课文。能运用默读、略读等方式，粗知文章大意，梳理文章脉络。

3. 能联系上下文，理解词句的意思，体会课文中关键词句表达情意的作用，从中感受黄继光的英勇顽强、视死如归的英雄品质。能借助字典、词典和生活积累，理解生词的意义。

4. 能初步把握文章的主要内容，体会文章表达的思想感情。学习圈点、批注等阅读方法。能对课文中不理解的地方提出疑问，乐于与他人讨论交流。

5. 能从黄继光的英雄事迹中初步感受作品中黄继光英雄的形象和优美的语言，关心作品中人物的命运和喜怒哀乐，与他人交流自己的阅读感受。本节课的教学重点是：能联系上下文，理解词句的意思，体会课文中关键词句表达情意的作用。从中感受黄继光英勇顽强、视死如归的英雄品质。本节课的教学难点是：能从黄继光的英雄事迹中初步感受作品中黄继光英雄的形象和优美的语言，关心作品中人物的命运和喜怒哀乐，与他人交流自己的阅读感受。

三、以教学目标为引领，制订语文学科实践的教学流程

《黄继光》这篇课文，现为“教读课文”，在旧版本的教材中，本课曾设置为“自读课文”，因此在本课教学中，教师更应该着眼于学生“独立阅读”能力的培养。

没有一个符合认识论和学习规律的学习路径（教学流程），无论用怎样的

教学模式都不会是有效的、高效的课堂教学，只能事倍功半。违背阅读规律和阅读方法的教学不会是有效、高效的阅读教学，我们只有从培养学生独立阅读能力这个根本目标出发，返璞归真，从引导学生读好一篇陌生文章的方法和过程入手，通过初读、再读和精读（体验感悟）等若干次的阅读，逐步达成“会独立阅读，善于独立思考，注重情感，具有感受和理解的能力和丰富的精神世界”的核心素养目标。

关于阅读，茅盾先生曾提出过“三遍”读法。

第一遍：粗读

对一本新书，先大略地读一遍。粗读、全读、快读是第一遍的特点。

粗读时，对书中不认识的字、不理解的句子、不明白的文章段落，先不去仔细推敲和研究，只是简略的做个记号，等以后再处理。

全读，是把整个文章全部读完，让大脑留下个初步印象。

快读，就是迅速把整篇文章读完。

第二遍：精读

在粗读之后，大脑中对文章主要内容已具有初步印象。在此基础上，再做精读。慢读、细读、深读是精读的主要特点。

慢读，就是要放慢读书的速度。

细读，就是对每个字要读准，每个词要理解，每句话要知其意。对存留疑点的地方，要通过查阅参考资料、找工具书或向他人请教等方式来彻底解决问题。就像老牛“反刍”那样，一点一点地慢慢咀嚼，细细品味。

深读，就是要深入到文章里面去，把文章的层次、结构、字里行间蕴含的意思、各部分之间的关系、写作特点、时代背景、作者的写作思路和写作手法等都读透。理解文章强调什么、反对什么、赞扬什么。

第三遍：消化

在粗读和精读的基础上，弄通整个作品的意思，反复琢磨，仔细推敲，边读边思索。对书中的语法用词，细细品味，消化理解。对书中的精辟之处，要能够牢记并把握，为自己所用。

第三遍是消化阅读内容的过程，是从“情感上感动”升华到“理智上感动”的过程。茅盾在读列夫托尔斯泰的《战争与和平》时，读了两三遍还觉得没有看透，直到看了五六遍。他认为只有这样看作品，才能看出作品好在什么地方，想到作者为什么要这样写，作品中的典型人物又是怎样形象的表现出来的，陪衬人物又是怎样不可缺少等等。

除此之外，还要学会识别书中的不足之处，能够提出自己的看法和见解，以激发自己思考想象的创造性，学用结合，增强自己对问题的思考、分析、观察、判断和解决问题的能力。

我们在阅读教学中也要做到返璞归真，针对学生的实际情况以茅盾先生“三遍”读法为参考，创建初读、精读、体验感悟为环节的三遍读书体系，制订本节课的教学流程。

（一）初读

粗读、全读、快读。扫清字词，读通读顺。初步把握文章内容，大概体会作者思想感情。

（二）精读

慢读、细读、深读。（略读、浏览）联系上下文和自己的积累，推想课文中有关词语的意思，了解事情梗概和表达顺序，初步感受作品生动的人物形象和优美的语言。

（三）体验感悟

复述课文大意，初步感受作品中生动的形象和优美的语言，体会作者的思想感情。弄通整个作品的意思，反复琢磨，仔细推敲文中精辟之处，边读边思索。对书中的语法用词，细细品味，消化理解，对文章有心得、有看法，从中获得对自然、社会、人生有益的启示，和他人探讨交流。

（四）写字、总结与拓展

巩固字词；规范写字；丰富积累；总结交流；拓展延伸。

对于《黄继光》这一课，结合前文中确定的教学目标，我设计了以下四个教学环节。

环节一　初读全文，扫清字词，了解大意，激发阅读兴趣

在初读环节，将文章读通读顺，初步把握文章内容，大致体会作者思想情感。

1. 扫清字词：在预习与初读环节时能够掌握及标注生字词发音（可借助字典等工具书）。

2. 读通读顺：能够做到在初读时流畅阅读，朗读时发音标准。

3. 初步把握文章内容：学生通过课前预习，了解抗美援朝的故事背景（预习上甘岭战役），并在初读完成后了解文章大致内容。

4. 圈读圈画：能主动圈画文中不够明晰、有疑义的字词，为后续再读、精读做准备。

环节二　再读全文，理解语句，梳理结构，感受语言，感悟英雄品质

能够通过联系上下文、结合生活经验、运用工具书等方式，理解课文中有关词语的意思，了解故事梗概和表达顺序，感受作品中人物形象及生动、准确的语言，并从中体会英雄人物品质。

1. 理解语句：在默读中圈画出人物语言描写、动作描写的词句，结合上下文语境，理解词义、句义，做简单批注。

2. 了解故事梗概与表达顺序：知道文章写作顺序与行文思路，能补充完成课文思维导图。

3. 体会英雄品质：能够抓住人物语言、动作描写等关键字词，提取关键信息，进行分析，感悟主人公的英雄品质。

环节三　精读课文，消化理解，升华情感，讲述黄继光的故事

在感受作品中生动、形象的语言后，小组讨论交流，进而体会文章思想感情，能够复述课文主要故事情节，并从讲述英雄人物故事中获得启发与振奋，激发爱国主义情怀。

1. 体会思想情感：深入理解，在小组交流讨论中能够体会黄继光英勇无畏、不怕牺牲、视死如归的爱国主义情怀与高尚品质。

2. 讲英雄故事：能够结合板书或思维导图，按一定顺序，完整且带有情感地讲述黄继光的英雄故事，并分享自己的阅读感受。

环节四　总结拓展、积累提升

本环节巩固字词，规范书写，丰富学生的文学积累。最后总结交流本课所学内容，布置相应拓展类作业：召开英雄人物分享会。

1. 积累字词：本课出现的生字词能够书写规范，积累词义。

2. 拓展作业：积累英雄人物相应素材，在英雄分享会上能够清晰完整地分享自己积累的英雄故事。

四、针对本课教学流程，设置有效的教学策略

（一）初读阶段的策略方法

学生初读课文时，可用自己喜欢的方式读，可以大声朗读，也可以默读。我们要对学生提出要求：如读准字音，看准字形，读顺句子，读通文意，遇到不懂的词语，可以通过联系上下文、联系生活实际、查阅字典词典等工具书的方法解决。学生通过初读，扫清字音、字形、字义方面的障碍，对课文有初步印象，进一步深入把握文章的内涵。在初读的过程中还要教会学生“问读”，即提出疑惑，学生如果不生疑，就难以培养学生的创新思维。遇到读不懂或有质疑的词语、句子就大胆提出来，做好批注。读后先尝试自主解决，解决不了就拿到课堂上共同解决。

字词通关卡片（预习和初读阶段完成）

生字通关						
生字	音节	部首	笔画	字义	组词	备注
役	yì	彳	7画	战事	战役、兵役	
屡						
启						
摧						
雹						
晕						多音字
膛						
射						
弹						多音字
荣						
爆						
炸						

词语通关	
生词	词语理解
1.突击	
2.启明星	
3.摧毁	
4.匍匐	
5.喷射	
6.火舌	
7.惊天动地	
8.艰巨	

预习阶段学生搜集抗美援朝战争相关的文字、图片、视频资料，课堂上交流汇报，教师视情况确定是否总结发言。

结合时代背景，了解文章大概内容。如：本文的主人公是谁？（黄继光）本文讲述了一件什么事？（讲述了志愿军战士黄继光为了战斗的胜利不顾自身安危，用自己的胸膛堵住了敌人的枪口而壮烈牺牲的英雄事迹。）本文的写作顺序是？（按照事情发展的顺序。）

（二）再读阶段的策略方法

学生需了解课文梗概、梳理情节、深入分析关键语句，感受作品的语言魅力，体会人物品质。

在这一部分的教学中，“读”是重点。

首先通过自读，了解故事梗概及表达顺序，补充完成课文思维导图，在初读的基础上，对课文内容进一步加深了解。

然后通过默读或略读，圈画出描写人物语言和动作的词句，做简单批注。

接着进行交流读，通过生生交流、师生交流，对语言描写和动作描写的片断加深理解，完成学习任务单。

学习任务单

	相关语句	英雄气概
动作		
语言		

最后汇报朗读，感受语言文字带来的画面感，通过声音输出与呈现，进一步感悟英雄品质。并完善思维导图。

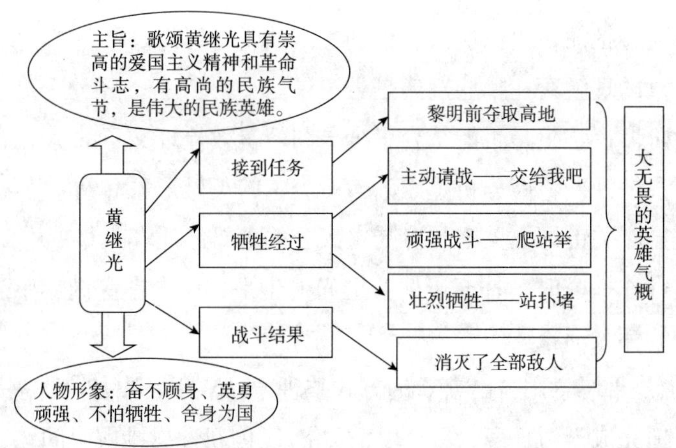

（三）升华情感，精读课文阶段的教学策略

学生通过多层次阅读，已能感悟文章主题。此时就可以以学习小组为单位，组长组织组员对课文内容进行再一次研讨、交流，体会黄继光英勇无畏、不怕牺牲、视死如归的爱国主义情怀与高尚品质，并结合思维导图，有条理地讲述黄继光的故事。

教师在这一环节中，也可以依据学生课前搜集资料情况，再出示一些与黄继光有关的资料，加深学生对人物形象的理解。学生在复述课文内容时如果情感表达不够到位，教师需做适当的点拨指导。

（四）总结与拓展的教学策略

指导学生用正楷字规范书写本节课生字词，对于易错字“爆”“摧”“屡”，可以让学生汇报记忆窍门。多音字“晕”“弹”可让学生设计“一句双音字”的题型来练习，调动学习积极性。

为学生开展“英雄人物分享会”搭建框架，分析筛选资料的方法，确定有效资料和无效资料，协商汇报模式，建议打破常规，鼓励创新。

（五）过程性评价单研制（可采用赋分制或 ABC 等级制评价方法）

学生具体表现：

1. 学生在预习和初读阶段，是否圈画了生字生词，通过查找工具书进行了有效突破。

2. 基础知识是否初步整理归纳。

3. 是否了解了时代背景，感知了文章的内容。

4. 是否通过批注，更深层次认识到文章的主题思想。

5. 对文章的理解存在哪些疑惑是否记录。

6. 再读阶段，学生是否能结合思维导图，有效梳理文章的脉络结构。

7. 是否了解梗概，能分析重点语句所表达的英雄形象和情感熏陶。

8. 通过揣摩关键词、关键句感受主人公的英雄品质和人格魅力。

9. 小组合作探究时，补充了解黄继光的生平，结合本课内容感受黄继光作为特级英雄的伟大形象。

10. 学生是否愿意用自己喜欢的方式整理学习成果，参加集体展示活动。

能较好地完成学习任务，深入思考探究，以创新性思维解决问题，掌握知识。

主动拓展延伸，夯实基础。这也是对学生的评价依据。综上所述，特制作以下表单。

《黄继光》过程性学习评价记录单

序号	学生表现	教师评价	同学评价	自我评价	改进之处
1	预习阶段，认真查找课文相关资料，并自主识记生字词。				
2	初读课文阶段，扫清字词障碍。大声、有感情朗读课文，粗知文章大意。				
3	能联系上下文，理解词句的意思，体会课文中关键词句表达情意的作用。				
4	自读课文，梳理文章脉络，完成思维导图。				
5	通过勾画、批注等方式，找到语言描写及动作描写的相关语句，并从中感悟人物英雄品质。				
6	依据思维导图，有条理、有感情地复述故事内容。				
7	有团队合作意识，有参与意识，能积极参与“汇报交流”活动。				
8	综合评价				
评价结果：					

五、多种信息技术手段，提高课堂教学效果

（一）平台程序的支持

充分利用国家中小学智慧教育平台中的优质资源备课，也可利用小学语文云平台程序获取课程相关资料。

国家中小学智慧教育平台是教学信息化、可视化的资源互动平台。平台汇聚教学课例、视频课程、学习任务单、课后习题等多种类型，教师可根据需求自主选用，并借助智慧中小学 APP 进行资源推送、分享。在这个平台上，我们可以找到黄继光的电影、电视剧等影视作品，也可以找到黄继光课文范读，示范课课件。

首先，教师可以参考示范课资源，学习先进教学方法与策略，在达成本节课教学目标的基础上，整理并下载所需课程资源。还可以借助智慧中小学 APP 组建的跨区域、跨学校的教师群体，将线下教研转向网络教研，向同科、同课程进度的教师进行请教，与其研讨，让自己的思维体系更加丰满。

《黄继光》一课的学习内容主要是了解红色故事，学习英雄模范。主题活动定位为：赓续红色基因的使命传承。对于四年级学生来说，抗美援朝时期的英雄人物距离他们比较遥远，因此对课文背景的了解都要依赖于视频和图片。平台的资源正好弥补了这一短缺。课前，可以通过观看平台的教学资源分析教学视频中的优缺点，对原有教学方式、教学目标、教学评价、教学活动进行调整，由讲授式学习转向任务式学习；基于教学设计，借助智慧中小学 APP 为学生提供相关材料，组织学生围绕“预习任务单”开展课前预习，并组织学生在智慧中小学 APP 师生群提交预习任务单，根据学生预习情况，对教学起点进行调整，引导学生联系课文相关内容。还可以通过学生提交的预习任务单，了解学生学习的难点和问题所在，着手创设教学情境，为上课做准备。

课中，借助平台的教学视频、任务单等资源，组织学生围绕本课时任务以小组合作方式探究、讨论，并邀请学生展示探究成果；根据各小组学生学习情况，发现学生理解的困难，并针对难以理解的内容进行讲授、提问，助力学生突破学习疑难；完成探究任务后，最后将平台中的习题资源改编成闯关游戏，开展随堂测试，助力学生巩固学习内容。

课后，借助智慧中小学 APP 推送作业资源，开展课后练习，发现部分学生未完全掌握的内容后，再次推送相关视频片段供学生自主学习。教师也可以给学生们推荐相关的视频，让学生自主学习并实践。在平台上还有课后服务板块，可以根据需要留作课后拓展内容。

国家中小学智慧教育平台提供并拓展了优质资源和教学空间，也支持线下教育数字化背景下的教学创新应用，重塑教学流程，实现线上线下，课前、课中、课后的衔接与统一。

（二）开展“英雄人物分享会”活动

讲述志愿军战士的英勇事迹，需要师生协作，小组协作，集思广益，汇集资料。例如李元兴的《我的战友邱少云》、魏巍的《谁是最可爱的人》，也都是高度赞扬志愿军战士英勇无畏的经典文章。也可播放视频资料《跨过鸭绿江》《长津湖》《上甘岭》等，引导学生交流心得体会，积极发言，畅谈收获，激发学生的爱国情感。帮助学生建立起对中国人民志愿军的敬佩之情。他们都在国家最需要他们的时候，挺身而出，用自己的方式来爱国，实现了生命的价值。

（三）希沃白板的课中应用

课堂教学模式的转变，也促使教学软件的更替。在课堂教学中，交互作用在替代传统的示范作用。希沃白板的任意拖拽功能、标注功能、扩大镜功能等，都带给学生生动的学习体验。由教师手机控制的翻页、传图、实时视频等功用，也积极调动了孩子们参与的积极性。

（四）微信小程序的使用

课前预习的小 APP 有很多，“出品成章”“班级小管家”“班小二”等，都可以作为学生课前预习使用的工具，并自动形成相应成绩。为教师检查学生课前预习情况提供参考。

（案例撰写者：高琦、王秀丽、孙航、李贺、陈复）

第四章　初中语文学科结构化、支架式教学设计案例

案例 4.1

基于课程标准“教学评”一致性的支架式集体备课纪实

——人教版七年级上册第四单元 13 课《植树的牧羊人》

齐齐哈尔市龙江县头站镇中心学校中学　语文组

李显卓：新课标的颁布实施标志着新课程改革的深化进入到一个新的阶段。随着义务教育全面普及，教育需求从“有学上”转向“上好学”，必须进一步明确“培养什么人、怎样培养人、为谁培养人”，优化学校育人蓝图。当今世界科技进步日新月异，网络新媒体迅速普及，人们生活、学习、工作方式不断改变，儿童青少年成长环境深刻变化，人才培养面临新挑战。义务教育课程必须与时俱进，进行修订完善。下面我们依据新课标进行《植树的牧羊人》一课的集体备课。

第一部分　解读课标

2022 年新的语文课程标准相较于 2011 年版有了新理念和许多新要求。这些新理念新要求包括：

一、立足学生核心素养发展，充分发挥语文课程育人功能

1. 义务教育语文课程围绕立德树人根本任务，充分发挥其独特的育人功能和奠基作用，凝练了语文课程着力培养的核心素养：文化自信、语言运用、思维能力、审美创造。以促进学生核心素养发展为目的。

2. 把四个核心素养细化为九条课程总目标。例如在总目标中把“语言运用”细化为：

第 4 条　认识和书写常用汉字，学会汉语拼音，能说普通话。主动积累、梳理基本的语言材料和语言经验，逐步形成良好的语感，初步领悟语言文字运用规律。学会使用常用的语文工具书，运用多种媒介学习语文，初步掌握基本的语文学习方法，养成良好的学习习惯。

第 5 条　学会运用多种阅读方法，具有独立阅读能力。能阅读日常的书报杂志，初步鉴赏文学作品，能借助工具书阅读浅易文言文。学会倾听与表达，初步学会用口头语言文明地进行人际沟通和社会交往。能根据需要，用书面语言具体明确、文从字顺地表达自己的见闻、体验和想法。

3. 再以识字与写字、阅读与鉴赏、表达与交流、梳理与探究等语文实践活动为主线，综合构建素养型课程目标体系；面向全体学生，突出基础性，使学生初步学会运用国家通用语言文字进行交流沟通，吸收古今中外优秀文化成果，提升思想文化修养，建立文化自信，德智体美劳得到全面发展。

二、构建语文学习任务群，注重课程的阶段性与发展性

义务教育语文课程结构遵循学生身心发展规律和核心素养形成的内在逻辑，以生活为基础，以语文实践活动为主线，以学习主题为引领，以学习任务为载体，整合学习内容、情境、方法和资源等要素，设计语文学习任务群。

三、突出课程内容的时代性和典范性，加强课程内容整合

义务教育语文课程突出内容的时代性，充分吸收语言、文学研究新成果，关注数字时代语言生活的新发展，体现学习资源的新变化。强调内容的典范性，精选文质兼美的作品，重视对学生思想情感的熏陶感染作用，重视价值取向，突出社会主义先进文化、革命文化、中华优秀传统文化。注重课程内容与生活、与其他学科的联系，注重听说读写的整合，促进知识与能力、过程与方法、情感态度与价值观的整体发展。

四、增强课程标准的指导

针对学段学习任务群的“学习内容”（包含学习要求和学业质量）给出“教学提示”，注重实现“教学评”一致性，不仅明确了“为什么教”“教什么”“教到什么程度”，而且强化了“怎么教”的具体指导，做到好用、管用。

五、增强课程实施的情境性和实践性，促进学习方式变革

义务教育语文课程实施从学生语文生活实际出发，创设丰富多样的学习情

境，设计富有挑战性的学习任务，激发学生的好奇心、想象力、求知欲，促进学生自主、合作、探究学习；引导学生注重积累，勤于思考，乐于实践，勇于探索，养成良好的学习习惯；关注个体差异和不同的学习需求，鼓励自主阅读、自由表达；倡导少做题、多读书、好读书、读好书、读整本书，注重阅读引导，培养读书兴趣，提高读书品位；充分发挥现代信息技术的支持作用，拓展语文学习空间，提高语文学习能力。

第二部分　开展语文素养导向“教学评”一致性教学设计

从 2023 年 5 月起，我校开展了“素养导向‘教学评’一致性教学设计”的研修活动。我们按照系统论的思想，把教学设计看作一个系统，以整体实现教学的“为什么教”“教什么？”“怎么教？”“教到什么程度？”的功能划分子系统。可以将教学设计分为“教材分析，明确着力培养的核心素养”“确定素养导向的教学目标”“设计学科探究的教学流程”“选择有效的策略方法”“整合教学资源和信息技术支持”五个子系统，并将其流程化。按照“教材分析，确定着力培养的核心素养”——“确定素养导向的教学目标”——“设计学科探究的教学流程”——“选择有效的策略方法”——“整合教学资源和信息技术支持”五环节的教学设计，严格依据课标、“教学评”一致性、结构性的原则进行教学设计，取得了很好的成绩。

今天我们语文组将依据课程标准相关学习任务群的“学习内容”要求、学段课程目标和“教学提示”，围绕“明确着力培养的核心素养（为什么教）——确定切适的教学目标（教什么）——设计语文学科探究的教学流程（怎么教）——选择‘教学评’一致性的策略方法（怎么教和教到什么程度）——整合教学资源以及深度融合信息技术”五个环节展开《植树的牧羊人》一课的教学设计的研修。

一、“为什么教”——明确着力培养的核心素养

王成丽：核心素养是学生通过课程学习逐步形成的正确世界观价值观、必备品格和关键能力，是课程育人价值的集中体现。义务教育语文课程培养的核心素养，是学生在积极的语文实践活动中积累、建构并在真实的语言运用情境中表现出来的，是文化自信和语言运用、思维能力、审美创造的综合体现。核心素养的四个方面是一个整体。在语文课程中，学生的思维能力、审美创造、

文化自信都以语言运用为基础，并在学生个体语言经验发展过程中得以实现。

刘兴佳:

（一）教材分析

1. 明确学习内容所属“主题与载体”

《植树的牧羊人》是一篇著名的绘本故事，作者是20世纪法国作家让·乔诺。课文讲述了一个在贫瘠荒原几十年坚持孤独种树的牧羊人，将荒芜高原变成绿树葱茏、溪水潺潺，能够舒适生活的幸福之地的故事，属于反映世界文明优秀成果的外国文学名著，可以培育“社会主义先进文化”中“无私大爱、奉献精神”“非凡毅力、坚定信念”“劳动创造美好生活”等文化自信方面的核心素养。

2. 确定课文所属“学习任务群和主题”

《植树的牧羊人》一课是七年级上册语文第四单元第二课。本单元定位的人文主题是“人生之舟”，包括《纪念白求恩》《植树的牧羊人》《走一步，再走一步》《诫子书》四篇引人思考、促进精神成长的课文，从不同方面诠释了人生的意义和价值，有对人物美好品行的礼赞，有对人生经验的总结和思考，还有关于修身养德的谆谆教诲，彰显理想光辉和人格力量。提高默读速度是本单元的训练重点，每分钟不少于500字。因此把本课归为发展型学习任务群的“文学阅读与创意表达”，设计学习主题为“理想信念和奋斗精神”。培养“文化自信”，学习、实践“无私大爱、奉献精神”“非凡毅力、坚定信念”“劳动创造美好生活”的精神；落实“文学阅读与创意表达”任务群：在主题情境中，开展文学阅读与创意表达活动，引导学生表达自己的独特感受，促进学生的精神成长。鼓励学生在口头交流时运用多样的形式呈现作品，引导学生成为主动的阅读者、积极的分享者和有创意的表达者。学会运用多种阅读方法，具有独立阅读能力。

李洪英:

（二）学情分析

《植树的牧羊人》是七年级上册第四单元的一篇文章。学生已有一定的基础知识储备，能阅读浅显的记叙文，掌握基本的写作方法，形成一定的学习能力和学习方法。这个年龄的学生对学习、生活、自然现象、生态保护等充满强烈的好奇心。这些为学习理解文章奠定了基础。

（从独立阅读能力、对课文的分析能力、对人生社会感悟的能力分析学生）

由于生活地域和人文环境等方面原因，从农村孩子的知识、能力、方法，价值观等核心素养来分析：在基础知识上比较夯实，但在语言表达与运用、阅读方法，合作探究、思维能力、审美创造，生活体验与写作能力等方面都有一定的不足与缺憾。

因此，在本节课教学中应充分创设活动主题和学习情境，以学生为主体，给予学生充足的语言交流时间与空间；教给学生阅读文本的方法与技巧；指导合作探究的学习方法，鼓励有个性有创意的阅读。积极通过各种媒介拓宽阅读面，调动学生的生活体验，发现生活中的美，并引导学生深入理解主题和树立正确的价值观。

二、“教什么”——确定本课切适的教学目标

贾静：本课教学要特别关注“语言实践”的核心素养中关键能力“独立阅读能力”的形成和发展。阅读课标中“文学阅读与创意表达”的说明：

本学习任务群旨在引导学生在语文实践活动中，通过整体感知、联想想象，感受文学语言和形象的独特魅力，获得个性化的审美体验；了解文学作品的基本特点，欣赏和评价语言文字作品，提高审美品位；观察、感受自然与社会。

“文学阅读与创意表达”的“学习内容”：

（1）阅读优秀文学作品，感悟模范人物的理想信念和奋斗精神，运用多种方式交流自己的阅读感受。

（2）阅读表现人与自然的优秀文学作品，体会作者通过语言和形象构建的艺术世界，借鉴其中的写作手法，表达自己对自然的观察和思考，抒发自己的情感。

第四学段的学业质量标准要求学生能够“在阅读过程中能把握主要内容，并通过朗读、概括、讲述等方式，表达对作品的理解；能理清行文思路；能从多角度揣摩、品味经典作品中的重要词句和富有表现力的语言，通过圈点、批注等多种方法呈现对作品中语言、形象、情感、主题的理解。能通过对阅读过程的梳理、反思，总结不同类型文学作品的阅读经验和方法”。

依据语文课程标准中总目标中第 5 条“学会运用多种阅读方法，具有独立阅读能力”，再根据第四学段“阅读与鉴赏”目标中 2、3、4、8 条以及“梳

理与探究”的具体要求，确定本课教学目标：

1. 默读课文，默读时要有一定的速度，在通读课文的基础上，理清思路，理解、分析课文，对课文的内容和表达有自己的心得，能提出自己的看法，并能与他人合作，共同探讨、分析、解决疑难问题。（语言运用）

2. 欣赏课文，了解常用的修辞手法，体会它们在课文中的表达效果，品味作品中富于表现力的语言。（语言运用、审美创造）

3. 运用略读和浏览的方式了解牧羊人的人物形象，并能说出自己的感悟，感受人物精神和人格魅力，从中获得对自然、社会、人生的有益启示。（文化自信）

4. 结合自己的生活体验，思考牧羊人植树行为的意义，发扬无私奉献的精神。（思维能力）

谷泉：本课学习目标的设定，注意了课程标准对七年级学生的目标要求，养成默读习惯；理清文章思路；欣赏文学作品，有自己的情感体验。引导学生关注和参与当代文化生活，通过学习，培养学生具有较开阔的文化视野并不断积累文化底蕴。目标在于引导学生思维具有灵活性、深刻性、批判性。学生在学习过程中养成积极思考的习惯。目标还使学生通过感受、理解、欣赏文章，获得审美经验，有感受美、发现美和运用语言文字表现美、创造美的能力。

何洪成：依据本单元的总体目标，贾老师把“默读”作为一项学习内容，勾画关键语句，理清文章的段落层次。因为课标中指出：养成默读习惯，有一定的速度，阅读一般的现代文，每分钟不少于500字。把默读作为一项学习目标，掌握略读和浏览的方法，有利于扩大阅读范围，对于七年级学生以后的阅读学习很有益处。

李显卓：清晰的目标是“教学评”一致性的前提和灵魂，贾老师的目标定位准确：养成默读习惯，勾画关键语句，学做标注，理清作者思路。用任务式的方法，带着任务去读，读出情感，读出自己独特的感受。目标立足核心素养，把立德树人作为语文教学的根本任务，清晰、明确地体现教学目标的育人立意。

三、“怎么教”——设计学科探究的教学流程

王成丽：设计教学流程，也就是设计学生的学习路线，这是属于“怎么教”中的问题。依据课标解决“怎么教”的问题要阅读“教学提示”。

新课标关于“文学阅读与创意表达”学习任务群的“教学提示”要求为：

（2）注意整合听说读写，引导学生综合运用朗读、默读、诵读、复述、评述等方法学习作品。感受文学作品语言、形象、情感等方面的独特魅力和思想内涵，提升审美能力和审美品位；鼓励学生在口头交流和书面创作中，运用多样的形式呈现作品，发挥自己的创造性；引导学生成长为主动的阅读者、积极的分享者和有创意的表达者。

（3）评价应围绕学生阅读文学作品的过程性表现进行。第四学段，侧重考查学生对语言、形象、情感、主题的领悟程度和体验，评价学生文学作品的欣赏水平，关注研讨、交流以及创意表达能力。

贾静：根据学习任务群的“教学提示”要求及本课着重培养学生独立阅读的能力，设计本课长课时（两课时）、任务型学习的教学流程。

新课标的“教学建议”中要求：创设学习情境，教师应利用无时不有、无处不在的语文学习资源与实践机会，引导学生关注家庭生活、校园生活、社会生活等相关经验，增强在各种场合学语文、用语文的意识，建设开放的语文学习空间，激发学生探究问题、解决问题的兴趣和热情，引导学生在多样的日常生活场景和社会实践活动中学习语言文字运用。设置完成学习任务的情景，阅读课文完成学习任务。

我们能不能在梳理情节的基础上，利用拍摄微电影的任务式学习，探索学会描写植树人的“理想信念和奋斗精神”的方法，体会人物精神内涵。

可以设置如下的学习任务“链”：

1.《植树的牧羊人》是一篇著名的绘本故事，作者虚构了一个在贫瘠荒原孤独种树的牧羊人形象，在牧羊人的坚持下，荒芜高原变成绿树葱茏、溪水潺潺的幸福之地。通过默读课文，概括本文讲述了一个怎样的故事？

2. 欣赏这篇作品，通过略读和浏览的方式完成鱼骨图或矩阵图，以自己的方式设计思维导图，理清“我”和牧羊人三次见面的情形以及高原的变化。

3. 从老人的精神出发，与同学就“牧羊人的人物形象，感受人物理想信念和奋斗精神的人格魅力”这一话题展开电影拍摄的场景和镜头选择，同时确定其中运用的表达（写作）手法。

4. 结合自己的生活体验，思考牧羊人植树行为的意义，阅读拓展材料，并说说身边最美的“牧羊人”。

王艳清：依据课程标准的“内容要求”“教学提示”，本课教学流程设计如下：

任务一　初读课文　知文意

包含两个学习活动。

1. 读通读顺课文，圈画梳理字词，搜集整理作者背景精要信息。

2. 感知文章大意，提炼记叙（事件）要素，概括本文讲述了一个什么故事？

学法指导：默读课文，借助课下注释、工具书等多种媒介查找、搜集、梳理生字词和作者作品信息。注意圈点勾画，可以圈出关键语句，画出重点语句。

任务二　再读课文　理思路

包含一个学习活动。

活动三　速读课文，完成鱼骨图或矩阵图或以自己的方式设计思维导图，理清“我”和牧羊人三次见面的情形以及高原上的变化。

学法指导：再次默读课文，注意速度，勾画出标志故事情节发展的语句，归纳要点，完成自己选定的思路设计图。

任务三　精读课文　析人物

包含一个学习活动。

活动四　拍微电影选取镜头，认识牧羊人，学习直接描写和间接描写人物的方法。

以拍微电影的形式选取表现植树人“理想信念”和“奋斗精神”的镜头，说说你对牧羊人的认识。

学法指导：

1. 可以从修辞、人物描写、景物描写、直接描写和间接描写、对比等角度；

2. 可以结合课文中描写牧羊人的相关语句；

3. 运用圈点勾画并进行批注的方法；

4. 先自主学习再小组讨论，最后进行班级展示。

任务四　拓展探究学精神

包含一个学习活动。

活动五　阅读三篇链接材料，探究人物精神品质，并说说身边最美的“牧羊人”。

探究问题：三则材料在刻画人物精神方面有哪些相同点，你获得哪些启示？

学法指导：自主阅读材料，形成个性思考，小组合作探究并形成一致意见，进行班级展示。

（联系生活实际，结合生活体验，来寻找“牧羊人”）

李显卓：请各位老师针对王老师的设计谈谈自己看法。

贾靖：本节课王老师精心设计，在教学流程中以拍微电影的形式选取场景、镜头表现植树人的“理想信念和奋斗精神”，让同学们更好地了解这位老人的人格魅力，让学生们作为小导演来认识这位老人，设计精心巧妙，小组合作探究更能够激发学生学习的积极性与主动性。

赵航：精读课文，品味牧羊人的精神部分中，当学生出现困惑时，可以利用中小学智慧教育平台，采用知识链接的形式，引导学生从直接描写和间接描写的角度来分析人物形象。间接描写时可采用夸张、比喻、拟人等修辞手法，也可以通过周围人对牧羊人的评价来展现牧羊人的形象特点。直接描写则是通过外貌、语言、动作、神态、心理描写等描写方法来展现人物形象。这样不仅能够使学生学会采用直接描写和间接描写这两种描写人物的方法来展现人物形象，还能够体悟牧羊人身上这种无私大爱、奉献精神和非凡毅力、坚定品格，既教会了学生描写人物的方法，又培养了学生的能力。

谷泉：两位老师说得很有道理，我感觉活动任务可以再细化一些，如，可以设计一个表格，找出人物和环境描写，区分描写角度，展现出了人物什么样的品质。这样可以让学生细致体会描写在文中表现出来的作用。

崔兵：谷老师这个问题提的很有价值，可以设计任务单，任务单是学生达成学习目标的载体，明确目标指向，注重学习过程，培养学生发散性思维。

孙艳南：活动一和活动二的设计，更注重学生对基础知识的掌握，根据语文课程标准，注重听说读写的内在联系，追求语言、知识、技能和思想情感，文化修养等多方面、多层次的综合效应。合理安排学习内容，把握学习难度，组织学习活动，根据学生需要提供学习支持，引导学生在完成任务、解决问题的过程中积累语文学习经验。在预习环节这样设计，可以锻炼学生自主学习的能力，加强学生对知识的掌握。

李显卓：第四学段“思辨性阅读与表达”学习任务群“教学提示”中要求：

注意引导学生客观、全面、冷静地思考问题，识别文本隐含的情感、观点、立场，体会作者运用的思维方法。《植树的牧羊人》是一篇外国作品，作者让·乔诺在 1953 年的时候应《读者文摘》杂志的邀约而写，文章打动了编辑，他们派人去寻找，发现那个地方根本不存在那样的老人。这部作品 1987 年被著名的加拿大动画大师弗雷德里克·贝克制作成一部动画片，并荣获第 60 届（1988）奥斯卡最佳动画短片奖。为了将这个文学作品制作成一部 30 分钟长的动画片，弗雷德里克花了五年时间才完成，大约绘制了 20 000 张图片。最让人值得尊敬的是，他竟然右眼失明。如果学生课前收集作者背景资料不够全面，教师要做好渗透，尤其是动画制作者，本身也是现实生活的“种树人”。语文教学除了知识和能力，也要让学生理解文本之外所折射出的精神魅力。

四、怎么教和教到什么程度——选择“教学评”一致性的策略方法

赵航：

（一）以活动为载体，助力学生成长

义务教育语文课程结构遵循学生身心发展规律和核心素养形成的内在逻辑，以生活为基础，以语文实践活动为主线，学生在活动中，了解文学作品的基本特点，欣赏和评价语言文字作品，提高审美品位；观察、感受自然与社会，表达自己独特的体验与思考。

“环节一”的教学活动设计

依据第四学段“文学阅读与创意表达”学习任务群的“教学提示”：注意整合听说读写，引导学生综合运用朗读、默读、诵读、复述、评述等方法学习作品。鼓励学生在口头交流中，运用多样的形式呈现作品，发挥自己的创造性；引导学生成长为主动的阅读者、积极的分享者和有创意的表达者。

在“环节一‘初读课文知文意’”部分，设计了以下两个学习活动任务，用问题清单的形式呈现。

活动一　读通读顺课文，圈画梳理字词，搜集整理作者背景等精要信息。

1. 圈画出自己在读课文时不认识和不理解的字词，借助课下注释、字典等多种媒介自行解决。

2. 通过网络和工具书搜集作者作品的相关信息。

3. 工具书仍然不能解决的问题，提交小组讨论交流。

活动意图：语文课程标准的“总目标”中要求：学会使用常用的语文工具书，运用多种媒介学习语文，初步掌握基本的语文学习方法，养成良好的学习习惯。活动一部分，通过默读课文，培养学生默读习惯，让学生在“读”中发现问题，思考问题，解决问题。自主查阅生难字词和搜集作者作品的相关资料，能够培养学生学会独立思考和解决问题的能力。

活动二　感知文章大意，提炼记叙（事件）要素，概括本文讲述了一个什么故事。

1. 在默读的过程中你发现了什么？

2. 能否用你在默读课文时所提炼的记叙要素，概括本文讲述了一个什么故事。

3. 文章哪一处细节使你感动？

活动意图：语文课程标准的“课程理念”中强调：“关注个体差异和不同的学习需求，鼓励自主阅读、自由表达。”活动二部分，鼓励学生自己去提炼所需的信息，自己去发现问题，自己去寻找喜欢的句子、感动的细节，自己去体味文章的情感、人物的精神等，没有将学生固定在某一个特定的问题和框架中，而是培养学生的发散性思维，给学生充分的思考和表达空间，尊重了学生的个性差异与发展需求，提高了学生在“读”时提取主要信息的能力，也能够增强学生对文章的概括和表达能力。

崔兵：

“环节二”的教学活动设计

活动三　课文按时间顺序，重点叙述了“我”和牧羊人三次见面的情形以及高原上的变化。再次默读课文，勾画出标志故事情节发展的语句，归纳要点，以自己喜欢的方式设计鱼骨图或思维导图。

活动意图：学生通过阅读课文，理清思路，依据问题，深入了解细节，勾画出标志故事情节发展的语句，掌握文章内容，有逻辑、有条理地填写“我”和牧羊人三次见面的情形以及高原上的变化，从而达到提升学生分析、理解文章内容的能力，提高学生聚焦问题、解决问题的关键点的能力的意图。

（二）研制记录学生学习的工具表单

依据语文新课程标准和授课内容，制作《植树的牧羊人》学习任务单。学习任务单每个学生人手一份，这样学生可以明确学习任务，记录自己的学习过程，明晰自己的学习效果。学生通过拍摄微电影的形式进一步深入解析牧羊人的形象，对课文内容有自己的心得，提出自己的见解与情感体验。此外，学生可以通过这种形式学会跨媒介学习和运用，根据需要选用合适的媒介呈现探究结果。能与他人合作，共同探讨、分析解决疑难问题。

活动四　拍微电影选取镜头，认识牧羊人的“理想信念和奋斗精神”。

学习任务单

学习任务	学生活动	教师组织	活动意图
精读课文，品味牧羊人的精神：1.以拍微电影的形式选取镜头，以“他是一个______的人”的形式说说你对牧羊人的认识。	1.精读课文，分析牧羊人的人物形象，感受人物精神和人格魅力。 2.先自主学习后小组讨论，小组代表用语文视角回答问题。	1.在学生遇到困难时，教师给予帮助，鼓励学生进行小组内部以及小组之间的交流。 2.引导学生对问题回答得完善给予恰当的指导。（可以从修辞、人物描写、景物描写、直接描写和间接描写、对比等角度）	1.学生能够以积极的状态投入到探究问题中，在合作交流中探究解决问题的方法。 2.激发学生学习的热情，有依据有条理，积极发表自己的观点。

李显卓：

（三）创设情境教学

课标中明确指出，“创设丰富多样的学习情境，设计富有挑战性的学习任务，激发学生的好奇心、想象力、求知欲”，教师应利用无时不有、无处不在的语文学习资源，激发学生探究问题、解决问题的兴趣。王老师创设以小导演拍摄微电影的形式来分析牧羊人的形象，将文本阅读与自主探究结合起来，融知识性与趣味性于一体，培养学生生活应用能力与审美情趣。第四学段“文学阅读与创意表达”学习任务群“教学提示”中指出：围绕多样的学习主题创设阅读情境。在主题情境中，开展文学阅读和创意表达活动，引导学生感受文学之美，表达自己的独特感受，促进学生的精神成长。拓展延伸环节设计学习主题为“做新时代的植树人”非连续性文本阅读题，探究三则材料中人物共同的精神品质。通过观看杨善洲事迹视频，寻找身边“最美牧羊人”，来帮助学生体验、感悟牧羊人的精神品质，也能够促使学生学会发现社会中的美德，学习美德、实践美德，做新时代的植树人。

第四学段“阅读与鉴赏”中明确指出：阅读由多种材料组合、较为复杂的非连续性文本，能领会文本的意思，得出有意义的结论。在拓展延伸环节我们设置了这样的小组合作探究的非连续性文本材料阅读题。

活动五　设计三则阅读材料，探究人物的精神品质。

材料一：

退休后义务植树22年

曾任云南保山地委书记的杨善洲，已于2010年10月因病逝世。他从事革命工作近40年，两袖清风，清廉履职，忘我工作，一心为民。1988年退休后，他主动放下进省城安享晚年的机会，扎根大亮山，义务植树造林，一干就是22个春秋，带领大家植树造林5.6万亩。去世前，他把20万元个人贡献奖全部捐出，价值3亿元的林场也无偿上缴给国家。

感动中国推选委员陈淮说:“一个人能够给历史,给民族,给子孙留下什么?杨善洲留下的是一片绿荫和一种精神！”

【颁奖词】绿了荒山，白了头发，他志在造福百姓；老骥伏枥，意气风发，他心向未来。清廉，自上任时起；奉献，直到最后一天。60年里的一切作为，就是为了不辜负人民的期望。

材料二：

义务植树人——张志忠

青春梦想　16年义务植树荒山披绿装，那是十八九岁的时候的一个梦想，我说我以后有能力的时候，一定要让这块山绿起来。

承包荒山　我就把这片荒山承包下来了，做了这样一件事情，虽然很艰辛。

艰辛但骄傲　但是现在看起来，青山绿水非常好，自己也很骄傲。

困难时期　刚开始的时候，是因为水电路都没有，在下面铁路边扎个帐篷，然后拉水，到春天拿一个柴油机，手扶拖拉机的柴油机抽水，抽到半中间挑水来搞绿化。

坚持绿化　这样做了差不多三年，那段时间确实很难，我们一家五六口人，到这里来辛苦了十几年，一直坚持到现在。

变化巨大　这儿这几年的变化确实大，原先光秃秃的什么都没有，现在都是绿色了。

成功感　我想着如果我能把这么一块非常荒凉的地方，变为青山绿水的话，我自己也有一种成功的感觉。

材料三：巴丹吉林沙漠变绿洲

在一个遥远的角落，贫瘠的土地、滚滚黄沙，一片荒凉之地。这里曾是生活的噩梦，但如今，这个曾经令人绝望的地方焕然一新，这就是巴丹吉林沙漠。

巴丹吉林沙漠是中国北方最著名的沙漠之一，也被誉为“沙漠之花”。这里的沙漠面积广阔，沙尘暴频发，一度是荒漠化最为严重的地区之一，其特殊的地理条件使得沙漠治理变得极为困难，给当地居民带来了巨大的困扰。然而，人们不断地创新研究治理沙漠的方法，带来了积极的生态变化。一代代人的坚持，一代代人的不放弃，才有了如今静谧的湖泊、湿地，构成了巴丹吉林沙漠独特的迷人景观。每年吸引了上万名国内外游客前来观光。沙漠中的湖泊星罗棋布，有 113 个之多，湖泊芦草丛生、水鸟嬉戏、鱼翔浅底，享有“漠北江南”之美誉。沙漠东部和西南边沿，生动记录狩猎和畜牧生活的曼德拉山岩画，被称为“美术世界的活化石”。

探究问题：三则材料在刻画人物精神方面有哪些相同点，你获得哪些启示？

活动意图：此题旨在引导学生知道，在我们中国同样有这样一些人，不为自己，默默地改变着大自然。同时播放“我为人民造绿洲”草鞋书记杨善洲的视频，感受牧羊人与他身上相同的品质，理解小人物们以信仰种植希望的坚守。然后开展“寻找最美牧羊人”活动，在我们身边有没有像牧羊老人、杨善洲、张志忠一样默默“种树”，以非凡的毅力，辛勤耕耘的人呢？最后，发出号召：我们不能只乘凉，更要做新时代的植树人！

孟庆娟：

（四）小组合作学习的运用

语文课程标准“文学阅读与创意表达”的“教学提示”中要求：第四学段侧重考查学生对语言、形象、情感、主题的领悟程度和体验，评价学生文学作品的欣赏水平，关注研讨、交流以及创意表达能力。本节课我们注重学生探究式学习方法的培养和训练，皆在激发其学习的主观能动性，培养其合作探究解决问题的能力。

精读课文，品味牧羊人的精神这部分，以拍摄微电影、选取镜头的形式，来认识牧羊人。采用先自主思考选取拍摄的角度，再小组合作交流探讨所选取的角度是否合适，使学生都成了小导演，共同完成拍摄任务。具有带入性，能够激发其学习兴趣，在组员相互讨论的过程中，将课堂交给了学生，尊重了其主体地位，培养了其合作解决问题的能力。学生在合作中，不仅明确了直接描写和间接描写的人物描写方法，更加能够感悟牧羊人的“无私大爱、奉献精神”“非凡毅力、坚定信念”。

何洪成：

（五）《植树的牧羊人》读的策略

根据本课的教学目标和第四学段“阅读与鉴赏”的要求，本课打算采用如下阅读方式。

1. 初读，识文意

养成默读习惯，有一定的速度，阅读一般的现代文，每分钟不少于500字。把默读作为一项学习目标，掌握运用略读和浏览的方法，有利于扩大阅读范围。全体同学粗略地读，对文章中不认识的字、不理解的句子、不明白的段落，先不去仔细推敲和研究，只是圈点勾画，等读完整篇文章，了解大意后再查找资料进行处理。这一活动可以在课下预习环节中进行，采用默读方式。此活动最好读两遍，将课文读顺、读通。通过默读课文，培养学生默读习惯，让学生在“读”中发现问题，思考问题，解决问题。

2. 再读，理情节

在通读课文的基础上，理清思路，理解、分析主要内容，体味和推敲重要词语在语言环境中的意义和作用。全体同学在课上精读课文，深入到文章里去，把文章的层次、结构、字里行间的意思、各部分之间的关系、写作思路读透，概括整理精要信息，鼓励学生自己去发现问题，自己去寻找喜欢的句子、感动的细节，自己去体味文章的情感。有不明白的地方做笔记，先组内解决，仍不明白的在全班提出，共同解决。这一活动依然要默读，可以结合书后“思考探究”中的“三遇牧羊人”来完成，勾画出标志故事情节发展的语句，理清“牧羊人的情况”和“高原的情况”。

3. 品读，析精神

欣赏文学作品，有自己的情感体验，初步领悟作品的内涵，从中获得对自然、社会、人生的有益启示。能对作品中感人的情境和形象说出自己的体验，品味作品中富有表现力的语言。小组内自由读，也就是“消化”过程。因为已有前面的“初读”和“再读”，所以这一活动学生可以跳读，细读体现牧羊人精神品质、人格魅力的语句，看看用到了什么修辞方法和描写方法等，边读边圈点勾画并进行批注，先自主学习后再小组讨论。

4. 略读、速读，找共性

第四学段“阅读与鉴赏”中明确指出：阅读由多种材料组合、较为复杂的非连续性文本，能领会文本的意思，得出有意义的结论。对于课外的三则材料，学生可以快速浏览，找出三则材料中精神方面的共同点是什么，获得了哪些启示？通过读重点语句去总结概括，从而发现“身边最美的牧羊人”。

孙艳南：

（六）分层作业设计

语文核心素养包含语言建构与应用、思维提升与发展、审美鉴赏与创造、文化传承与发展。“双减”背景下减量不减质，就要求我们紧扣素养精准训练。为改变传统作业观念和模式，应优化作业的设计，提升作业的质量，增强作业内容和形式的趣味性、综合性、多样性及层次性，使学生完成作业时更具主动性，通过创新优化作业设计，让作业不再成为学生的负担而是提高其核心素养能力的桥梁，我将本课的作业设计了以下三种。

1. 基础作业内容：夯实基础

利用“国家中小学智慧教育平台”“课程教学”栏目中的基础性作业选择、整合。

（作业设计意图：作业评价是过程性评价的重要组成部分。利用、整合国家教育平台的优质资源编制基础性作业，帮助学生认清字形，读准字音，掌握汉字基本意义。在语言文字运用中发现、感受和表现语言文字的魅力，梳理学过的语言现象，初步探究语言文字的运用规律。）

2. 提升作业内容：提升巩固

以思维导图的形式从写作思路、牧羊人人物形象、写作特色（虚构故事的真实呈现）、小说主题四方面整理课堂笔记。

（作业设计意图：思维导图可以将新知识和旧知识整合，激发学生的联想和创意，将零散的知识融会贯通成为一个系统，最终将达既定目标。）

3. 综合作业内容：实践体验

继续完善寻找最美的"牧羊人"活动，制作公益广告视频，宣传他们的美德。

（作业设计意图：制作跨媒介"公益广告视频"是一个锻炼学生自己动手能力的方式。由课内延伸到课外，当一次小主编，到社会中采访，关注社会中的"最美牧羊人"，可以培养收集、整理、制作等综合实践能力，提高学生的审美情趣。）

李显卓：针对孙老师的作业设计哪位老师谈谈看法。

谷泉：作业第二部分关注了学生对文章结构的把握，培养学生整体构思和学习如何表现人物精神风貌；第三部分作业是实践体验，有助于培养学生关注社会生活，在生活中，有自己的情感体验，对生活有好奇心、求知欲，崇尚真知，勇于探索创新，养成积极思考的习惯。

何洪成：

（七）研制过程性评价单

制作公益广告视频完成情况评价量表

赋分项目	5分	3分	1分	得分
作品主题	主题鲜明、深刻，富有教育意义。	有明确主题，作品有一定教育意义。	主题不明确，缺少教育意义。	
作品内容	内容丰富、有创意，运用修辞手法。	内容较丰富，较吸引人。	内容不丰富，无修辞。	
视频效果	视频清晰、情感充沛、事迹讲得流畅而生动。	视频较清晰，情感不够饱满，事迹讲得较流畅。	视频效果不佳，情感平淡，讲得不够流畅。	
总计				

《植树的牧羊人》过程性学习评价记录单

序号	评价指标描述	个人学习表现（结合学习任务单完成情况个人填写）	素养目标指向	自评	组评	师评
1	初读课文，读通读顺，能够扫清字词障碍，了解作者基本信息。独立完成活动一、活动二。		默读课文，通过查阅字典、书籍和网络资料等方式，读准字音，理解难懂的词语以及了解本课作者。养成默读习惯，掌握默读的基本方法，圈点勾画方法，提高阅读速度。			

续表

2	能够准确简明地概括课文的内容，使内容清晰明了。独立完成活动三。		能够准确把握文本材料的内容，提高学生的概括能力和语言表达能力。			
3	以自己的方式设计思维导图（鱼骨图或矩阵图，也可以结合课后“思考探究”）勾画出标志故事情节发展的语句，理清“我”和牧羊人三次见面的情形以及高原上的变化。		从文章中提取有助于解决问题的关键信息，归纳要点，完成自己的设计。理清写作思路，提升分析、理解文章内容的能力。			
4	能自主学习、小组讨论，完成对牧羊人的评价。		从人物描写、环境描写，直接间接描写角度、对比角度分析人物形象及其精神品质。掌握刻画人物的基本方法。以积极的状态投入探究问题中，在合作交流中探究解决问题的方法。养成合作解决问题的能力。			
5	比较阅读三篇链接材料，探究归纳出人物的精神品质，能找到并能说出身边最美的牧羊人，能谈出从中获得的启示。与组员进行有效的交流，较好地完成小组任务。		培养学生的实践能力，学生能够学以致用，学会发现社会中细微的美德，学习美德、践行美德。			

依据新课程标准和本课的学生活动任务，我设计了本课的过程性学习评价纪实单。新课标“评价建议”中指出，“过程性评价重点考查学生在语文学习过程中的学习状态、参与程度和核心素养的发展水平”“过程性评价应发挥多元评价主体的积极作用”，所以在评价单中我设计了自评、互评和师评，通过多主体、多角度的评价反馈，帮助学生处理好语文学习和个人成长的关系，发掘自身潜能，学会自我反思和自我管理。制作微广告视频评价量表旨在提出指

导意见，引导学生内化评价标准、把握评价尺度。评价单中主要针对学生的课前预习、课中学习互动、课后作业完成情况三部分。注重学生在掌握知识、运用方法、解决问题以及在学习过程中的合作交流等方面的变化。评价主要就是以培育学生核心素养为出发点和落脚点，准确判断学生核心素养的达成度，以过程性评价纪实促进学生核心素养的发展，最终提高学生的综合素质。

李显卓：在教学环节中，整合教学资源，注重转变教和学的模式，学生主动、独立地去体验，小组合作探究，创设情境教学，设计任务单，采用多元评价方式，学生参与评价过程，实现“教学评”的一致性。

五、整合教学资源以及深度融合信息技术

李冬艳：本节课王老师进行了精心的设计，整合信息技术时，将杨善洲老人的事迹作为创设情境的材料。设置相应的情境，给学生出示一些相应的图片，会给学生很直观的印象，学生可以更快地理解老人在艰苦的环境中所创造的奇迹，加深理解和感悟。

教学流程中可以呈现各个环节的学习任务，把每一环节的学习任务形成条目落实到小组学习过程中。

学完本课之后推荐学习资源：比如关于描写方法的知识链接。

（1）直接描写：是用生动形象的语言把人物（景物）的状态直接具体地描绘出来。是刻画人物形象最常用的描写手法，即通过对人物的语言、动作、心理、神态、肖像等方面的描写，去表现人物的性格、品质、特点等。

（2）间接描写：一般通过对周围人物或环境的描绘来表现所要描写的对象，以使其鲜明突出，即间接地对描写对象进行刻画描绘。

以上就是我从技术支持方面做的分享。

李显卓：“一枝独秀不是春，百花齐放春满院。”集体备课活动为老师们搭建了互相交流的平台，“教学评”一致性的集体备课给我们带来了全方位、多元化、多角度的思考。学生是语文核心素养的主体，以核心素养为导向的新课标呼唤以核心素养为导向的新教学。本节集体备课的结束并不是终点，教研不停，学习不止，初心不变！

（案例撰写者：李显卓、刘兴佳、贾靖、孙艳南、王艳清、崔兵、孟庆娟、谷泉、李冬艳、李洪英、赵航、何洪成、王成丽）

案例 4.2

《江城子·密州出猎》的教学设计

齐齐哈尔市龙江县头站镇中心学校中学　语文组

一、“为什么教”——明确着力培养核心素养

《江城子·密州出猎》一课所在的单元是九年级下册第三单元。依据课程标准，可以从以下三方面说明。

1. 明确学习内容所属“主体与载体”

《江城子·密州出猎》是一篇著名的词。这首词是宋神宗熙宁八年（1075）冬苏轼与同僚出城打猎时所作。词的上片记叙此次出猎的情况，下片以抒情为主，作者并不在意自己的衰老，更在意的是希望朝廷能够重用他，给他机会去建立功业。这首词从题材、情感到艺术形象、语言风格都是粗犷、豪放的。从文化载体分类应属于反映“中华优秀传统文化”部分，需要落实培育“报效国家，关心国家命运的爱国主义精神”的文化自信方面的核心素养。

2. 确定内容组织与呈现形式

《江城子·密州出猎》这首词抒发了作者的壮志豪情，引人思考。学习本首词要注意把握古诗词的意蕴，领悟作者的思想感情，因此把本课归为发展型学习任务群的“文学阅读与创意表达”，设计学习主题为“学会选择与坚守”，培育“报效国家，关心国家命运的爱国主义精神”，落实“文学阅读与创意表达”任务群：在主题情境中，了解词在形式上和抒情上的特点，把握词的艺术表现规律，理解思想内涵和情感基调，引导学生表达自己的独特感受，促进学生的精神成长。

3. 学情分析

对于学习《江城子·密州出猎》这一课的学生，已经具备了一定的文学基础。他们已经学过苏轼的《记承天寺夜游》《水调歌头》《浣溪沙》等篇章，对苏轼的生平经历和精神品质有了一定的了解。然而，学生品味语言的能力有所欠缺，因此在学习这首词时，需要着重培养学生的语言品味能力，深入体会词中所表达的意境和情感。

《江城子·密州出猎》是苏轼在密州作的一首记射猎的词。这首词抒发了作者的爱国豪情，塑造了一个豪情洋溢、壮志冲天的将军形象。词的上片描述

了出猎的壮观场面，下片抒发了杀敌为国的雄心壮志，可以说是豪放词的代表作。在教学过程中，需要引导学生深入理解词的内容，品味词的语言，感受词的情感。

二、“教什么”——确定本课切适的教学目标

本节课学习目标确定的依据是语文课程标准中课程目标“总目标”中的第8条：感受语言文字的美，感悟作品的思想内涵和艺术价值，能结合自己的体验，理解、欣赏和初步评价语言文字作品，丰富自己的情感体验和精神世界。

第四学段（7—9年级）学段目标“阅读与鉴赏”中要求：

能用普通话正确、流利、有感情地朗读，在通读课文的基础上，理清思路，理解、分析主要内容，体味和推敲重要词句在语言环境中的意义和作用。

欣赏文学作品，有自己的情感体验，初步领悟作品的内涵，从中获得对自然、社会、人生的有益启示。能对作品中感人的情境和形象说出自己的体验，品味作品中富于表现力的语言。

根据这样的要求，我将本课的教学目标定为：

1. 继续学习朗读技巧，提高朗读诗词的能力。

2. 借助注释和工具书，疏通词意。

3. 欣赏本词优美的词句，感悟词人杀敌卫国、建功立业、报效朝廷的雄心壮志，增强爱国情怀和社会责任感。

【学习重点】

理解诗词，品悟词人杀敌卫国、建功立业、报效朝廷的雄心壮志，增强爱国热情和社会责任感。

【学习难点】

品悟词人杀敌卫国、建功立业、报效朝廷的雄心壮志，增强爱国热情和社会责任感。

三、“怎么教”——设计学科探究的教学流程

新课标关于“文学阅读与创意表达”学习任务群的“教学提示”要求：

注意整合听说读写，引导学生综合运用朗读、默读、诵读、复述、评述等方法学习作品。重视古代诗文的诵读积累，感受文学作品语言、形象、情感等方面的独特魅力和思想内涵，提升审美能力和审美品位；鼓励学生在口头交流

和书面创作中，运用多样的形式呈现作品，发挥自己的创造性；引导学生成长为主动的阅读者、积极的分享者和有创意的表达者。

本课学习任务：

1. 苏轼是一个真性情的人，他的喜怒哀乐都是非常真实的存在。在人生低谷中，他仍然能够能找到内心的平衡，不颓废，不抱怨，努力去追寻人生的意义！这，就是苏轼！诵读诗词要入乎其境，稳乎其神，放缓节奏，读出节奏，读出抑扬顿挫。读出宋词所特有的音韵美。

2. 用典。用较少的词语援引古事或古语以表达较多的意思。词中，苏轼自比孙权，表现了出猎者的英豪；又自比魏尚，希望被朝廷重用，抒发了报国宏愿。读这首词，思考一下，这首词引用了哪几个典故？分别表达了什么意思？概括词的上片叙述了什么事？下片抒发了作者什么情感？

3.《江城子·密州出猎》把一首生活随笔式的小词写成了充满爱国激情的作品。这首词读起来，韵调铿锵，气势雄浑，感情奔放，境界开阔，是一首表现了苏轼豪放风格的成功之作。古人往往用一字传神，说说本词中哪个字用得好，也是本词的词眼，并结合具体的句子来谈。

依据课程标准的“内容要求”“教学提示”，本课教学流程设计如下：

任务一：走近作者，初读诗词，感知节奏

1. 根据已学知识，补全作者名片。

2. 自由朗读诗词，标出不认识的字，划分出朗读节奏。

3. 通过查字典、小组互助、老师汇总讲解等方式扫除字词障碍和朗读节奏问题。

学法指导：划分诗词朗读节奏时，可以按照意义划分，大多为二三式、二二一式、二一二式等，注意主谓之间也要停顿。

任务二：再读诗词，感知词意

1. 这首词中使用了哪几个典故？分别表达了什么意思？

学法指导：用典即引用古籍中的故事或词句，可以丰富而含蓄地表达有关的内容和思想。

2. 概括词的上片叙述了什么事？下片抒发了作者什么情感？

学法指导：概括叙述画面就是调动所有感官去感受本文提供的信息，运用比喻、拟人等修辞手法，添加自己的联想与想象，将静态的文字，变成动态的画面的一种阅读形式。

任务三：品读诗词，感知形象

古人用词往往一字传神，说说本词中哪一个字用得好，也是本词的词眼，并结合具体的词句来谈。

学法指导：

1. 词眼即全词中最精彩和关键的句子。

2. 运用圈点勾画并进行批注的方法。

3. 先自主学习再小组讨论，最后进行班级展示。

任务四：拓展延伸，加深对作者的认识

对比阅读《江城子·密州出猎》和《定风波》两首词，完成以下两个问题：

1.《定风波》的词尾“回首向来萧瑟处，归去，也无风雨也无晴”几句，词人借此要表达怎样的人生感悟？又能够体现出词人怎样的性格特征？

2. 本首词与《江城子·密州出猎》在写法和情感表达上有何异曲同工之处？

学法指导：《定风波》作于宋神宗元丰五年（1082）春，当时是苏轼因“乌台诗案”被贬为黄州（今湖北黄冈）团练副使的第三个春天。词人与朋友春日出游，风雨忽至，朋友深感狼狈，词人却毫不在乎，泰然处之，吟咏自若，缓步而行。

这四个教学任务，注重转变教与学的模式，鼓励学生主动、独立地朗读、思考、表达，注重发挥小组合作的作用，减少老师的牵引，将课堂的主体地位还给学生。设计朗读、讨论、创意表达等多种学习活动，培养学生在“读”中发现、思考和解决问题的能力，引导学生掌握多种学习诗词的方法，提高学生对诗词学习的兴趣。

四、“怎么教”和“教到什么程度”——选择“教学评”一致性的策略方法

（一）注重教学情境的创设

正如前面所提到的，《江城子·密州出猎》是一篇著名的古诗文，这首词

是宋神宗熙宁八年（1075）冬与同僚出城打猎时所作。词的上片记叙此次出猎的情况，下片以抒情为主，作者并不在意自己的衰老，更在意的是希望朝廷能够重用他，给他机会去建立功业。在教学中，通过“猜谜导入，提升兴趣”调动学生学习的积极性与主动性。

课中学习的任务分别为“走近作者，初读诗词，感知节奏；再读诗词，感知词意；品读诗词，感知形象；拓展延伸，加深对作者的认识”。设计朗读、讨论、创意表达等多种学习活动，培养学生在“读”中发现、思考和解决问题的能力，语言运用能力和审美创造能力。通过角色对话，让学生切实感受到苏轼是一个真性情的人，他的喜怒哀乐都是非常真实的存在。在人生低谷中，他仍然能够能找到内心的平衡，不颓废，不抱怨，努力去追寻人生的意义！

（二）有效的小组合作探究

本节课，我们既重视学生独立思考能力的培养，又注重学生们合作探究解决问题能力的养成。我们给予学生足够的个人独立思考的时间，并将疑难问题通过小组合作的形式进行突破。学生要做任务型学习，自己明确本节课的问题，自己解决问题，解决问题给思路提示，如学习任务：古人用词往往一字传神，说说本词中哪一个字用得好，也是本词的词眼，并结合具体的句子来谈。给予学生独立思考和明确的方法指导，提高了小组合作探究的效率。

（三）学习任务单研制

依据语文新课程标准和本课的学习任务，制作《江城子·密州出猎》学习任务单。语文课程标准总目标中指出“热爱国家通用语言文字，感受语言文字及作品的独特价值，认识中华文化的丰厚博大，汲取智慧，弘扬社会主义先进文化、革命文化、中华优秀传统文化，建立文化自信”。本任务单主要包括：了解作者，解决字词障碍，朗读节奏；感知词的大意，上片写了什么事，下片抒发了什么情，抓住主要字词来分析；拓展延伸，加强对作者思想和作品主题的理解。

1. 学习任务单一

学习任务	学生活动	教师组织	活动意图
1.了解作者生平，写作背景，代表作品。	通过查找书籍、网上资料，搜集苏轼生平、代表作、作品中的名句，整理后，选派代表进行汇报。	引导学生学会查找资料的方法，在整理过程中进行指导，使学生认识到写作背景的重要性。	运用多种媒介、途径学习语文，初步掌握学习语文的方法，养成良好的学习习惯。
2.读准字音，扫除字词障碍，掌握朗读节奏。	通过查字典、书下注释解决生字词语。感受豪放派词风，说说应该怎样读这首词。	引导学生查字典，指导学生注意朗读技巧（节奏、语气、语调、诗词感情基调）。	学会使用常用的语文工具书，掌握朗读古诗词的基本方法，注重积累、感悟和运用。
3.结合课下注释，疏通词意。	根据注释和所学的文言知识翻译本词，有翻译不通顺或不懂的地方课上共同研讨完成。	指导学生翻译古诗词的方法，对翻译不通的地方，带领学生研讨完成。	培养学生初步领悟语言文字的运用规律，能够独立地翻译简单的古诗词、文言文，培养学生自主学习能力。

2. 学习任务单二

学习任务	学生活动	教师组织	活动意图
1.找出本词中哪一个字用得好，也是本词的词眼，并结合具体的句子来谈；全词刻画出一个怎样的太守形象？	学生再读本词，体会词中体现作者豪放派词风的语句，感悟苏轼所作词的总体风格。小组合作交流，表达不同意见、看法。	引导学生学会抓关键词，体悟诗文意蕴的方法，引导学生品评鉴赏，利用链接资料帮助学生全面认识苏轼。	让学生感受语言文字的美，感受作品的思想内涵和艺术价值，能理解、欣赏和评价文字作品。
2.本首词与《定风波》在写法和情感表达上有何异同？	学生进行小组合作探究，形成答案后进行展示汇报。	指导学生从写法和情感上分析本词与《定风波》的异同；写法上，提示用典故、直抒胸臆的手法抒情言志；情感上提示与写作背景联系。	培养独立阅读能力，培养初步鉴赏文学作品的能力。让学生诵读苏轼诗词，感受作者乐观豁达的人生态度。

3. 过程性学习评价单

过程性学习评价重点考查学生在学习过程中的学习态度、参与程度和核心素养的发展水平。研制过程性评价单，针对学生表现情况作出评价。新课程标准中指出，“应综合多种评价方法，增强评价的科学性、整体性”“课堂互动中，教师要关注学生基础知识、认知过程、思维方式、态度情感等方面的表现，及时给予针对性的指导”，所以本课评价主要为个人学习表现、自评、互评的综合评价，注重“读”的评价、“对比感悟”的评价及表达的评价。

《江城子·密州出猎》过程性学习评价记录单

序号	评价指标描述	个人学习表现（结合学习任务单完成情况个人填写）	素养目标指向	自评	组内评
1	能否积极参与课前的导入环节，查找资料走近作者、作品、背景。		能运用多种途径学习语文，初步掌握学习语文的方法，走近作者，养成查找资料的习惯。		
2	能够准确无误地朗读本词，把握好朗读节奏。		扫清字词障碍，能够结合词风朗读本词，初步掌握朗读技巧。		
3	在多种读的基础上，能否积极主动地利用注释、工具书疏通词意；概括上片的大意和下片的情感，对不明白的地方，能共同研讨完成。		掌握翻译古诗词的基本方法，初步领悟语言文字运用规律，能够独立地翻译简单的古诗词，提高自主学习、合作学习的能力。		
4	能准确找出本词的词眼，并且能用恰当的词语概括苏轼的形象特点。		能感受语言文字的魅力，能结合自己的学习经验，理解、欣赏和评价人物形象。		
5	能在写法和情感表达上找出两首词的异同，在“读”中发现、思考和解决问题。		能主动、独立地阅读、思考、表达，注重发挥小组合作的作用。		

（四）分层作业设计

语文核心素养包含语言建构与应用、思维提升与发展、审美鉴赏与创造、文化传承与发展。“双减”背景下减量不减质，就要求我们紧扣素养精准训练。为改变传统作业观念和模式，优化作业的设计，提升作业的质量，增强作业的内容和形式的趣味性、综合性、多样性及层次性，使学生完成作业时更具主动性，通过创新优化作业设计，让作业不再成为学生的负担而是提高核心素养能力的桥梁，我设计了以下两种作业：

1. 基础作业内容：基础夯实

选择、整合中小学智慧平台基础型作业。

设计意图：夯实基础，巩固基础知识。帮助学生认清字形，读准字音，掌握汉字基本意义，加深对作者苏轼的理解。

2. 提升作业内容：提升巩固

鉴于苏轼在密州的业绩和主要创造，密州市政府请你为苏轼写一篇不超过200字的颁奖词。

写作评价：

（1）点明人物事迹。

（2）彰显人物精神。

（3）有层次，有情理。

设计意图：给予评价标准，练习实用文写作，提升学生的写作和表达能力。走进作者的精神世界，结合本文外的主要事迹，感受作者的爱国情怀，增强文化自信，激发学生们的爱国热情。

五、整合教学资源以及深度融合信息技术

《江城子·密州出猎》一课借助信息技术与学科教学的深度融合，对于促进教学质量的提升、提高学生学习兴趣、优化学生传统文化与文学素养等都具有显著意义。

在《江城子·密州出猎》中，通过多媒体技术呈现的古代战场的场景结合苏轼“老夫聊发少年狂”“持节云中，何日遣冯唐？会挽雕弓如满月，西北望，射天狼”等词句朗诵能够很好地将一种老当益壮、为国战死沙场的豪情渗透于课堂的教学情境中，让学生体会到这种壮烈的氛围。

在《江城子·密州出猎》的预习中，教师就可以通过预先的布置让学生在网上搜索苏轼及其在《江城子·密州出猎》写作时期的境遇，当然教师也可以将网络资料作为素材直接共享给学生，学生通过看、听来加深对《江城子·密州出猎》这首词及其背景的印象，这样就能够极大地调动学生的积极性，活跃课堂，提升学生语文学习的活力。

《江城子·密州出猎》在创设情境导入环节中，利用专题片视频的形式，介绍苏轼这一著名的宋代文学家，通过视频中介绍的其既有“明月几时有？把酒问青天”的豪放洒脱，又有“人有悲欢离合，月有阴晴圆缺”的旷达乐观，初步了解这一豪放派词人。同时结合学生课前的预习，对其生平、代表作等进行讨论，激发学生的学习兴趣。通过趣味性和艺术性来引导学生，让学生可以充分融入课前导入环节，提高学生的学习效果，深化核心素养能力的训练。

《江城子·密州出猎》是苏轼豪放词的开山之作，整首词纵情豪迈，洋溢着词人的豪情壮志和爱国情怀。通过配乐朗读的形式引导学生读题、读人、读文，争取读通、读懂、读透。然后在文本解读的过程中，采用配乐个人读、齐读、范读等方式慢慢地读出豪放词的情韵和情感来。通过信息技术呈现的教学资源，直观高效地将不同流派的作品呈现给了学生，学生通过问题分析能够对作品本身的风格、流派有更为深刻的理解。

（案例撰写者：李显卓、刘兴佳、贾靖、孙艳南、王艳清、谷泉、李冬艳、李洪英、赵航、何洪成）

第五章　初中历史学科结构化、支架式教学设计案例

案例 5.1

九年级上册《古代日本》基于课标“教学评”一致性支架式集体备课纪实

齐齐哈尔市龙江县头站镇中心学校中学　历史组

2022 年版新课程方案和课程标准的颁布实施标志着课程教学改革进入新的阶段。新的课程方案完善了培养目标，新的课程标准强化了育人导向。

新的历史课程标准优化了历史课程内容结构，增强了内容与育人目标之间的联系（强调核心素养导向、核心素养育人）。新的历史课程标准强调立足学生核心素养发展，充分发挥历史课程的育人功能；以中外历史进程及其规律为基本线索，突出历史发展的阶段性特征；精选和优化课程内容，突出思想性、基础性；树立以学生为主体的教学观念，注重学生自主探究的学习活动，鼓励教学方式的创新；综合运用多种评价方式和方法，发挥评价促进学习和改进教学的功能。

新课标颁布以来，我校注重引导教师按新课标的新理念、新要求，扎实推进课堂教学改革，努力构建素养导向的学科探究的课堂。为做好课堂教学改革的深化，我们在备课环节开展了“核心素养导向，依据课程标准，‘教学评’一致性支架式教学设计”的研修。今天我们将按五环节支架进行备课。

环节一　素养导向，确定本单元及本课着力培养的核心素养。

环节二　确定本课切适的教学目标。

环节三　设计学科探究的教学流程。

环节四　选择教、学、评的策略方法。

环节五　整合教学资源与推进教学实现与信息技术深度融合。

在这个教学设计的模式中，我们要关注四个关键词："核心素养导向""教学评一致性""严格依据课程标准""支架式教学设计"。

今天我们历史教研组将依据课程标准的"内容要求""学业要求""教学提示"，围绕"明确着力培养的核心素养（为什么教）——确定本课切适的教学目标（教什么）——设计学科探究的教学流程（怎么教）——选择'教学评'一致性的策略方法（怎么教和教到什么程度）——整合教学资源以及深度融合信息技术"五个环节展开教学设计的研修。

参加此次备课的成员有张金娟老师、何蓉蓉老师、徐健愉老师和周志婷老师。

首先，何蓉蓉老师就《古代日本》一课的"为什么教"——明确着力培养核心素养、"教什么"——确定本课切适的教学目标两个方面进行讨论。

第一部分"为什么教"——明确着力培养的核心素养

一、大单元教材分析

课标指出，历史学是在一定的历史观指导下叙述和阐释人类历史进程的学科。马克思主义指导下的历史学，以探寻历史真相、总结历史经验、认识历史规律、认清历史发展趋势为其重要功能。

唯物史观认为：能够认识劳动在人类社会发展中的重要作用，知道物质生产是人类生存和人类社会发展的基础；知道人民群众是物质生产的主要承担者和历史的创造者；知道生产力发展的重要性，知道生产力和生产关系的矛盾运动、经济基础和上层建筑的矛盾运动是社会历史发展的根本动力；知道在阶级社会中存在着阶级矛盾和阶级斗争，阶级斗争是推动历史发展的直接动力；初步了解人类社会形态从低级到高级的发展趋势；能够将唯物史观运用于历史学习，结合史实进行阐述和说明。

历史课程内容主要包括中国历史、世界历史和跨学科主题学习。中外历史采用"点——线"结合的方式呈现。"点"是具体的历史事实，"线"是历史发展的基本线索。通过以“点”连“线”、以“线”穿“点”，使课程内容依照人类历史发展的时序，循序渐进地展开叙述，使学生在掌握历史事实的时候避免时序的混乱，把握历史发展的阶段性特征。

马克思主义根据人类社会生产力与生产关系基本矛盾的运动规律和趋势，把人类社会发展分为原始社会、奴隶社会、封建社会、资本主义社会和共产主义社会五种社会形态。它们构成了一个从低级到高级的发展序列。不是所有民族、国家的历史都完整地经历了这五个阶段，但是这个发展总趋势具有普遍性、规律性意义。这条线是人类历史发展的最基础、最根本的线。

九年级上册教材中，关于中古世界史，主要介绍的是中古亚欧文明，即第三单元封建时代的欧洲，以中世纪西欧封建社会的发展变化为主线，介绍了封君封臣制、庄园生活、基督教的传播，以及欧洲城市和大学的兴起；第四单元封建时代的亚洲国家，以中古世界历史发展的多样性为主线，介绍了伊斯兰教的创立、阿拉伯帝国的崛起、日本大化改新。

《古代日本》这一课是九年级历史上册第四单元的内容，属于中古世界史范畴，在人类社会发展线索中处于封建社会节点上。本单元介绍了封建时代的亚洲国家，介绍了亚洲的两个主要国家在封建时代的特点：东亚的日本和西亚的阿拉伯国家。这是世界古代史的重要组成部分，是学习世界历史必不可少的内容。

本单元要抓住的关键词有两个：一是封建时代，二是亚洲国家。

本单元介绍的亚洲国家有两个：东亚的日本和西亚的阿拉伯国家。“日出之国”（日本）与“新月之乡”（阿拉伯），这两个国家与地区在当今的世界政治和经济生活中发挥着十分重要的作用。日本是我国“一衣带水”的邻邦，古代日本和中国关系密切，通过学习古代日本的历史，不仅可以了解日本这个国家的历史特点以及同时期中国的情况，也便于理解日本在亚洲乃至世界格局中的变化。

二、课标的内容要求

新课标中涉及本课的“内容要求”明确指出：“通过日本大化改新，初步了解中古世界历史发展的多样性”（了解日本如何进入封建社会和封建社会形态的与众不同）。

三、着力培养的核心素养

依据课标的“内容要求”，本课应着力培养唯物史观、时空观念、史料实证、历史解释和家国情怀。

本课是在学生了解了中世纪西欧封建社会的发展变化后，进行学习的第四单元“封建时代的亚洲国家”的内容。课标内容要求“通过日本大化改新，初步了解中古世界历史发展的多样性”，通过本课教学，学生在核心素养养成上应达成以下目标。

1. 利用时间轴或列表格等方式梳理日本统一的过程，学生能够运用记录历史年代的基本方式，掌握识读历史地图的基本方法，将重要历史事件、人物、现象置于正确的时间和空间之中。（时空观念与具体表现程度）

2. 利用相关史料分析日本大化改新的原因，让学生了解中古时期日本从奴隶社会向封建社会变化的历史背景，分析大化改新的内容对日本社会发展的影响，认识古代日本封建社会、政治、经济的形态。学生能够准确理解教材和教学活动中所提供的可信史料，辨识其中的含义；能够尝试运用这些史料对重要史事进行简要说明，有理有据地表达自己的看法，表现出正确的价值判断和人文情怀。（唯物史观、史料实证、历史解释与具体表现程度）

3. 分析大化改新前后，日本社会、政治、经济的变化，了解日本民族善于学习和模仿的特点，认识到中国历史与世界历史相互关联，了解中华文明对世界文明进步作出的突出贡献，表现出正确的价值判断和人文情怀。了解世界文明的多元性、差异性。（历史解释、家国情怀与具体表现程度）

第二部分　“教什么”——确定本课切适的教学目标

教师应从发展学生核心素养培育的角度制订教学目标，将核心素养的培育作为教学的出发点和落脚点，使教学目标在培育学生核心素养方面起到指引性、规定性的作用。

本课在2022版历史课程标准“内容要求”中提出，要达成的课程目标是“通过日本大化改新，初步了解中古世界历史发展的多样性”。

而学业要求是能够知道世界古代史上重要的事件、人物、现象，知道史事发生、存在的时间和地点，原因和结果——时空观念；能够梳理教材的叙述，了解史事发生的背景和意义，对世界古代史的一些问题提出自己的看法——史料实证、历史解释；能够了解古代文明之间的交流、互动——时空观念、历史解释。

由此确立教学目标如下：

1. 通过完成自学任务单和收集、查阅资料，知道大和政权统一了日本，了解大化改新的内容，通过大化改新日本从奴隶社会进入封建社会，知道幕府统治。（唯物史观、时空观念、历史解释素养）

2. 通过对具体史料的分析，了解大化改新的背景及其对日本的影响，培养结合所学知识综合分析历史问题的能力。通过辩论赛，知道武士道精神对日本社会的影响。（史料实证、历史解释素养、家国情怀素养）

3. 通过讨论大化改新对日本的影响，认识学习与模仿他人是提高自身的一种重要途径。（历史解释）

教学重点：大化改新。

教学难点：幕府统治。

接下来，由徐健愉老师依托课程标准的教学设计流程进行阐述，与大家进行交流。

第三部分 “怎么教”——设计学科探究的教学流程

一、教学设计的指导理念——以学生为主体，立德树人

在设计本课之前，我们历史组首先认真研磨历史课程标准中课程实施下的教学建议部分。在教学建议中，课标提出：历史课程的教学要力求体现课程的基本理念，以发展学生的核心素养为目标，并依据目标对教学内容进行适当的选择与整合，精心设计以学生为主体的教学过程和教学活动，组织学生参与探究历史的实践活动，使学生在特定的历史情境下发现问题、解决问题，形成自己对历史的正确认识。所以，我们历史组在设计本课的指导理念是以学生为主体来设计本课教学流程。

二、教学设计的具体原则——以核心素养为导向整合教学内容

在研磨本课总体设计理念之后，我们再次研磨教学设计的具体原则。课标指出：历史课程内容的基本结构是按照历史发展的时序，以学习主题的方式依次呈现历史的发展进程，要求学生在掌握历史发展基本线索的基础上，了解和认识重要事件、人物、现象，对重要的历史问题进行分析。教师在进行教学设

计时，应准确把握内容要求和学业要求，分析教材，整体梳理教学内容，把握每一学习主题涉及的范围、层次、要点，以及核心概念、重要问题，使教材的内容转化为有利于学生学习的教学内容。在分析课程内容结构的基础上，教师需要从有利于发展学生核心素养的角度对教学内容进行有效整合。

因此，在教学环节上，我们设计的自学任务表体现了培养学生唯物史观的核心素养。本课点线支架体现了时空观念，师生研学体现了史料实证、历史解释等核心素养。在学生辩论环节，还能够提升学生的家国情怀。

三、教学设计流程

下面是《古代日本》一课的教学流程和一点想法。

原来我将本课设计为：课前学习、教师导学、学生自学、师生研学、素养提升等五个环节。这是原来我校概括的自主合作探究史教学模式。现在用新课标的要求看，缺少了素养导向的学科实践、学科探究的特点。同时也不是历史学科独特的教学模式。

课程标准的“教学建议”中提出：设计有助于核心素养形成和发展的教学过程。

要将传统教学设计中基于知识授受的教学过程，转变为基于学生核心素养发展的教学过程，这就不仅要考虑教学内容的逻辑、教学过程的环节和学生的认知特点等，还要在教学理念上以学生的学习与发展为本，注重学生的自主探究活动，调动和发挥学生学习历史的积极性、主动性和创造性。因此，教师需要从以下方面重点设计教学过程。

1. 创设历史情境，引领学生在历史情景中展开历史学习。

2. 明确学习任务，以具体任务引领学生认识历史和解决探究问题。

3. 完成探究任务，以任务为引领开展教学。

4. 开展史料研习，通过对相关史事的了解，以及运用有价值、可行的史料来判断历史事实，形成历史认识。

5. 组织历史认证，引导学生对史料进行分析、比较、综合、概括等，形成自己的看法。

设计教学流程，也就是设计学生的学习路线，这是属于“怎么教”的问题。依据课标解决“怎么教”的问题要阅读“教学提示”。

新课标中涉及本课的“教学提示”是：世界古代史的学习内容，尤其是一些历史地点、历史人物、历史事件、历史制度等，对于学生来说相对陌生。因此，在教学中要注意充分运用直观材料，拉近学生与所学内容的距离。要注意对世界古代史上典型的文明成果、重要历史人物和历史事件进行具体、形象的讲述，注重对重要历史概念的解读。同时，要加强对学生学习世界史的学法指导，注重学生对世界古代史材料的阅读理解。

在教学过程中，要重点概括世界各个区域文明的主要特征，梳理各区域文明互动的过程及其结果。要注意引导学生认识人类文明的起源具有多源性，各大文化区域的文明成果构成了人类文明的多元性特点。同时，要引导学生回顾、联系中国古代史的学习内容，了解中国古代文明在世界文明中的地位。

教学中要充分利用考古发掘的实物材料、典型的图片材料和文字材料等，有选择地运用有关世界古代史的影视作品，进行情境创设，加强教学的直观性；联系地理课程，引导学生掌握世界古代历史地图的要素，认识古代世界不同区域的地理范围，加深对古代多元文明的理解。

结合本课学习目标，我设计了下面三个教学环节：

环节一　创设历史情境，明确学习目标，提出探究任务

学习活动一　复习欧洲中世纪史（设置学习情境，引出亚洲和日本何时、如何进入封建社会）

复习、梳理欧洲中世纪从奴隶社会进化为封建社会的线索。

环节二　开展史料研习（开展通过研读课文和收集资料的主题活动）

学习活动二　日本是怎样进入封建社会的

（1）收集、整理日本大化改新前的社会状况。

（2）梳理日本进入封建社会的过程与日本封建社会的特点。

（3）收集整理大化改新的原因、过程、结果。

学习活动三　日本的幕府统治

收集日本幕府统治的历史材料，了解幕府统治的成因、具体状况、历史发展的影响。

环节三　组织历史认证（开展关于武士精神辩论主题活动）

学习活动四　讨论日本的武士精神

日本古代有很多武士并形成了武士道精神，这在很多日本漫画和电视剧中多有体现。试着收集日本武士精神的资料，完成关于武士精神对日本利弊影响的辩论。

请大家讨论这个教学流程设计是否符合历史学科实践的教学方式。

第四部分　怎么教和教到什么程度——选择“教学评”一致性的策略方法

一、在教学各环节中的学习活动设计

在课前学习准备中，根据九年级学生自主探究意识增强、综合思维能力提高的特点，我设计了通过布置四个层次化学习活动，达到整体学习的同时还能兼顾个性化学习的目标。让学生通过网络、书籍等多种途径对本课内容进行收集整理，以利于课堂教学的开展。

（一）“学习活动一”的教学活动设计

首先给全班布置了复习欧洲中世纪史的内容，通过完成复习线索的构建，引出日本何时、如何进入封建社会的学习内容。下面是我们通过梳理欧洲中世纪，东西方文明从奴隶社会进化为封建社会的线索。由学生在课堂上进行展示汇报。

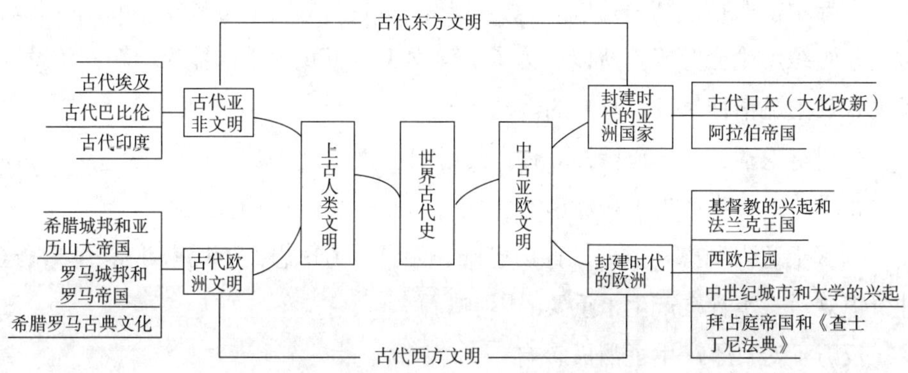

（二）“学习活动二”的教学活动设计

课程标准中关于本课的“教学提示”中提出：要引导学生回顾、联系中国古代史的学习内容，了解中国古代文明在世界文明中的地位。所以，我布置了学习任务问题清单，既能达到复习中国史的目的，还能引出日本是怎样进入封建社会的学习，便于开展本课的学习。

“问题清单”要求：认真阅读课本 52 页—54 页，思考下列各题，并在课本上勾画出来。疑难问题做好标记。

（1）中国有春节，日本也有春节，你还知道哪些中日文化上的相同点吗？（可以从文字、衣着、建筑、饮食、宗教等方面着手）你知道日本大化改新前的社会状况是怎样的吗？

（2）说出日本进入封建社会的过程与日本封建社会的特点。

（3）请说出日本大化改新的原因、过程、结果。

（三）“学习活动三”的教学活动设计

中国古代皇权至上，在日本掌权的却是将军。请完成幕府统治的成因、具体状况、历史发展的影响。

（四）“学习活动四”的教学活动设计

新课标提出，在教学中要开展以学生为主体的多种多样的活动，要实现历史课程育人方式的变革，很重要的方面是改变以教师传授知识为主的教学方式，突出学生在教学中的主体地位，组织以学生为主体、以师生互动和生生互动为特征、以探究历史问题为目的的教学活动。在活动中，学生通过亲身参与，表达自己的观点，交流不同的看法，吸纳合理的意见，完善自己的认识；教师要及时引导学生概括总结，达成共识。教学活动的类型应丰富多样，可开展课堂讨论，组织辩论会等等。所以，为了加深学生对于武士道精神的理解，我设计了关于武士道精神对日本影响的辩论会。

分组辩论赛：武士道精神对日本的影响。

正方：对日本产生了积极影响。

（武士道强调忠义节烈，宣扬忠诚、无畏、为理想而不屈奋斗等精神，这种价值观对日本社会产生了重要的影响。）

反方：对日本产生了消极影响。

（明治维新后，成为帝国主义侵略扩张的工具，走上了军国主义道路，成为日本右翼的文化土壤。）

二、小组合作学习的运用

课标指出，学生的核心素养是在解决问题的过程中发展的。因此，教师在分析教学内容的基础上，要以问题为引领开展教学。无论单元学习还是每课学习，都要结合教学内容的逻辑层次，设置需要解决的问题，并形成递进性的问题链，构成教学过程的逻辑层次，使学生在解决问题的过程中掌握知识，发展思维，形成新的迁移，获得新的认识。教师不仅要在教学设计中注重探究问题的设置，而且要将教学过程的实际操作转化为学生解决问题的活动过程；同时，要注重培养学生的问题意识，提升学生的批判性思维。

呈现史料能培养学生的论从史出的意识，培养学生历史学科思维，贯彻历史学科素养。小组讨论也能够锻炼学生的语言表达能力和合作探究的能力，真正做到了把课堂交还给学生。这是我们选择的两个材料。

材料一：6世纪下半叶，日本国内出现统治危机。公元646年（大化二年）元旦，日本统治者任用一些从中国归来的留学生，针对日本的政治、经济进行了一系列的改革。

1. 根据材料一并结合所学知识回答，大化改新的背景有哪些？

2. 根据材料一，指出大化改新时的日本向中国学习哪一方面？并得出日本大化改新的性质。

材料二：像日本人那样自觉的、大规模的文化引进，在西方历史中是找不到出同样的例子的。——赖肖尔《当今日本人》

3. 阅读材料二并思考，日本是一个岛国，国土有限，资源匮乏，但日本已经跻身世界经济大国的行列。通过学习日本的这段历史，你有何启示？

三、学生学习活动过程性评价记录单

《古代日本》过程性学习评价记录单

序号	评价指标描述	个人学习表现（结合学习任务单完成情况个人填写）	素养目标指向	自评	组内评
1	复习和梳理欧洲中世纪史，能提出问题：亚洲和日本何时、如何进入封建社会，并独立完成教师预设的自学问题清单。		通过梳理欧洲中世纪史，梳理东西方文明从奴隶社会进化为封建社会的线索，能将古代日本历史事件、人物、现象置于正确的时间和空间之中。		

续表

2	能够利用各种正规平台搜集关于日本文化、大化改新、武士道等相关史料，并尝试运用这些史料对古代日本的重要史实进行简要说明。		能够准确理解教材和教学活动中所提供的可信史料，辨识其中的含义。		
3	结合幕府统治时期形成的武士道精神对日本的影响分组辩论赛，了解世界文明的多元性与差异性。		有理有据地表达自己的看法，能表现出正确的价值判断和人文情怀。		
4	主动参与跨学科学习，结合日本地图了解日本地形特点及影响。		掌握世界古代历史地图的要素，认识古代世界不同区域的地理范围。		
5	在古代日本历史论证的小组讨论中，积极参与，表达自己的观点，交流不同的看法，吸纳合理的意见，完善自己的认识，与组员进行有效的交流，较好地完成小组任务。		养成论从史出的意识，提高历史学科思维，小组讨论过程中锻炼语言表达能力和合作探究的能力，提高问题意识，养成批判性思维。		
6	基础作业：梳理的知识点清晰明白，突出重点，条理清楚，图文并茂。 提升作业：短文立意清晰，史实正确，语句激昂，有代入感。 综合作业：内容丰富，图文并茂，色彩鲜明。		在课程结束后能够及时完成老师布置的作业任务，养成自主整理信息能力、总结归纳能力、概况表达能力，不断提升综合素养，塑造正确的人生观和价值观。		

针对《古代日本》这一课例，我设计了学生学习活动过程性评价记录单（与教学流程具有一致性），设计思路主要以历史课程目标、课程内容、学业要求和学业质量为依据，以培育学生核心素养为出发点和落脚点，综合评价发挥评价与考试命题的导向、鉴定、诊断、激励、调控和改进功能，准确判断学生核心素养的达成度。过程性学习评价纪实单的评价标准包括评价指标描述、个人学习表现、素养目标指向及自评和组内评。

本课评价设计符合学业质量标准的评价目标，从学校、教师、学生等不同评价主体的视角进行评价，倡导跨学科评价、增值评价，关注学生经历这次评价后展现的进步程度，注重评价目标与教学目标的一致性，教学和评价围绕学生学习这一中心展开，以过程评价促进学生核心素养的发展。

评价内容包括学生的学习态度、学习参与程度、学习内容掌握程度、核心素养的发展状况等。本课评价设计更多地关注学生的进步，注重学生在掌握知识、运用方法、解决问题、论证及表述等方面的提高，以及在学习过程中的合作交流、情感等方面的变化。评价结果会及时通过适当渠道向学生反馈，对学生给予适当的、有针对性的鼓励、指导和帮助，使学生在了解自己学习结果的基础上，总结经验，扬长补短，建立自信，激发学习动力，更积极地投入历史学习中。作为教师，我们要充分利用评价发现教学中存在的问题，根据评价结果及时调整教学进度和内容，改进教学策略。建立师生对话交流的沟通途径，共同解读和分析过程评价结果信息，提高评价结果的使用效率。本课设置的评价目标与教学目标具有一致性，教学和评价紧紧围绕学生学习这一中心展开，以过程评价纪实促进学生核心素养的发展。

四、多元化、民主化、多层次化作业设计

基于推行落实“双减”政策和“五项管理”的精神，为改变传统作业观念和模式，优化作业设计，提升作业质量，增强作业的内容和形式的趣味性、综合性、多样性及层次性，使学生完成作业时更具主动性，通过创新优化作业设计，让作业不再成为学生的负担而是提高能力的桥梁，真正让“双减”落到实处。

（一）基础作业内容：基础夯实，效度做加法

学习本课后，先在头脑中回忆本课知识点，建构自己头脑中本课思维导图。

作业设计意图：思维导图可以将新知识和旧知识整合，激发学生的联想和创意，将零散的知识融会贯通成为一个系统，最终将达到学生想达到的目标。

（二）提升作业内容：提升巩固，层次做加法

根据对古代日本史实的掌握，写一篇80—120字的小作文。题目自拟，史实正确，语句通顺，表述完整。

（作业设计意图：小作文讲究立意，锻炼了学生在学习的时候能抓住知识重点、把握知识主题的能力。写小作文可以锻炼学生组织语言的能力，使学生

说话更有逻辑性，表达知识更清楚，重点更突出。）

（三）综合作业内容：实践体验，难度做减法

结合古代日本特色文化等相关内容，制作一张与日本文化有关的手抄报，内容丰富，图文并茂，色彩鲜明。

让学生经历一次对日本认识的历史漫游，延伸课堂。

（作业设计意图：制作“手抄报”是一种锻炼学生自己动手能力的方式。自己的手抄报自己做主，当一次主编。从学生的视野看古代日本。可以锻炼学生收集资料的能力，培养分析能力及整合历史知识的能力。充分发挥学生的美术特长和自己的审美观，制作出一张关于古代日本的手抄报。）

我认为本课作业题设计要做到“上不封顶下保底”，定内容而不定人数，让不同层次学生在“跳一跳”的过程中各有所得，不断提高学习能力，获得学习乐趣，减轻学生过重的课业负担和心理压力，更深层次地唤醒学生学习的兴趣，最终达到全体学生充分、自由、和谐发展，人人各有所得，人人得到发展。本课作业设计注重学生的能力培养，以学生为中心，逐步培养学生的信息整理能力、总结归纳能力、概括表达能力等，不断提升学生的综合素养。作业设计以育人为根本的出发点，关注学生的内心成长和品格塑造，以德育为中心，塑造学生正确的人生观和价值观。

第五部分　整合教学资源以及深度融合信息技术

接下来，由周志婷老师来介绍关于教学中应用的技术支持，整合教学资源以及深度融合信息技术。

一、备课平台的支持

在初中历史《古代日本》教学中，教师可以首先从网络中进行搜索，找到大量的有价值的关于《古代日本》的教学 PPT 以及视频、音频等网络资源，把和本课教学内容有关的课件、微课等资源运用到教学中，将抽象的历史事件和概念形象化，使学生更好地理解和吸收知识。通过多媒体网络资源的运用，使历史教学变得更加生动有趣，学生更能主动参与其中，提高学习效果。同时，教师可以引导学生利用网络资源进行历史研究、查阅相关资料、观看历史纪录片等，拓宽了学生获取知识的渠道与途径。

备课前，可以观摩国家中小学智慧教育等平台的教学视频，看一看不同版

本的教材和不同地区的优秀教师，对于同一节课的授课方式方法，以及对重难点问题的处理方式，来不断地改进自己的教学设计，促进教学效果的提升。

二、学习技术平台及表单制作

2022版新课标对教育质量提出了更高的要求，也推动了学业质量标准的不断提高。新课标下的学业质量标准要求学生拥有创新能力、思维能力、应用能力、沟通能力和责任感，这些要求有助于培养学生的创新素养，提升学生的综合素养，让学生掌握新技术，增加学生参与社会实践的机会，从而更好地满足未来发展的需要。所以课前，我们推荐学生在国家中小学智慧教育平台等正规网络平台观看关于古代日本的政治、文化、经济等相关知识的视频，同时为学生提供天工APP、豆包APP等学习技术平台，让学生通过视觉和听觉感官直接接触到真实的事件和事物，更加直观、深刻地理解和领悟即将所学的知识，同时也可以培养学生的观察力、思考力和批判性思维，为学生即将学习《古代日本》一课奠定知识基础，拓宽知识范围。课堂上还可以为学生提供记录学生学习过程的评价纪实单，促进学生自主学习和自主评价，对自己有一个明确的认知。在课下巩固阶段，也可以布置基础作业、提升作业、综合作业的分层作业，检验学情。

三、课后延伸

日本是一个具有丰富多彩的文化背景的国家，拥有许多独特的传统和习俗，同学们可以通过图书馆、网络等平台查阅资料，了解日本有哪些特色文化，可以从日本的樱花文化、富士山文化、寿司文化、和服文化、清酒文化、武士道精神等有趣的特色文化，来感受日本是一个十分重视也十分善于吸收和输入他国文化的民族。日本民族是一个国民性格复杂矛盾、具有双重性特质的民族，文化上的多元性、包容性与保守性并存，使其在悠久的历史演变中始终绽放着其独有的光辉。

（案例撰写者：张金娟、何蓉蓉、徐健愉、周志婷）

案例 5.2

七年级上册《夏商周的更替》一课的教学设计

呼伦贝尔市莫力达瓦达斡尔族自治旗达斡尔中学　郜兰文

素养导向是2022年版课程标准的重要变化。新的历史课程标准围绕培养学生核心素养，进行了系统性、整体性的新设计。从核心素养内涵的凝练，学科课程目标的阐释，内容结构化，教学、评价、学习方式转变等多个维度建构了有利于学生素养培育的整体方案。

培养学生核心素养，以学科实践促进学生全面发展是本次课程标准修订在教学实施层面的变革和创新的思路。素养导向体现了以学生发展为指向的课程改革方向，新课程标准明确了“学业质量”和“课程实施”的具体要求，明确了学生掌握必备知识，形成正确世界观价值观、必备品格和关键能力，推动历史教学从过去过度重视知识记忆转向培养学生核心素养，实现教学转型。

2022年版历史课程标准为增加课程标准对教学的指导性，在“课程内容”部分，每一具体学段、具体领域、主题的说明都是由“内容要求”“学业要求”“教学提示”三部分组成。通过这些设定，教师可以明确了解相关教学内容“为什么教”“教什么”“教到什么程度”，而且强化了“怎么教”的具体指导，增加了教学、评价案例。这样在教学设计和教学实施中教师“严格依据课程标准教学”成为可能和教师工作的常态。

课程标准中有很大的篇幅对具体教学给出明确建议，以学生学习的视角提出了教学的具体要求：“确定核心素养五位一体的综合性教学目标”“基于单元主题学习整合教学内容”“开展以学生为主体的多种多样的教学活动”等。

新课程标准实施以来，我们学校组建了研究团队，依据课程标准要求，构建了“基于课程标准，以核心素养为导向，实施‘教学评’一致性，支架式备课”的基本流程，开展了核心素养为导向的教学设计研修，并按照五环节进行备课。

环节一　大单元分析与明确本课着力培养的核心素养。

环节二　依据课程标准的“内容要求”和“学业要求”确定基于核心素养导向的本课的教学目标。

环节三　依据课标的“教学提示”设计以核心素养为导向的历史学科探究的教学流程。

环节四　依据课标的“教学提示”和“学业要求”选择“教学评”一致性的策略方法和过程性评价。

环节五　整合教学资源与推进教学实现与信息技术深度融合。

在教学设计中依据着力培养的核心素养作为导向，确定单元目标、课时目标、设计教学流程，选择“教学评”一致性的教学策略及方法，在与信息技术深度融合的情况下开展教学活动。

我们依据课程标准的“内容要求”“学业要求”“教学提示”，落实“教学评”一致性理念，以结构性、支架式五个环节流程设计中国古代史第四课“夏商周的更替”这节课的教学。

第一部分　大单元分析与明确本课着力培养的核心素养

一、大单元、大概念视角下教材分析

本课为第二单元《夏商周时期：早期国家与社会变革》的第一课。本课主要学习四部分内容：夏朝的建立与“家天下”、商汤灭夏、武王伐纣和西周的分封制。

课程标准指出：历史课程以马克思主义唯物史观的基本观点为指导，按照历史时序，展示中外历史发展的基本过程。马克思主义根据人类社会生产力与生产关系基本矛盾的运动规律和趋势，把人类社会发展分为原始社会、奴隶社会、封建社会、资本主义社会和共产主义社会五种社会形态。它们构成了一个从低级到高级的发展序列。不是所有民族、国家的历史都完整地经历了这五个阶段，但是这个发展总趋势具有普遍性、规律性意义。

历史课程标准指出：历史学习以中外历史进程及其规律为线索，突出历史发展的阶段性特征，中外历史采用“点——线”结合的方式呈现，“点”是具体的历史事实，“线”是历史发展的基本线索。通过以“点”连“线”、以“线”穿“点”，使课程内容依照人类历史发展的时序，循序渐进地展开叙述，使学生在掌握历史事实的时候避免时序混乱，把握历史发展的阶段性特征。

本节课以“夏商西周的更替”的重大事件为“点”，通过对这段历史史实的学习初步认识“劳动在人类社会发展中的重要作用，知道物质生产是人类生存和人类社会发展的基础；知道人民群众是物质生产的主要承担者和历史的创造者；知道生产力发展的重要性，知道生产力和生产关系的矛盾运动、经济基础和上层建筑的矛盾运动是社会历史发展的根本动力；知道在阶级社会中存在着阶级矛盾和阶级斗争，阶级斗争是推动历史发展的直接动力；初步了解人类社会形态从低级到高级的发展趋势”。这一核心素养的“线”，为学生的唯物史观的建立打下基础。

具体说，本课的历史线索是夏朝的建立，标志着中国王朝的产生，是从原始社会向带有奴隶制特点的社会的转变，它开创的王位世袭制，为以后历代王朝所承袭；随后的商朝，创造了以青铜器、甲骨文为特征的文明成就；到了西周时期，统治者实行分封制，通过各级贵族维系国家的统治。在本课“夏商周时期国家与社会变革”这段历史的学习中，通过经济、科技成就，了解生产力发展对政治、社会、文化变革的推动作用；通过古代历史上治乱兴衰的史事，初步认识阶级社会中阶级斗争在历史发展中的作用。

二、新课标的“内容要求”

课标涉及本课的“内容要求”是：知道考古发现是了解原始社会（历史）的重要依据；知道甲骨文是已知最早的汉字；通过了解甲骨文、青铜铭文、其他文献记载和典型器物（与现行教材有所不同），知道具有奴隶制特点的夏、商、西周王朝的建立与发展，了解西周分封制等重要制度。

三、着力培养的核心素养

义务教育历史课程着力培养的核心素养包括：唯物史观、史料实证、时空观念、历史解释。

本课是在学生对中国境内早期人类与文明的起源初步了解以后，进行学习的第二单元具有奴隶制特点的早期王朝的建立与发展的重要内容，课标要求“知道具有奴隶制特点的夏、商、西周王朝的建立与发展，了解西周分封制等重要制度”，所以，通过本课教学学生在核心素养养成上能达成以下目标。

1. 利用时间轴或列表格等方式梳理夏商西周三个王朝更替的过程，归纳三个王朝更替过程中的重要历史事件、人物、现象，知道三个王朝更替的时间、都城位置、更替的原因及结果，将重要历史事件、人物、现象置于正确的时间和空间之中。（时空观念与具体表现程度）

2. 通过对夏朝二里头遗址及商朝的考古发掘的初步分析，指导学生对三个王朝当时的社会状况进行合理想象，知道从夏朝开始社会出现了贫富差别及阶级分化；夏朝的建立，标志着中国王朝的产生，是从原始社会向带有奴隶制特点的社会的转变。（史料实证、唯物史观与具体表现程度）

3. 利用相关史料分析从第一个奴隶制王朝夏朝的建立到第二个奴隶制王朝商朝的发展，再到第三个奴隶制王朝西周逐步完善的基本过程及表现，让学生了解奴隶制王朝的建立到发展的历史背景，分析三个王朝奴隶制度逐步完善对社会发展的影响，知道在阶级社会中存在着阶级矛盾和阶级斗争，阶级斗争是推动历史发展的直接动力。学生能够准确理解教材和教学活动中所提供的可信史料，辨识其中的含义；能够尝试运用这些史料对重要史事进行简要说明，有理有据地表达自己的看法，表现出正确的价值判断和人文情怀。（唯物史观、史料实证与具体表现程度）

4. 了解分封制的具体内容，分析西周分封制的意义及影响，西周通过实行分封制加强了周天子对地方的统治，扩大了统治区域，打破了夏商时期众邦国林立的状态。通过分封制，更加巩固了周天子天下共主的地位，统治得到了进一步的加强。知道分封制的实行推动了全国的经济和文化发展，初步了解人类社会形态从低级到高级的发展趋势。（唯物史观、历史解释、具体表现程度）

5. 通过对夏朝后期商部落逐渐强大，商晚期周部落的迅速发展的原因（重视生产力发展、重视贤才任用）及商朝创造了以青铜器、甲骨文为特征的文明成就的分析，了解生产力发展对政治、社会、文化变化的推动作用。（唯物史观、历史解释）

第二部分　依据课程标准的“内容要求”和“学业要求”确定基于核心素养导向的本课的教学目标

一、课程标准中的“学业要求”

能够了解中国古代历史的基本线索和重要的事件、人物、现象，知道重大史事发生的时间和地点、原因和结果，初步养成历史时序意识和历史空间感。（唯物史观、时空观念）

能够知道中国古代遗留至今的各类史料是了解和认识中国古代历史的证据，能结合语文、地理、艺术等课程的学习，初步理解古代史料的含义，尝试运用史料说明历史问题。（史料实证、历史解释）

能够对中国古代历史上的重要事件、人物、现象等形成合理想象，进行初

步分析，认识其意义和影响。（唯物史观、历史解释、家国情怀）

能够通过中国古代的经济、科技成就，了解生产力发展对政治、社会、文化变革的推动作用；通过古代历史上治乱兴衰的史事，认识阶级社会中阶级斗争在历史发展中的作用。（唯物史观、历史解释、家国情怀）

二、教学目标的确定

基于以上对教材的分析和课程标准中相关“内容要求”和“学业要求”的讨论，我们确定了本课的教学目标。

1. 画出夏商西周王朝的建立与发展的流程图，梳理夏商西周三个王朝更替的过程；知道更替过程中的重要历史事件、人物；知道三个王朝更替的时间、都城位置；初步理解更替的原因及结果。（时空观念与具体表现程度）

2. 对夏朝二里头遗址及商朝的考古发掘进行初步分析及合理想象，了解从夏朝开始社会出现了贫富差别及阶级分化，对比原始部落社会状况，知道夏朝的建立，标志着中国王朝的产生，是从原始社会向带有奴隶制特点的社会的转变，形成初步分析历史的基本素养。（史料实证、唯物史观与具体表现程度）

3. 通过研读史料了解奴隶制王朝的建立、发展到完善的历史背景，能够尝试运用这些史料分析三个王朝奴隶制度逐步完善对社会发展的影响，并进行简要说明，有理有据地表达自己的看法。（唯物史观、史料实证与具体表现程度）

4. 了解分封制的具体内容，分析西周分封制的意义及影响，通过分封制的实行推动了全国的政治、经济和文化发展，初步了解人类社会形态从低级到高级的发展趋势。（唯物史观、历史解释、具体表现程度）

5. 归纳夏朝后期商部落逐渐强大、商晚期周部落迅速发展的共同原因（重视生产力发展），了解生产力发展对政治、社会、文化变化的推动作用；对比夏商西周治乱兴衰的史事，认识阶级社会中阶级斗争在历史发展中的作用。（唯物史观、历史解释、家国情怀）。

教学重难点：

重点：夏商周的更替，西周的分封制。

难点：西周的分封制的作用与分析夏商西周治乱兴衰的原因及历史作用。

第三部分 依据课标的“教学提示”设计核心素养导向的历史学科探究的教学流程

一、教学流程设计依据

课程标准涉及本课的“教学提示”要求：学生初学历史，需要培养兴趣，调动学习积极性。在教学过程中，教师要通过情景再现、问题引领、故事讲述和多样化的资源运用等方式，激发学生的求知欲，促进学生积极、主动地学习历史。要注重对学生历史学习方法的指导，从帮助学生学会阅读、理解教材，概括所学内容入手，进而指导学生解读史料，使学生逐步学会对史事进行分析。

教学设计的指导理念：历史课程的教学要力求体现课程的基本理念，以发展学生的核心素养为目标，并依据目标对教学内容进行适当的选择与整合，精心设计以学生为主体的教学过程和教学活动，组织学生参与探究历史的实践活动，使学生在特定的历史情境下发现问题、解决问题，形成自己对历史的正确认识。

教学设计的具体原则：历史课程内容的基本结构是按照历史发展的时序，以学习主题的方式依次呈现历史的发展进程，要求学生在掌握历史发展基本线索的基础上，了解和认识重要事件、人物、现象，对重要的历史问题进行分析。教师在进行教学设计时，应准确把握内容要求和学业要求，分析教材，整体梳理教学内容，把握每一学习主题涉及的范围、层次、要点，以及核心概念、重要问题，使教材的内容转化为有利于学生学习的教学内容。在分析课程内容结构的基础上，教师需要从有利于发展学生核心素养的角度对教学内容进行有效整合。

课程标准涉及本课的“教学建议”要求：设计有助于核心素养形成和发展的教学过程。

要将传统教学设计中基于知识授受的教学过程，转变为基于学生核心素养发展的教学过程，这就不仅要考虑教学内容的逻辑、教学过程的环节和学生的认知特点等，还要在教学理念上以学生的学习与发展为本，考虑历史学习、研究的特点开展历史学科探究，用历史的方法学习历史，让学生向历史学家一样思考，升级历史学科的自主合作探究学习。按照课标的教学建议，教师需要考虑历史学习特点，从以下几个方面重点设计教学过程：一是创设历史情境，引领学生在历史情景中展开历史学习；二是明确学习任务，以具体任务引领学生认识历史和解决探究问题；三是提出探究任务，以任务为引领开展教学；四是开展史料研习，通过对相关史事的了解，以及运用有价值、可行的史料来判断历史事实，形成历史认识；五是组织历史认证，引导学生对史料进行分析、比较、综合、概括等，形成自己的看法。

二、按照课程标准的“教学提示”和“教学建议”要求，设计本课学习任务群

学习任务一　画出夏商西周三个王朝建立与发展的基本线索。（创设历史情境，明确学习任务，提出探究任务）

阅读教材，梳理本段历史发展的基本线索和重要的事件、人物、现象，知道重大史事发生的时间和地点，画出本段历史线索图，初步养成历史时序意识和历史空间感。（时空观念）

对比原始社会尧舜禹时期的社会状况、阶级关系、部落联盟首领的产生方式等历史内容，归纳原始社会的社会状况和夏商西周时期的不同，提出中国早期国家的产生及发展的探究任务。

学习任务二　针对重大历史事件收集可信史料，尝试运用可信史料说明历史问题。（史料研习，判断历史事实，形成历史认识）

1. 分析夏朝二里头遗址及商朝的考古发掘，了解从夏朝开始社会出现了贫富差别及阶级分化，知道从夏朝开始中国的社会性质发生了变化，从原始社会向带有奴隶制特点的社会的转变，形成初步分析历史的基本素养。（史料实证、唯物史观与具体表现程度）

2. 研读史料，了解夏商西周三个奴隶制王朝的建立、发展到完善的历史过程，完成学习任务单，运用史料，小组分析三个王朝奴隶制度逐步完善对社会发展的影响，通过小组汇报的形式进行简要说明。（唯物史观、史料实证与具体表现程度）

3. 观看西周分封制示意图，了解分封制的具体内容，小组合作分析西周分封制的目的及影响，得出分封制的实行在当时的历史背景下推动了全国的政治、经济和文化发展的历史结论。（唯物史观、历史解释、具体表现程度）

学习任务三　专题研究、研读教材、合作探究。

1. 通过对夏朝后期商部落逐渐强大、商晚期周部落的迅速发展的共同原因的分析，达成历史共识：商部落和周部落都重视农业生产，发展生产力，不断开拓疆土，提升了王朝实力，推进了社会发展。通过对历史事件的分析了解生产力发展对政治、社会、文化变化的推动作用。

2. 展示《封神榜》中商朝“炮烙之刑”“牧野之战”“烽火戏诸侯”等视频，对比夏商西周末代帝王的残暴统治，归纳王朝更替的原因，通过对比夏商西周治乱兴衰的史事探究，认识阶级社会中阶级斗争在历史发展中的作用。（唯物史观、历史解释、家国情怀）

第四部分　依据课标的“教学提示”和“学业要求”选择“教学评”一致性的策略方法和过程性评价

一、过程性评价学习任务单

目标要求	评价任务	评价标准	评价方式	评价结果
了解中国古代历史的基本线索和重要的事件、人物、现象，知道重大史事发生的时间和地点、原因和结果。	梳理本节课历史发展的基本线索和重要的事件、人物、现象，知道重大史事发生的时间和地点，画出本段历史线索图。	A：按照评价任务要求梳理，内容全面具体。 B：能够画出历史线索图，梳理出基本历史内容。 C：线索图中梳理内容不全。	独立完成 展示汇报 个体评价	
针对重大历史事件收集可信史料，尝试运用可信史料说明历史问题。	对比原始社会尧舜禹时期的社会状况、阶级关系、部落联盟首领的产生方式等历史内容，归纳原始社会的社会状况和夏商西周时期社会状况的不同点。	A：能够从阶级关系、部落联盟首领的产生方式和管理方式三方面详细概括出不同点，得出社会性质发生了变化的基本结论。 B：能够概括出以上三方面的不同点，但不能归纳出社会性质变化的结论。 C：概括内容不全，得不出具体结论。	独立完成 展示汇报 个体评价	

续表

针对重大历史事件收集可信史料，尝试运用可信史料说明历史问题。	通过对夏朝二里头遗址及商朝的考古发掘分析，能够归纳从夏朝开始社会出现了贫富差别及阶级分化，知道从夏朝开始中国的社会性质发生了变化，从原始社会向带有奴隶制特点的社会转变。	A：能够概括出阶级分化的现象，概括出从夏朝开始社会性质发生了根本性变化。 B：能够概括出阶级分化的现象，不能理解性概括出从夏朝开始社会性质发生了根本性变化。 C：概括内容不全，得不出具体结论。	独立完成 展示汇报 个体评价	
针对重大历史事件收集可信史料，尝试运用可信史料说明历史问题。	研读史料，了解夏商西周三个奴隶制王朝的建立、发展到完善的历史过程，运用史料分析三个王朝奴隶制度逐步完善对推进社会发展的影响。	A：通过小组合作的方式对史料进行分析，小组成员能够简要说明奴隶制度的逐步完善推进了当时社会的发展。 B：对史料理解不深入，基本理解史料内容但不能清晰概括出重要历史结论。 C：基本理解史料，但不能概括出历史结论。	小组合作 展示汇报 小组评价	
针对重大历史事件收集可信史料，尝试运用可信史料说明历史问题。	了解分封制的具体内容，重点分析西周分封制的目的及影响，理解分封制在当时的历史背景下所起的作用。	A：能够从历史角度出发分析周王朝实行分封制的目的及实施分封制以后对周王朝巩固地方统治的积极作用。 B：基本上理解分封制的目的及作用。 C：能够使用教材的语言概括分封制的目的及作用，但不能用历史的语言进行概括总结。	小组合作 展示汇报 小组评价	

续表

能够通过中国古代王朝对发展经济的重视，了解生产力发展对政治、社会、文化变革的推动作用。	分析夏朝后期商部落逐渐强大、商晚期周部落迅速发展的共同原因，理解生产力的发展对社会发展的推动作用。	A：通过研读教材及相关史料，小组能够分析概括出商和周发展的共同原因，能够得出生产力发展是社会发展的推动力这一结论。 B：能够概括出商和周发展的共同原因，但不能完整概括出生产力发展对社会发展的推动作用。 C：基本能够概括出两个王朝发展的共同原因，得不出历史结论。	专题研究 小组合作 展示汇报 小组评价	
通过古代历史上治乱兴衰的史事，认识阶级社会中阶级斗争在历史发展中的作用。	观看视频，对比夏商西周末代帝王的残暴统治，归纳王朝更替的原因，通过对比夏商西周治乱兴衰的史事探究，认识阶级社会中阶级斗争在历史发展中的作用。	A：通过合作探究，能够概括出夏商周三个王朝的更替是历史发展的必然，能够概括出阶级社会中阶级斗争在推进历史发展中的作用。 B：基本上能够概括出王朝的更替是历史发展的要求，对阶级斗争在阶级社会中的历史作用认识不清晰。 C：三个王朝更替原因的认识仅仅停留在末代帝王的残暴统治上，对阶级社会阶级斗争的存在认识不到位。	专题研究 小组合作 展示汇报 小组评价	

二、小组合作学习的组织及汇报成果展示

合作任务	汇报小组	协作交流	结论
研读史料，了解夏商西周三个奴隶制王朝的建立、发展到完善的历史过程，运用史料分析三个王朝奴隶制度逐步完善对推进社会发展的影响。	第一小组 第二小组	补充意见1 补充意见2 补充意见3 ……	

续表

了解分封制的具体内容，通过重点分析西周分封制的目的及影响，理解分封制在当时的历史背景下所起的作用。	第三小组 第四小组	补充意见1 补充意见2 补充意见3 ……	
分析夏朝后期商部落逐渐强大、商晚期周部落的迅速发展的共同原因，理解生产力的发展对社会发展的推动作用。	第五小组 第六小组	补充意见1 补充意见2 补充意见3 ……	
观看视频，对比夏商西周末代帝王的残暴统治，归纳王朝更替的原因，通过对比夏商西周治乱兴衰的史事探究，认识阶级社会中阶级斗争在历史发展中的作用。	第七小组 第八小组 第九小组	补充意见1 补充意见2 补充意见3 ……	

三、过程性当堂抽测

1. 王明同学在了解“夏商西周的兴亡”这段历史时，在自己的笔记本上整理了下面的知识点，其中不正确的一项是（　　）

A. 夏朝的建立，标志着我国早期国家的产生

B. 商汤战胜夏朝的启，夏朝灭亡，商朝建立

C. 商朝的最后一个王纣，修筑豪华宫殿，施用炮烙等酷刑镇压人民，最后被灭

D. 周武王建立周朝，定都镐，历史上叫作西周

2. 盘龙城遗址是武汉城市之根，是迄今为止长江流域发现的商代前期规模最大、出土遗存最丰富的城址。据此，我们可以得出的合理结论是（　　）

A. 商朝政治影响到达长江流域

B. 黄河流域是中华文明的摇篮

C. 夏朝是中国历史上第一个王朝

D. 商朝创造了以青铜器和甲骨文为特征的文明

3. 了解历史时序和掌握历史发展线索是学习历史的基本要求。下图①对应的朝代是（　　）

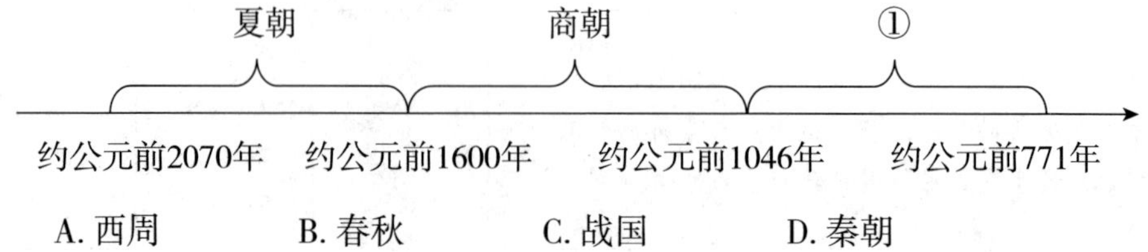

A. 西周　　B. 春秋　　C. 战国　　D. 秦朝

4.《礼记》记载："殷人称神，率民以事神，先鬼而后礼。"周人则提出"天命靡（无）常，惟德是辅"；周公曾说："民之所欲，天必从之。"和殷商时期相比，西周统治者的治国理念是（　　）

A. 依赖血缘　　B. 强化神权　　C. 突出人权　　D. 注重道德

5. 阅读下列材料，回答问题。

夏商西周时期是我国早期国家的产生和发展的重要时期，社会经济和文化有了巨大飞跃，给后人留下了许多宝贵的财富。某校历史兴趣小组开展了以"王朝更替与制度创新"为主题的探究活动，请你参与其中。

【王朝更替】

材料一

桀驾人车　　炮烙之刑　　烽火戏诸侯

（1）根据图片总结夏商西周三朝灭亡的共同原因。

【制度创新】

材料二

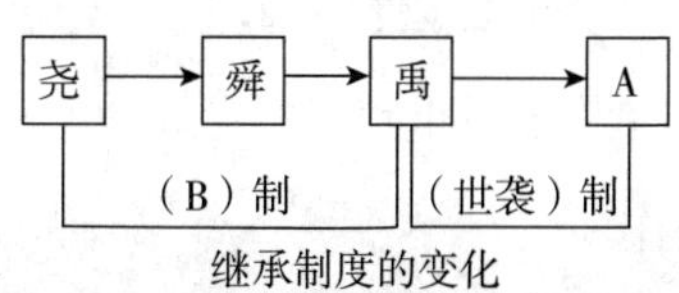

继承制度的变化

（2）在方框和括号内填上相关内容：A：______B：______

材料三

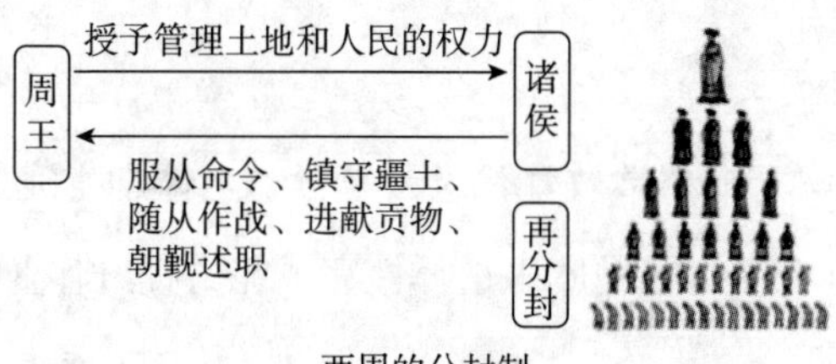

西周的分封制

（3）根据图示并结合所学知识，说说西周实行分封制的目的和所起作用分别是什么。

【活动感悟】

（4）学习了夏商西周的兴衰和更替，你的感悟是什么？

四、课后巩固作业

登录国家中小学智慧教育平台自主完成：基础性作业（全体学生）、拓展作业（AB 层完成）

登陆网址：https：//basic.smartedu.cn/syncclassroom/prep

第五部分　整合教学资源实现与信息技术深度融合

（一）备课资源的搜集和整理

在备课之前，教师利用学科网等网络媒体查找大量的有价值的关于本节课的教学 PPT 以及视频等网络资源，对不同的教学资源进行整合加工，形成有助于辅助自己教学活动的媒体资源，通过多媒体网络资源的运用，使历史学科教学变得更加生动有趣，激发学生的学习兴趣，让学生在现实的情境中学习历史，感悟历史。

（二）为学生课前预习提供依据

课前让学生登录国家中小学智慧教育云平台，通过观看微课视频，让学生初步了解本节课的学习内容及学习重点，为更好地开展课堂学习活动做好铺垫。

（三）评价表单的制作

课堂上为学生提供记录学生学习过程的评价表单，促进学生自主学习、合作学习，通过表单及测评练习的使用及时反馈学生的课堂学习情况，为改进教学提供依据。

（四）知识巩固

课后学生登录国家中小学教育智慧云平台，全体学生完成平台中的基础性作业，AB 层次学生在平台习题库中选择性完成能力提升作业。

（案例撰写者：郜兰文）

第六章　初中化学学科结构化、支架式教学设计案例

案例 6.1

《金属的化学性质》“教学评”一致性的支架式教学设计研修纪实

齐齐哈尔市龙江县头站镇中心学校、龙江县杏山镇中心学校　化学组

张金娟：新课标是在原课标基础上的创新和发展，确定了素养为本的课程目标，构建了大概念统领的内容体系，打造了科学明确的学业质量标准，强化了对跨学科实践和考试命题的指导性；践行新课程理念，改进教学方式，是达成课程目标、培育时代新人的必然途径。如何依据新课标进行备课、授课呢?

下面请李敬艳老师谈谈 2022 年版化学课程标准的新要求、新理念以及开展“教学评”一致性支架式教学设计的流程。

李敬艳：

第一部分　支架式教学的提出

明确 2022 版化学课程标准的新要求、新理念。一是更加强调化学课程要充分发挥化学课程的育人功能，二是整体规划素养立意的课程目标，三是构建大概念统领的化学课程内容体系，四是重视开展核心素养导向的化学教学，五是倡导实施促进发展的评价。对教学设计影响最大的，最值得关注的有：

（一）整体规划素养立意的课程目标

凝练了化学观念、科学思维、科学探究与实践、科学态度与责任四个核心素养。

其中属于化学独特的素养是化学观念，具体指的是：初步认识物质的多样

性，能对物质及其变化进行分类；能从元素、原子、分子视角初步分析物质的组成及变化，认识“在一定条件下通过化学反应可以实现物质转化”的重要性；初步学会从定性和定量的视角研究物质的组成及变化，认识质量守恒定律对资源利用和物质转化的重要意义；能通过实例认识物质的性质与应用的关系，形成合理利用物质的意识；能从物质及其变化的视角初步分析、解决一些与化学相关的简单的实际问题，发展辩证唯物主义世界观。

（二）构建大概念统领的化学课程内容体系

精心选择促进学生核心素养发展的化学课程内容，明确学习主题，凝练大概念，反映核心素养在各学习主题下的特质化内容要求。

义务教育化学课程以促进学生核心素养发展为导向，设置五个学习主题，即科学探究与化学实验、物质的性质与应用、物质的组成与结构、物质的化学变化、化学与社会·跨学科实践。

每个学习主题由五个维度的内容构成，包括大概念、核心知识、基本思路与方法、重要态度、必做实验及实践活动，围绕大概念构建学习主题的内容结构，将课程目标具体化为各学习主题的内容要求。

（三）重视开展核心素养导向的化学教学

聚焦学科育人方式的转变，深化化学教学改革。基于大概念的建构，整体设计和合理实施单元教学，注重启发式、互动式、探究式教学，引导学生自主学习，开展以化学实验为主的多样化探究活动；创设真实问题情境，倡导“做中学”“用中学”“创中学”，开展项目式学习，重视跨学科实践活动。

第二部分　开展“核心素养导向，严格依据课标，‘教学评’一致性支架式教学设计”

核心素养导向的教学设计是教育部“基础教育课程教学改革深化行动方案”的“教学方式变革行动”中“实施教学改革重难点攻坚”的重要内容。我们根据长期支架式教学设计的研究时间，融入新课程的新理念、新要求，构建了“核心素养导向，严格依据课标，‘教学评’一致性支架式教学设计”。按这个教学设计模式，我们按“大单元视角下的教材分析，明确教学内容着力培养的核心素养——明确素养导向的教学目标——设计化学学科实践的教学流程——依据‘教学评’一致性选择教学策略和设计过程性评价——资源整合和信息技术支持”开展教学设计。

张金娟： 下面呈现我们联合教研组依据课程标准的“内容要求”“学业要求”“教学提示”，进行五环节教学设计的集体备课过程。参加此次备课的成员有张金娟老师、李丹老师、李敬艳老师、潘丽君老师。

下面请李丹老师就《金属的化学性质》一课——明确着力培养核心素养发言。

李丹：

一、“为什么教”——明确着力培养核心素养

（一）大单元、大概念视角下的教材分析，明确教学内容着力培养的核心素养

1. 教学内容的大单元、大概念分析

我们选择的教学内容是化学九年级下册《金属的化学性质》一课，属于学习主题“物质的性质与应用”。

（1）涉及的大概念：物质的多样性。具体要求：认识物质是多样的，知道物质既有天然存在的也有人工创造的，既有无机物也有有机物；认识依据物质的组成和性质可以对物质进行分类，知道物质可以分为纯净物和混合物、单质和化合物等；知道物质具有独特的物理性质和化学性质，同类物质在性质上具有一定的相似性；知道物质具有广泛的应用价值，物质的性质决定用途。（化学观念）

（2）涉及的核心知识：知道大多数金属在自然界中是以金属矿物形式存在的，体会化学方法在金属冶炼中的重要性；知道金属具有一些共同的物理性质，通过实验探究等活动认识常见金属的主要化学性质及金属活动性顺序。

（3）基本思路与方法：了解物质性质包括物理性质和化学性质，知道可以从物质的存在、组成、变化和用途等视角认识物质的性质。（化学观念、科学思维）

知道可以通过物质类别认识具体物质的性质，了解通过物质的共性和差异性认识一类物质性质的方法。（通过共性认识个性，科学思维）

了解观察、实验，以及对事实进行归纳概括、分析解释等认识物质性质的基本方法。（科学思维、科学探究）

（4）重要态度：认识空气、水、金属矿物是宝贵的自然资源，形成保护和节约资源的可持续发展意识与社会责任。（科学态度与责任）

（5）必做实验及实践活动：常见金属的物理性质和化学性质。（科学探究）

2. 梳理本课着力培养的核心素养及表现程度

根据上述分析，本课着力培养的核心素养及表现确定为四个方面：

（1）化学观念：金属具有独特的物理性质和化学性质，金属在性质上具有一定的相似性。

（2）科学思维：从物质的存在、组成、变化和用途等视角认识物质的性质。

（3）科学探究与实践：学习了解观察、实验，以及对事实进行归纳概括、分析解释等认识物质性质的基本方法。会正确做常见金属的物理性质和化学性质实验。

（4）科学态度与责任：金属矿物是宝贵的自然资源，形成保护和节约资源的可持续发展意识与社会责任。

张金娟：下面请潘丽君老师就《金属的化学性质》一课如何确定核心素养导向的切适的教学目标进行发言。

潘丽君：

二、“教什么”——确定本课切适的教学目标

根据课程内容中的“内容要求”和“学业要求”确定切适的教学目标。

新课标中涉及本课的“内容要求”明确要求：通过实验探究等活动认识常见金属的主要化学性质及金属活动性顺序；认识物质的变化过程伴随着能量变化，在一定条件下通过化学反应可以实现物质转化。相关“学业要求”明确提出：能通过实验说明金属的主要性质，并能用化学方程式表示；能举例说明物质性质的广泛应用及性质与用途的关系；能利用常见物质的性质，分析、解释一些简单的化学现象和事实；设计实验方案，分析、解释有关的实验现象，进行证据推理，得出合理的结论。

结合以上分析，确定本课的教学目标为：

1. 通过设计实验、解释实验现象、进行数据分析、证据推理等，探究常见金属与氧气、盐酸和稀硫酸、金属化合物溶液的反应规律，并能用化学方程式表示。（侧重科学探究素养培育）

2. 了解金属具有独特的物理性质和化学性质，金属在性质上具有一定的相似性。（侧重化学观念、科学思维核心素养培育）

张金娟： 下面请李敬艳老师谈谈设计学科探究的教学流程以及本课的教学流程。

李敬艳：

三、“怎么教”——设计学科探究的教学流程

（一）落实新课程标准的教学建议

化学课程标准“教学建议”中：“3. 充分认识化学实验的价值，积极开展科学探究与实践活动”指出：

（1）充分认识化学实验的价值

以实验为基础是化学学科的重要特征之一，化学实验对全面发展学生的核心素养有着极为重要的作用。

（2）积极开展科学探究与化学实践活动

科学探究是一种重要的科学实践活动，是化学课程要培养的核心素养不可或缺的组成部分。教师应充分认识科学探究对促进学生核心素养发展的独特价值，根据学生认知发展水平，精心设计探究活动，有效组织和实施探究教学。在教学中，教师可以采用多种探究活动形式，提倡以小组为单位合作开展探究活动。探究教学要讲究实效，不能为了探究而探究，避免探究活动泛化和探究过程程式化、表面化；把握好探究的程度和水平，避免浅尝辄止或随意提高知识难度的做法；处理好教师引导探究和学生自主探究之间的关系，避免出现探究过程中教师包办、代替或对学生“放任自流”的现象。

（二）依据新课标的“教学提示”设计学科探究的教学流程

课程标准对于本课的“教学提示”为：

（1）通过实物、图片、模型等直观手段，联系学生常见的具体物质，引导学生感受物质的多样性；结合元素、原子和分子等核心概念，引导学生进行比较、分类、概括，建立物质分类的认识，逐步形成基于物质类别研究物质及其变化的视角。

（2）通过典型实例，帮助学生认识物质性质与用途的关系，展现丰富、鲜活的物质应用事实，引导学生基于物质性质对物质应用进行分析、解释和创

意设计，促进学生“性质决定用途”观念的形成

（3）充分发挥学生必做实验的功能，给学生提供充分的动手实践和动脑思考的机会，经历完整的探究过程；引导学生在反思和交流的基础上，提炼研究物质性质的一般思路与方法。

基于课标要求，创设金属与氧气、盐酸和稀硫酸、金属化合物溶液的三个贴近真实生活的教学情境，设计教学目标明确，以具有逻辑关系的探究性和验证性实验为核心任务式教学流程设计。

整个教学流程为：

学习任务	学生活动	教师组织	活动意图
任务一：学生自主进行网络阅读《化学就在你身边》	学生利用国家中小学智慧教育平台阅读《化学就在你身边》读物并展示阅读成果。	1.指导学生收集、整理金属的化学性质。 2.指导、总结、提炼有关金属的相关性质。	1.通过自主阅读，提升学生阅读、收集、整理、分析信息的能力。 2.将化学与生活联系起来，形成物质间转化的联系观。
任务二：在真实的情境中得出金属与氧气反应的结论	1.观察现实生活中的金属物品被氧化的情况，得出大多数金属可以与氧气反应的事实。 2.辨析“真金不怕火炼”，观察演示实验。	1.引导学生观察、分析，得出金属与氧气反应的结论。 2.指导学生观察实验、解释现象，得出金属的化学性质也具有差异性的结论。	1.培养观察分析能力。 2.掌握观察实验现象，对事实进行归纳概括、分析解释等认识物质性质的基本方法。
任务三：验证金属能与酸发生化学反应	1.进行验证性实验，验证金属镁、锌、铁、铜能否与稀盐酸、稀硫酸反应。 2.观察记录实验现象，分析得出金属与酸反应的难易程度。	1.指导学生依据标准实验操作，进行实验。 2.引导学生根据实验现象总结实验结论。 3.引导学生总结金属与酸反应的难易程度体现的金属活泼性的差异。	1.培养学生实验操作能力。 2.培养学生依据实验现象判断本质的思维方法。 3.发展学生抽象、概括能力。

续表

任务四：进行探究性实验——金属与某些金属化合物溶液反应	1.提出猜想和假设：铁、铜两种金属与硫酸锌、硫酸铜、硝酸银三种溶液之间能否反应？有什么反应规律？ 2.根据猜想，设计实验过程。 3.根据设计好的实验过程，进行实验。	1.提出探究目的，引导学生根据探究目的做出猜想和假设。 2.引导学生设计实验方案。 3.指导学生规范地进行实验操作。 4.带领学生总结实验结论，得到普遍的反应规律。	1.使学生经历完整的探究过程，提升科学探究能力，养成良好的科学思维方法。 2.培养学生敢于质疑、大胆尝试的科学精神。
任务五：总结金属的化学性质，概括出置换反应的概念，得出金属活动性强弱的顺序	1.总结、归纳金属的化学性质。 2.根据金属与酸反应、金属与某些化合物溶液反应的方程式，概括置换反应的概念。 3.得出金属活泼性的强弱顺序。	1.引导学生得出由个别到一般的论证方法。 2.引导学生用恰当准确的语言表达置换反应和金属的活动性顺序。	1.培养学生总结、归纳能力，掌握归纳论证的科学方法。 2.形成基于物质类别研究物质性质及其变化的视角。 3.提升学生的概括、推理能力。

张金娟： 下面请潘丽君老师谈谈针对本课选择的教学策略和过程性评价的设计。

潘丽君：

四、选择“教学评”一致性的策略方法

（一）在各教学各环节中采用启发式、互动式、探究式的学习活动设计

新课程标准要求化学教学应注重启发式、互动式、探究式教学，引导学生自主学习，开展以化学实验为主的多样化探究活动；创设真实问题情境，倡导“做中学”“用中学”“创中学”等学习方式，基于新课标的要求我设置了三个真实的教学情境，采用两条主线贯穿其中，实现一个中心知识掌握的目的。

1. “学习任务一”的教学活动设计

金属有哪些化学性质？

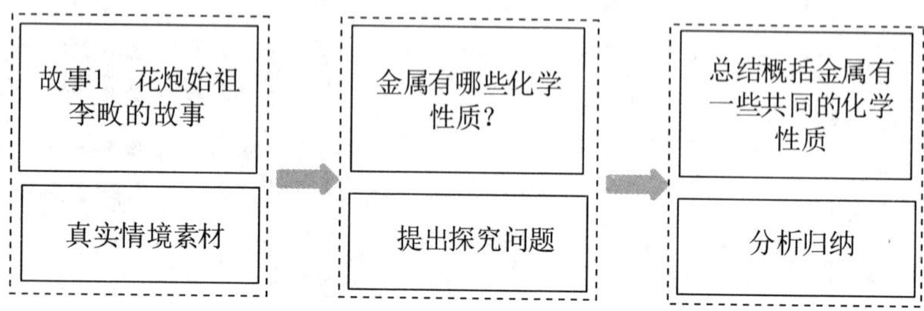

2. “学习任务二”的教学活动设计

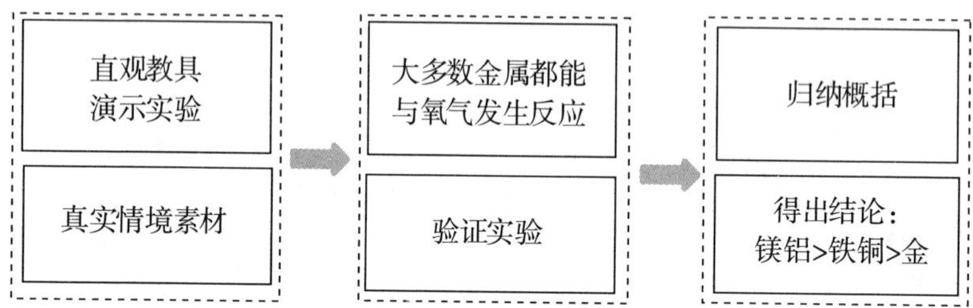

3. “学习任务三”的教学活动设计

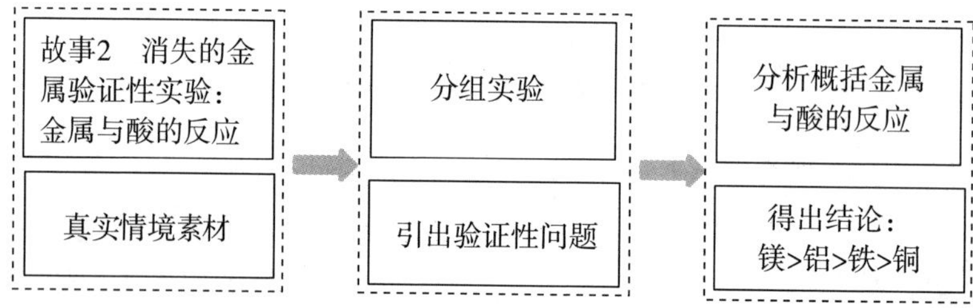

4. “学习任务四”的教学活动设计

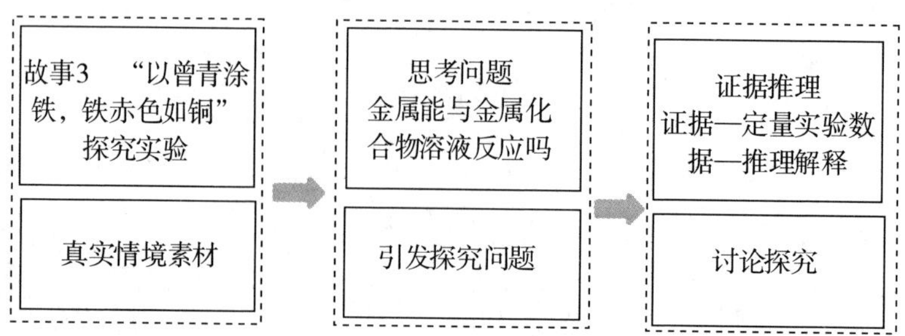

5.“学习任务五”的教学活动设计

教师引导学生共同概括金属的化学性质，写出化学反应方程式，完成思考问题：

（1）此类反应有什么特点？属于哪种反应类型？仿照学过的反应类型的概念，给该反应下个定义。

（2）总结金属活动性规律。

（二）学习过程记录与过程性评价记录单的编制

化学课程标准“评价建议”的“1. 日常学习评价”指出：全面、客观地评价学生的化学观念、科学思维、科学探究与实践、科学态度与责任等核心素养培养目标的达成情况，注重“教学评”一体化，倡导基于证据诊断发展学生的核心素养，重视学科和跨学科实践活动的评价。

1. 科学制订评价目标及要求

评价目标的制订应坚持正确的政治方向，以核心素养为导向，落实立德树人根本任务。评价目标及要求应与学业质量和学业要求相一致，依据学习主题的内容要求、学业要求，以及学业质量描述，确定具体的评价内容和水平要求。

2. 加强过程性评价，优化阶段性评价

日常的过程性评价主要通过收集和分析学生在课堂学习、实验探究、跨学科实践活动、课后作业、单元测验、阶段性检测等学习活动中的表现，诊断学生核心素养的发展情况，为教学改进提供依据。

注重活动表现评价。选择有价值的学习活动进行表现性评价，制订具体的评价目标和要求，通过多种形式收集学生的表现证据，作出诊断和评价，并进行针对性的教学指导。

依据“评价建议”相关要求，针对《金属的化学性质》这一课例，我们备课小组设计了学习过程记录与过程性评价记录单。依据学业质量、内容要求和学业要求确定具体的评价指标和素养目标指向，准确判断学生核心素养的达成度。过程性学习评价记录单包括评价环节、评价指标、素养目标指向三个方面。学生依据评价指标对个人学习表现真实记录，同时从教师、学生等不同评价主体进行自评和互评，及时反馈学生的学习状态，帮助学生反思、调整学习方法及教师反思、调整教学策略。

"学习任务一"开展课前阅读活动，完成预设的学习任务。评价该活动表现使用评价量规，采用学生自评、互评相结合的方式，基于学生的活动表现，评价素养目标的发展情况。

"学习任务二、三、四"主要通过实验活动探究金属的化学性质，采取小组合作，分组实验的策略展开教学，紧扣本课核心素养要求，设计常规学习、合作学习评价指标，注重其在该学习任务活动中的具体内涵及表现，关注核心知识、化学观念的运用，辩证思维、综合思维、实践能力的具体表现，充分体现核心素养导向的评价观。

"学习任务五"通过教师引导学生共同概括金属的化学性质，这部分内容主要关注学生对学习效果的评价。下面是对教学过程设计的过程性学习评价记录单。

《金属的化学性质》过程性学习评价记录单

环节	评价指标描述	个人学习表现（结合学习任务单完成情况个人填写）	素养目标指向	自评	组内评
自主学习	自主进行网络阅读，收集、整理金属相关的化学性质。		通过自主阅读，提升学生收集、整理、分析信息的能力。能将化学与生活联系起来，形成物质间转化的化学观观念。		
常规学习	实验操作规范，能够正确使用实验器材，能注意节约使用试剂，具有安全意识，能正确做好防护。		正确的实验操作是进行科学探究实践活动的基础。		
	实验现象观察认真仔细，记录完整，分析准确。		充分发挥学生必做实验的功能，给学生提供充分的动手实践和动脑思考的机会，提炼研究物质性质的一般思路与方法。		

续表

合作学习	善于合作，能主动、流畅地表述自己的实验方案和实验结果，能倾听建议。		通过分组实验探究金属的活动性，使学生在解决问题的过程中掌握知识，发展思维，形成新的迁移，获得新的认识。		
学习效果	积极思考，敢于提出问题。		掌握金属独特的化学性质，敢于从微观实质上进行宏观辨析。		
	能运用所学知识解决生活中常见的化学问题。		能运用金属的化学性质对新情景新问题进行准确合理分析和论证。		

（三）小组合作学习的运用

本节课的重点就是通过实验等方法引导学生归纳、总结出金属主要化学性质，并能较熟练地利用金属活动性顺序进行相应判断。因此实验在本课题中的作用是不容忽视的。所以，在开展教学活动中，采取小组合作，协同发展的策略，开展化学实验积极进行实践探索，抓住小组合作学习规律和特点，真正发挥小组合作学习的作用。教学中应尽可能多地给学生提供动手实验的机会，让学生在实验过程中对金属的化学性质产生更直观的认识。在学习任务三和学习任务四中采取的小组合作策略运用如下：

学习任务三：1625 年，通过化学家格劳贝尔发现了金属放入酸中消失的奇妙现象，引导学生开展分组实验，验证金属与酸的反应。启发学生思考：镁、锌、铁、铜四种金属都能在酸中消失吗？请同学们列出你的猜想，并思考要解决的主要问题是什么？

学习任务四：葛洪《抱朴子·内篇》中："以曾青涂铁，铁赤色如铜"的记载，引出探究问题：金属能与金属的化合物溶液发生化学反应吗？请同学们根据教师提供的化学药品：铁、铜两种金属与硫酸锌、硫酸铜、硝酸银三种溶液以及科学探究的步骤，进行探究性实验，并开展分组实验。

为保证教学目标的顺利实现，实验活动中还应注意以下问题：

1. 实验中引导学生对重点现象的观察，但对学生发现的其他现象也不回避，应适当给予正确解释。比如铝与硫酸铜溶液的反应，一些细心的学生还会观察到气泡产生的现象。

2. 借助直观的实验现象认识反应规律，采用边实验、边观察、边归纳的教学方式，让学生自己去发现和表述反应规律，教师适当引导。

3. 在实验活动中强化对金属活动性的认识。在学生活动中注意引导学生关注与活动性顺序相关的现象。

（四）作业设计

基础性作业主要考查置换反应以及学生对金属活动性顺序的运用。探究性作业主要考查金属活动性的判断。实践性作业训练金属与酸溶液的反应，侧重科学探究素养的培育。

五、整合教学资源以及深度融合信息技术

（一）实验器材、装置的精心准备

金属的化学性质包括：金属与氧气的反应；金属与酸的反应；金属与金属化合物溶液的反应。在学习任务二中，常见金属与氧气的反应主要以回忆和演示实验为主，教师事先准备好实验室被氧化的镁条，生活中氧化的铝饭盒等物品，作为实验教具，让学生理解有些金属在常温下就能与氧气发生反应。再做加热铜和金戒指演示实验，通过观察实验现象，理解有些金属在加热的条件下能与氧气发生反应，也有些金属即使在高温条件下也不与氧气发生反应。根据金属与氧气反应的条件差异，初步引导学生思考“反应条件”差异的根本原因是什么，激发学生的探究欲望。在学习任务三、四中，金属与酸的反应和金属与金属化合物溶液的反应需要进行分组实验。每四人为一个小组进行实验探究，需要准备 10 组实验器材。而且每组进行多个小实验，需要试管的个数较多，所以将反应容器由试管改为井穴板，可以同时做 6 个分组实验，大大减少了准备实验的工作量。由于实验室条件不允许，导致铁丝严重锈蚀，临时决定用订书钉代替铁丝，取得良好的实验效果。本次实验很成功，也印证了“纸上得来终觉浅，绝知此事要躬行”的必要性。学生在动手操作时，发现每一个细节的重要性，体会每一个成功的实验背后蕴藏着深刻的智慧和巧妙的设计。

（二）国家中小学智慧教育平台优质资源的使用

1. 教师备课

在对《金属的化学性质》进行备课时，备课人在网络上搜索大量的关于本课的教学 PPT 以及网络资源，将与教学内容有关的课件、微课等资源运用到教学中。同时，备课小组提供了不同的教学见解，在教学重点和难点问题的处理上提供建议，实现教学相长。利用课程教学板块，看一看不同版本的教材和不同地区的优秀教师，对于同一节课的授课方式方法，和对于重难点问题的处理方式，来不断的改进自己的教学设计，实现教学效果的最大提升。

2. 学生预习

学生课前利用国家中小学智慧教育平台的课后服务板块提供经典，阅读“青少年读物—科普读物《化学就在你身边》”。通过电子阅读方式，实现校内校外、课上课下阅读活动的衔接，开拓学生的视野，提升阅读能力。

（三）学习评价记录单和信息技术的有效支持

学习评价记录单是引领学生自主学习的一种工具，它能优化知识的建构，促进学生核心素养的达成。以学习评价记录单为载体，对学生的课前、课中及课后学习效果的评价，是基于合作学习环境下“教学评”一致性的新模式，及时反馈学习情况。课上采用信息技术融合手段，利用手机与白板同屏互传，实时记录学生实验情况，为今后的实验教学打好基础。

（四）课后学习资源的高效延伸

本课教学设计以一个中心、两条主线、三个实验展开，围绕知识结构化的中心设计了实验探究和真实的化学情境两条主线，三个实验环节围绕两条主线，服务于一个中心的设计理念，培养了学生科学素养和实践能力。学完本课之后，教师可以利用国家中小学智慧教育平台的习题库资源进行组卷，发布到班级群，学生可以在线作答，从而达到巩固提升的目的。

（案例撰写者：潘丽君、李丹、李敬艳、张金娟）

第七章　初中物理学科结构化、支架式教学设计案例

案例 7.1

八年级《质量》一课教学设计研修纪实

呼伦贝尔市莫力达瓦达斡尔族自治旗达斡尔中学　物理组

第一部分　新课标学习理解

物理学是自然科学领域研究物质的基本结构、相互作用和运动规律的一门基础学科。物理学通过科学观察、实验探究、推理计算等形成系统的研究方法和理论体系。从古代的自然哲学，到近代的相对论、量子论等，物理学引领着人类对自然奥秘的探索，深化着人类对自然界的认识。物理学对化学、生物学、天文学等自然科学产生了重要影响，推动了材料、能源、环境和信息等领域的科学技术进步，促进了人类生产生活方式的变革，对人类的思维方式、价值观等都产生了深远影响，为人类文明和社会进步作出了巨大贡献。学好物理对提高学生科学素养，促进学生的终身发展具有重要意义。

一、新课标的主要变化

1. 新课标凝练了物理课程着力培养的核心素养，进一步明确了素养导向的物理学科的课程目标，使物理课程的育人目标更加明确和具体。

2. 重新整合了课程内容，以主题为线索，构建课程结构。

通过构建课程结构，可以让学生更加系统地学习知识，了解知识之间的联系和区别，从而更好地培养学生的核心素养。核心素养是指学生在学习过程中所形成的关键能力和必备品格。通过培养学生的核心素养，可以让他们更好地

适应未来社会的发展和变化。

3. 注重科学探究，倡导教学方式多样化。新课标注重培养学生的科学素养和科学探究能力，提倡教师采用多样化的教学方式来实现这一目标。

科学探究是指通过观察、实验、调查等方式来获取知识和解决问题的过程。在新课标中，科学探究被视为培养学生创新精神和实践能力的重要途径。

为了促进科学探究的开展，倡导教学方式的多样化，这意味着教师可以采用不同的教学方法和策略，如探究式教学、合作学习、问题解决教学等，以满足不同学生的学习需求和特点。

通过注重科学探究和倡导教学方式多样化，新课标旨在培养学生的主动学习能力、创新思维和解决问题的能力，使他们能够成为具有科学素养和批判性思维的个体。

4. 增强课程标准的指导，用“内容要求”“学业要求”“教学提示”指导教师解决一节课“为什么教”“教什么”“教到什么程度”和“怎么教的问题”。新课标通过增强课程标准的指导作用，帮助教师更好地解决一节课的教学问题。具体来说，课程标准中的“内容要求”指导教师明确教学的目标和重点，即“为什么教”和“教什么”；“学业要求”指导教师了解学生应该达到的学习水平，即“教到什么程度”；“教学提示”则指导教师选择合适的教学方法和策略，即“怎么教”。

通过这些指导，教师可以更加有针对性地设计教学方案，提高教学效果。同时，课程标准的指导也可以帮助教师更好地评估学生的学习情况，及时调整教学策略，促进学生的全面发展。

5. 发挥评价的育人功能，促进学生核心素养发展。通过评价来发挥其育人的功能，进而促进学生核心素养的发展。

具体来说，评价不仅是对学生学习成果的检验，更是对学生学习过程的反馈和指导。通过评价，教师可以了解学生的学习情况和问题所在，及时调整教学策略，帮助学生更好地掌握知识和技能。同时，评价也可以激励学生的学习积极性，促进学生主动学习和自我反思，从而提高学生的学习效果和核心素养。

二、物理课程着力培养的核心素养

物理课程着力培养的核心素养包括以下几个方面：

1. 物理观念：包括物质观念、运动与相互作用观念、能量观念等。物理观念是学生理解和应用物理知识的基础，也是培养学生科学思维和创新能力的重要支撑。

2. 科学思维：包括模型建构、科学推理、科学论证、质疑创新等。科学思维是学生进行科学探究和解决问题的重要工具，也是培养学生创新能力和批判性思维的关键。

3. 科学探究：包括提出问题、猜想与假设、设计实验与制订方案、进行实验与收集证据、分析与论证、评估、交流与合作等。科学探究是学生学习物理的重要方式，也是培养学生实践能力和创新精神的重要途径。

4. 科学态度与责任：包括科学态度、科学伦理、STSE 等。科学态度与责任是学生形成正确的世界观、人生观和价值观的重要基础，也是培养学生社会责任感和环境意识的重要内容。

物理着力培养的核心素养的意义在于，它们不仅是学生学习物理知识的基础，也是学生未来发展和应对社会变革的重要能力。通过培养学生的核心素养，可以提高学生的科学素养和创新能力，促进学生的全面发展，为学生未来的学习和工作奠定坚实的基础。

第二部分　依据新课标的《质量》一课的支架式、结构化教学设计研修

新课程标准实施以来，我们组建了研修团队，开展了“基于课程标准，以核心素养为导向，实施‘教学评’一致性，支架式备课”的基本流程和在课堂实施方面的研修，按照五环节支架进行备课：

环节一：大单元分析与明确着力培养的核心素养。

环节二：依据课程标准的“内容要求”和“学业要求”确定基于核心素养导向的本课的教学目标。

环节三：依据课标的“教学提示”设计核心素养导向的教学历史学科探究的教学流程。

环节四：依据课标的“教学提示”和“学业要求”选择“教学评”一致性的策略方法和过程性评价。

环节五：整合教学资源与推进教学实现与信息技术深度融合。

在教学设计中依据着力培养的核心素养作为导向确定单元目标、课时目标、设计教学流程，选择“教学评”一致性的教学策略及方法，在与信息技术深度融合的情况下开展教学活动。

下面我们依据课程标准的“内容要求”“学业要求”和“教学提示”，围绕支架式教学设计五个环节设计七年级上册《质量》的教学。

一、大单元、大概念视角下教材分析与明确本课着力培养的核心素养

大单元和大概念视角是教育教学中的两个重要概念，它们强调将学习内容组织成整体性的、连贯的单元，以促进学生的深入理解和综合应用。

1. 大单元是指将相关的知识、技能和价值观组织成一个整体的学习单元。大单元的设计旨在打破传统学科界限，将不同学科领域的知识和技能融合在一起，形成一个综合性的学习体验。通过大单元的学习，学生可以更好地理解不同学科之间的联系和相互作用，培养跨学科的思维能力。

2. 大概念视角是指将学习内容围绕一些核心概念进行组织和呈现。大概念是指具有广泛适用性和普遍性的重要概念，它们能够贯穿多个学科领域，并为学生提供深入理解和应用知识的基础。大概念视角强调将学习内容与学生的生活经验和实际问题联系起来，帮助学生建立起知识与现实世界之间的联系，培养学生的问题解决能力和创新思维。

3. 大单元和大概念视角的应用有助于促进学生的深度学习和综合应用能力的发展。它们鼓励教师从整体上思考教学内容的组织和呈现方式，帮助学生建立起知识的连贯性和系统性，培养学生的综合素养和创新能力。

4.《质量》一课的大概念分析。“质量”属于物理新课标的二级主题“物质的属性”，大概念（基本概念）包括物质量、密度，具体要求是：知道质量的定义、密度的定义、质量和密度的关系等。

5. 本课着力培养的核心素养。《质量》一课涉及物理观念、科学探究等核心素养的培育。在认识物质的形态、属性及结构方面总的表现程度为：能把物理知识与实际情境联系起来，能从物理学视角观察周围事物，解释有关现象，解决简单的实际问题，初步形成物质观念。

如果把上述要求具体化就是新课标中涉及本节课的“学业要求”：知道质

量的含义，理解密度的概念，能够根据这些知识解释有关自然现象，尝试运用这些知识解决日常生活中的有关问题，形成初步的物质观念。

核心素养的培养需要通过具体的教学活动来实现，教师可以通过设计探究活动、实验、观察等方式，引导学生积极参与学习，帮助学生更好地理解和掌握物理知识，培养学生的物理核心素养。

6.《质量》一课教材分析。本节内容包括四部分知识，即“质量的概念”“质量的单位”“用天平测质量”和“质量是物体的一种属性”。教材首先以学生所熟悉的铁锤和铁钉为例，通过比较它们所含有物质的多少，引出质量的概念，接着介绍了质量的单位，又列举了一些物体的质量，目的是让学生对质量的单位千克形成较具体的观念。质量是物理学中的一个基本概念，在初中阶段对质量概念要求较为浅显，只需要认识到质量是物体所含物质的多少，不是质量的严格定义。对于物体的质量不随位置、形状、物态的变化而改变的问题，应引导学生通过观察、实验等活动形成初步的认识。天平作为一种较复杂的测量工具，是后续实验中的重要仪器，也是社会生活中的一种常用测量工具。因此，本节的教学重点和难点是天平的使用。

本节应重视学生的实验操作和分析的过程，引导学生在探究过程中寻找答案，获得知识，培养科学探究素养。所以，建议采用教师指导和学生实验相结合，以学生实验为主的方法。实验前，引导学生讨论正确使用天平的方法，实验时，要求每个学生明确实验目的、实验原理、实验器材及操作步骤。在学生操作的过程中，教师应不断巡视，做好指导，及时发现学生实验中的亮点，让学生体验成功的喜悦。实验后，组织学生讨论总结，培养学生的合作交流和归纳能力。教师应根据本节的教学容量和所教学生实际情况，合理确定本节的课时数。

二、基于核心素养导向的本课的教学目标的确定

新课标中涉及本课的课标中的要求为：

【内容要求】

知道质量的含义。会测量固体和液体的质量。

【学业要求】

知道质量的含义，理解密度；能根据这些知识解释有关自然现象，尝试运用这些知识解决日常生活中的有关问题，形成初步的物质观念。

依据课标的“内容要求”和“学业要求”，以培育物理观念的“物质观念”以及“科学探究”能力等核心素养为导向确定本课教学目标为：

1. 通过分析一些现实生活中的实例了解质量的初步概念，知道质量的单位及其换算。

2. 通过实际操作，掌握天平的使用方法，学会用天平测量固体和液体的质量。

3. 通过观察、实验，认识质量是不随物体的形状、物态、空间位置而变化的物理属性。

4. 通过使用天平的技能训练，了解严谨的科学态度与协作精神。

教学重点：能通过课堂教师设计的教学活动学会使用天平测质量

教学难点：通过视频播放的活动感知质量不随状态、位置、形状的改变而改变。

三、设计物理学科实践的教学流程

（一）明确课标要求

新课标“教学建议”要求：

物理教学应发挥不同教学方式独特的育人功能。教师应依据学生发展阶段、教学内容特点、教学资源等情况，灵活选用教学方式，促进教学目标的有效达成。

1. 倡导情境化教学

教师要充分结合学生的生活经验，有目的地创设生动具体的情境，引导学生从经验中概括、提炼事物的共同属性，抽象事物的本质特征，实现从经验常识向物理概念转变；以新奇的现象激发学生的兴趣，通过认知冲突引发学生深入思考，进而引导学生从生活走向物理、从自然走向物理。

2. 突出问题教学

“问题教学”为学生提供了一个交流、合作、探索、发展的平台，促使学生在问题解决中主动运用知识。在教学活动中以问题为线索，让学生在问题情境中探索和发现知识，掌握技能，发展创新思维。

教师要有意识地创设问题情境，引导学生发现问题、提出问题，促进学生主动学习，不断增强学生运用物理知识解决实际问题的意识和能力。注重帮助学生养成良好的思维习惯，做到概念清楚、研究对象明确、思维有逻辑、结论有依据。

3. 注重“做中学”“用中学”

教师要努力通过活动帮助学生学习和运用知识，提升学生的操作技能与探究能力。教学中，可选取能引起学生兴趣的内容，让学生通过阅读教材或其他拓展材料、收集各种形式的信息、调查研究和讨论展示等方式去学习；可让学生结合所学，研究一些小课题，制作一些小模型、小用具等，增强动手能力。

4. 合理运用信息技术

教师要充分发挥信息技术的优势，将信息技术有效融入物理教学，创新教学方式，提升教学效率。

（二）依据课标设计物理实践的教学流程

按照课程标准的上述要求，设计《质量》一课的五个教学流程。

教学环节一：情境中提出问题，明确学习任务目标

创设生活中比较物体重量和多少的学习情境，明确本课“了解质量的初步概念”“知道质量的单位”“学会用天平测量质量”“了解质量不随物体状态、位置、形状的改变而改变”等教学目标。

教学环节二：解决“质量”概念问题的教与学，明确物质概念

通过教师的讲解和小组的讨论，了解质量的概念，了解质量的单位。

教学环节三：解决物质多少的“用中学”

掌握天平的使用方法，学会用天平测量固体和液体的质量。

教学环节四：明确质量测量的单位体系和方法

了解体积和容积单位的换算，能利用量筒、量杯测量固体和液体的体积。

教学环节五：进一步理解“质量”是物质的基本属性

通过观察、实验，认识质量是不随物体的形状、物态、空间位置变化而变化。

四、依据课程标准选择“教学评”一致性策略与方法

（一）使用基于素养导向学习活动过程性评价任务单

《质量》一课过程性学习、评价任务单

课题	6.1质量
学习目标	1.通过分析实例了解质量的初步概念。 2.通过自主学习知道质量的单位、单位之间的换算关系和测量工具。（重点） 3.通过实验掌握天平使用方法，（重点）认识质量是物体本身的一种属性。（难点）
评价标准	A等32−25分，B等27−31分，C等18−26分，不合格18分以下

学习过程	评价标准
任务一：质量及质量的概念 一、问题讨论 将下面的物体先分类再说出各由什么材料组成的？所含的材料一样多吗？    铁锤　椅子　铝锅   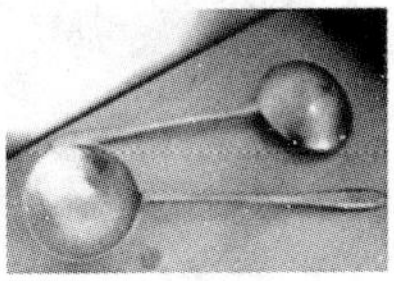 桌子　铁钉　铝勺 二、详细阅读课本P108的课本内容、P109的小资料和P111的“科学世界”，然后完成下列问题： 1.物体所含_______的_______叫质量。质量的符号_______。 2.质量的单位 （1）基本单位是________，符号_______。 （2）常用单位有①_______，符号_______；②_______，符号_______；③_______，符号_______。 三、评价练习 1.（C级）单位换算： 1 t=__________kg　1 kg=___________g　1 g=_________mg	1.能够独立完成得5分，通过交流完成得4分，在同学的指导帮助下完成得3分。

续表

2.（B级） ①一名中学生的质量约______kg。 ②1包方便面的质量约是______kg。 ③1个鸡蛋的质量约_______mg。 ④1个苹果的质量约_______g。 3.（C级）质量为1.5×10^5mg的物体可能是（　　） A.一头牛　B.一只老母鸡　C.一本书　D.一头大象	2.完成全部练习没有错误得5分，有一处错误得4分，两处错误得3分，三处错误得1分。
任务二：质量的测量 一、仔细阅读课本P109—P111的内容，完成下列问题： 1.在日常生活中测量质量的工具有（写出你知道的三种即可）：______________、______________、_________________。 2.实验室中测量质量的工具是______________。 二、评价练习 （C级）在下列测量工具中，不是用来测量质量的仪器是（　　） A.电子秤　B.杆秤　C.弹簧秤　D.台秤	1.能够独立完成得5分，通过交流完成得4分，在同学的指导帮助下完成得3分。 2.完成全部练习没有错误得5分，有一题错误得4分，两题错误得3分，三题错误得1分。
任务三：天平的使用 一、自己先阅读课本P109的内容，对照实物，合作探究，然后完成下列问题： 1.使用天平测量物体质量前应注意的事项 （1）每个天平都有自己的“称量”，也就是它所能称的________。被测物体的质量不能超过__________________。 （2）向盘中加减砝码时要用__________，不能__________接触砝码，不能把砝码__________、__________。 （3）__________和__________不能________放到天平的盘中。 2.根据课本所示天平，填出天平各部分的名称。 3.使用托盘天平测物体质量的正确方法： （1）托盘天平应_______放置。 （2）调节横梁平衡：①将游码拨至标尺_______的_______处。 ②调节横梁右端（或两端）的__________，直到横梁_______。 （3）称量时：把被测物体放在_______盘内，在________盘里加减砝码并调节_______在标尺上的位置，直到横梁平衡。思考：添加砝码时，应先________后________。（选填“大”“小”）	1.能够独立完成得5分，通过交流完成得4分，在同学的指导帮助下完成得3分。

续表

（4）计算时盘里砝码的总质量加上________所对的刻度值，就等于被测物体的质量。 二、学生以组为单位完成下列活动和任务 活动1：小组合作完成课本P110实验——用天平测量固体和液体的质量 实验完成后，然后总结使用托盘天平测量物体质量的完整方法：除前面所讲的基本方法外，还应该 （1）____。 （2）____。 活动2：课本P111“想想做做” 活动3：课本P112习题第2题 做法写在书上？通过本活动你有什么发现？写在下面的空白处。 请同学们阅读课本P111的内容及“想想做做”，并回答下列问题： 1.物体的质量不随________、________、________的变化而变化，所以质量是物体本身的________。 三、评价练习 1.（C级）下列情况中，铁块的质量发生变化的是（　　） A.铁块磨掉一个角　B.铁块熔化成铁水 C.铁块轧成薄铁片　D.铁块从地球运到月球 2.（B级）小强同学用托盘天平测量一块橡皮的质量，调节天平平衡时，将游码调到“0”刻度后，发现指针停在分度盘的右侧，如图甲所示。要使天平平衡，应使右端的平衡螺母向__________移动。天平平衡后，在左盘放橡皮，右盘添加砝码，向右移动游码后，指针停在分度盘中央，所加砝码数值和游码的位置如图乙所示：则橡皮的质量是__________g。如果调节天平平衡时，忘记将游码调到0刻度，则他所测量的橡皮质量比真实值________。 20 g 10 g 0 1 2 3 4 5g 甲　　乙	2.完成全部练习没有错误得5分，有一题错误得4分，有两题错误得3分。

续表

小结： 请画出本节的知识结构树。	
达标检测	评价标准
1.（C级）下列物体中质量为50 kg的物体可能是（　　） A.一头大象　　　　B.一只鸡 C.一个人　　　　D.一只蚂蚁 2.（C级）关于质量的说法中，正确的是（　　） A.水结成冰后，质量变大了 B.把铁块加热后，再锻压成铁片，质量变小 C.物理教材在广州和北京的质量是一样的 D.1 kg的棉花和1 kg的铁块的质量并不相等 3.（B级）托盘天平横梁上都有标尺和游码，称量物体质量时，向右移动游码的作用是（　　） A.相当于向右调节平衡螺母 B.可代替指针用来指示平衡 C.相当在右盘中加小砝码 D.移动游码，使指针指在分度盘的中间线上 4.（C级）在使用托盘天平时，应先把天平放在________上，将游码调到________，然后调节________使横梁平衡。 5.（C级）质量是指物体所含________，宇航员从月球取到质量为5 kg的岩石标本，拿回地球后岩石质量应为________（填“大于”“小于”或“等于”）5 kg。 6.（B级）小明用天平测量矿石的质量，他先把天平放在________台面上，再将游码调到“0”刻度线处，发现指针停在如图甲所示的位置，要使天平平衡，应将平衡螺母向________调，调好天平后，他进行了正确的操作，砝码和游码的位置如图乙所示，矿石的质量为________g。 50 g 0　1　2　3　4　5g 甲　　　　乙	完成全部试题最多一题错误得5分，两题错误得4分，三题错误得3分，四题及以上错误得2分。

（二）“做中学”“用中学”的学习方法应用

“做中学”和“用中学”是一种强调实践和应用的学习方法，通过实际操作和应用来学习和理解知识。在学习使用天平测物体质量时，可以通过以下学习情境的创设来实践这种学习方法：

实验准备：准备一台天平、一些待测物体（例如小铁块、小石头、塑料块等）和一些用于比较的标准物体（例如铁块、砝码等）。

介绍天平：向学生介绍天平的结构和使用方法，包括天平的平衡调节、砝码的使用、读数的方法等。

实践操作：让学生亲自操作天平，测量不同物体的质量，并记录下来。可以让学生尝试使用不同的砝码组合来测量同一物体的质量，以加深对质量测量的理解。

比较和分析：让学生将自己测量的结果与标准物体的质量进行比较，分析误差产生的原因，并讨论如何提高测量的准确性。

应用拓展：引导学生思考天平在日常生活中的应用，例如在厨房中测量食材的质量、在实验室中测量化学试剂的质量等。可以让学生设计一些简单的实验，利用天平进行质量测量，并分析实验结果。

通过这样的学习情境创设，学生可以在实践中学习天平的使用方法，理解质量的概念和测量原理，培养实验操作和数据分析的能力，同时也能够将所学知识应用到实际生活中，提高学习的兴趣和积极性。

（三）小组合作探究的合作学习的组织

1. 分组：将学生分成小组，每组 3 人，确保每个小组都有一台天平。

2. 任务分配：给每个小组分配不同的物体，让他们使用天平测量物体的质量。

3. 操作指南：向学生提供天平的使用操作指南，包括如何调节天平平衡、如何放置物体、如何读取质量等。

4. 合作探究：小组成员合作，按照操作指南使用天平测量物体的质量。他们可以互相帮助、讨论，共同完成任务。

5. 数据记录：每个小组记录下测量的物体质量，并进行简单的数据分析。

6. 结果分享：每个小组将他们的测量结果和分析结果与其他小组分享，大家一起讨论和比较不同物体的质量。

7. 教师指导：教师在学生操作过程中进行巡视，及时解答学生的疑问，确保他们正确使用天平。

8. 总结评价：教师对小组合作探究的过程和结果进行总结评价，表扬表现优秀的小组，指出需要改进的地方。

通过小组合作探究学习，学生更好地掌握天平的使用方法，培养团队合作和问题解决能力，同时也提高了他们对质量测量的兴趣和理解。

（四）实验探究的组织实施

用天平测质量实验探究的组织实施可以分为以下几个步骤：

1. 实验前准备

准备实验器材：天平、砝码、待测物体等。

向学生介绍天平的结构和使用方法，包括天平的平衡调节、砝码的使用、读数的方法等。

提醒学生注意实验安全，避免砝码掉落或手指被天平夹伤等情况。

2. 实验步骤

调节天平平衡：将天平放在水平桌面上，调节天平的平衡螺母，使指针指在刻度盘的中央。

测量待测物体的质量：将待测物体放在天平的左盘，用镊子夹取砝码放在天平的右盘，通过增减砝码和移动游码，使天平再次平衡。此时，砝码的质量加上游码所对应的刻度值，即为待测物体的质量。

记录实验数据：将待测物体的质量记录在实验表格中。

重复测量：为了保证实验结果的准确性，可以对同一待测物体进行多次测量，并取平均值作为最终结果。

3. 实验后总结

让学生分享自己的实验结果，并对结果进行分析和讨论。

引导学生思考实验中可能存在的误差来源，并讨论如何减小误差。

对学生在实验中的表现进行评价，鼓励学生积极参与实验探究。

通过以上步骤的组织实施，可以帮助学生更好地理解天平的使用方法，掌握质量的测量技巧，提高实验探究的能力。同时，也可以培养学生的科学态度和合作精神。

五、数字化资源和信息技术手段的支持

（一）智慧教育平台优质教育资源的选用

实验视频：观看实验视频可以帮助学生直观地了解天平的使用方法和注意事项。

虚拟实验：一些智慧教育平台提供了虚拟实验功能，学生可以通过模拟实验操作来熟悉天平的使用。这种方式可以让学生在安全的环境下进行多次练习，提高实验技能。

在线课程：许多在线课程平台提供了与物理实验相关的课程，其中可能包括天平的使用和质量测量的内容。选择适合学生水平的课程，让学生系统地学习相关知识。

（二）信息化教学资源的整合

电子课件：制作或使用现有的电子课件，其中包含天平的结构、使用方法、质量的测量步骤等内容。使用图片、动画、视频等多媒体元素来生动展示教学内容。

实验演示视频：寻找或制作天平使用的实验演示视频，让学生通过观看实际操作过程，更好地理解天平的使用方法和注意事项。

相关网站和资源链接：收集和整理与天平使用和质量测量相关的网站和资源链接，提供给学生进行拓展学习。这些链接可以包括科学实验网站、教育资源库、科普视频等。

（三）拓展性、实践性作业的信息技术支持

在线实验平台：利用在线实验平台，学生可以在家中或学校通过网络进行天平的虚拟实验。这些平台通常提供虚拟天平、实验步骤指导和数据记录功能，让学生能够亲身体验天平的使用，并进行质量的测量。

数据记录和分析工具：提供数据记录和分析工具，让学生能够将实验中测得的数据进行记录、整理和分析。这些工具可以帮助学生绘制图表、计算平均值、进行误差分析等，培养学生的数据处理和分析能力。

视频教程和演示：制作或收集与天平使用和质量测量相关的视频教程和演示。这些视频可以通过网络平台或移动设备提供给学生，让学生可以随时随地观看和学习。

（四）虚拟实验软件的使用，人工智能软件的使用

用天平测物体质量虚拟实验软件和人工智能软件都可以为学生提供一个虚拟的实验环境，帮助学生更好地理解和掌握天平的使用方法和质量测量的原理。

用天平测物体质量虚拟实验软件：在天平模拟器界面上，有一个称量盘和一个称量指示器。将要称量的物品放到称量盘上，然后通过鼠标点击称量指示器，即可进行称量操作。

人工智能软件：使用天平测质量的数据集对人工智能软件进行训练。输入待测物体的特征参数，如形状、大小、材料等。软件根据输入的参数和训练的模型，输出待测物体的质量。

（案例撰写者：张广涛、郜兰）

第八章　小学道德与法治学科结构化、支架式教学设计案例

案例 8.1

四年级下册《美好的生活哪里来》教学设计研修

齐齐哈尔市龙沙区江岸小学　道德与法治组

一、明确本课着力培养的核心素养

（一）学习理解 2022 年版道德与法治课程标准

2022 年版道德与法治课程标准指出：思政课是落实立德树人根本任务的关键课程，道德与法治课程是义务教育阶段的思政课，旨在提升学生思想政治素质、道德修养、法治素养和人格修养等，增强学生做中国人的志气、骨气、底气，为培养以实现中华民族伟大复兴为己任的有理想、有本领、有担当的时代新人打下牢固的思想根基。

新课标明确提出，道德与法治课程要着力培养学生的核心素养。道德与法治学科着力培养的核心素养包括政治认同、道德修养、法治观念、健全人格、责任意识五个方面。它涵盖了道德与法治的全部内容，分别从政治认同——正确的思想、道德修养——立德成人之本、法治观念——行为的指引、健全人格——身心健康的体魄、责任意识——内在要求这五方面予以阐述，不仅凸显了课程在立德树人方面的独特贡献，又遵循了学生自己的身心发展特点，从育人中体现阶梯式上升和培养目标上一致的一体化设计的导向。

道德与法治课程以发展学生的核心素养为导向，以“成长中的我”为原点，由“自我认识”到“我与自然”“我与家庭”“我与他人”“我与社会”

“我与国家和人类文明”，不断扩展学生的认识和生活范围。核心素养导向下道法的学习主题更是与学生生活息息相关，注重突出学生的主体地位，贴近学生的真实生活，引导学生在探索中发现问题，具有分析解决问题的能力，拥有正确的世界观、价值观和责任担当。

（二）本课着力培养的核心素养

小学四年级下册第三单元《美好的生活哪里来》的主题内容设计，主要以工农业生产和劳动者为主题，通过学生感知、体会参与其中，树立正确的世界观、价值观和必备品格。《我们的衣食之源》一课原属于“品德社会”的第二学段主题“我们的国家”中的内容，相关“课程内容”的要求初步为：了解我国的工农业生产，以及工农业生产与人们生活的关系，知道工人、农民付出的辛勤劳动与智慧，尊重他们的劳动。而在新课标里属于第二学段“道德教育”主题，“内容要求”为：尊重劳动者，懂得职业没有高低贵贱之分，感受并感激他们的劳动给人们生活带来的便利，珍惜他们的劳动成果。新课标超越了对农产品生产过程（知识）的了解，更强调从道德修养的角度，培养学生尊重劳动者，懂得职业没有高低贵贱之分，珍惜劳动成果的必备品格。

从孩子的心理特点和认识程度上分析，四年级的学生虽然已经具有了一定的收集整理、分析资料的能力，但年龄特点和认知能力决定了他们对周围事物的认知仅仅停留在表象上，不会关心衣食的来源，更不懂得珍惜劳动成果，出现了不少耐人深思的现象，如：随意乱画乱撕纸张；不停让家长购买心仪的文具；食物中上至鸡鸭鱼肉，下至所谓的洋快餐，想吃什么信手拈来，浪费严重等。通过《我们的衣食之源》一课的学习，很好地诠释了新课标第一学段“内容要求”中提到的“了解中华民族勤俭节约的传统美德，养成不浪费的习惯”，进一步让学生在学习中正确理解，准确认知，珍惜劳动成果，尊重劳动者，向新中国的劳动者们致敬，让正确世界观、价值观油然而生。

二、确定本课核心素养导向的教学目标

（一）核心素养导向的教学目标

2022 年版义务教育道德与法治课程标准中明确指出，要以习近平新时代中国特色社会主义思想为指导，全面贯彻党的教育方针，遵循教育教学规律，落实立德树人根本任务，发展素质教育。要“聚焦中国学生发展核心素养，培养学生适应未来发展的正确价值观、必备品格和关键能力，引导学生明确人生发展方向，成为德智体美劳全面发展的社会主义建设者和接班人”。

为落实素养导向的学科教学，新课标针对“内容要求”提出“学业要求”“教学提示”，分别从学生“学什么”“学到什么程度”“怎样学”三个方面提出了详细的要求。

新课标强调“教学评”一致性，切适的、素养导向的教学目标是课堂中学生的学、教师的教和对教与学的过程性评价的依据，教学目标的重要性不言而喻。

（二）依据课标确定教学目标

新课标中涉及《我们的衣食之源》一课的“内容要求”为：尊重劳动者，懂得职业没有高低贵贱之分，感受并感激他们的劳动给人们生活带来的便利，珍惜他们的劳动成果。“学业要求”为：积极参加劳动和集体活动，尊重普通劳动者，平等待人；能够了解家乡发展和国家建设取得的重大成就。

基于课标要求，确定本课教学目标如下。

1. 了解生活中衣食的生产过程（知道衣食是从农业中产生的），感受粮食等资源的来之不易，懂得节约的重要性，了解农业是美好生活的保证。

2. 分享劳动模范的故事，尊重普通劳动者，懂得劳动光荣，劳动创造价值，劳动不分贵贱。

3. 讲述在江岸小学校区种植园积极参加劳动和集体活动的体验和感受，树立劳动意识。

三、设计道法学科实践的教学流程

2022 版新课程标准的教学建议提出：

按照灌输性和启发性相统一的原则，做到“灌中有启”“启中有灌”。教师在讲述中要注意用能够激发学生兴趣的素材和问题引导学生自己主动思考领会，不搞填鸭式的“硬灌输”；要在鼓励学生主动学习、积极思考中对政治方向和价值导向加以规范和引导，不能“放任自流”。

要积极探索议题式、体验式、项目式等多种教学方法，引导学生参与体验，促进感悟与建构。要采取热点分析、角色扮演、情境体验、模拟活动等方式，引导学生开展自主探究与合作探究，让学生认识社会。

本课的教学设计将采用“议题式”与“体验式”相结合的教学方法。具体教学设计如下。

环节一　议题讨论：我们的衣食从哪里来

1.课前，老师布置了预习任务，让学生与家长一起讨论，并搜集资料，说一说：

（1）我们日常生活中吃的大米、白面、穿的衣服都是从哪儿来的，是怎样的种植和生产过程？

（2）农业对我们的生活有怎样的意义？

2. 拿出预习成果整理单，以小组为单位进行讨论、整合意见，向全班汇报。（3—4 个小组）

预习成果整理单

农产品名称	
种植/生产过程	
注意事项	

（设计意图：这是议题式的教学方式，我们就从生活中的衣食入手，讨论生活中的衣食到底从哪里来？怎么就和我们的农业密切相关呢？在上课前，让学生找到感兴趣的一两个农产品去调查，并在家长的帮助下了解在我们本地它们是怎样种植或生产出来的，最终得出结论：衣食都是从农业中生产出来的，都是农民和农业劳动者辛勤劳动的成果，知道这些劳动成果来之不易。落实懂得劳动光荣、劳动创造价值、劳动不分贵贱的目标要求。）

环节二　深度议题讨论：农业对于我们美好生活的意义

小组内交流，汇总整合，再以小组为单位向全班汇报。

我们国家是一个农业大国，农业的种类很多，不仅有种植业，还有畜牧业、林业和渔业，农业生产跟我们的生活密切相关。接下来就请大家跟着老师的视频，一起来了解它们吧！

①让学生拿出学习任务单，但不能填写，只能用心记有哪些问题，看完视频再填写

②教师边播放视频边讲解种植业、畜牧业、林业和渔业

1. 学生完成学习任务单的填写，小组讨论汇总，派代表进行汇报

学习任务单

	种类	为我们的生活提供
农业生产		
农业对于我们美好生活的意义		

2. 对小组完成情况给予评价和表彰

3. 深度议题讨论

我们的吃、穿、住、用、行，样样离不开农业，这些都是农民用辛勤的汗水换来的。农业为我们提供了食物，为工业生产提供了原材料，是我们的衣食之源，是我们美好生活的保证。同学们，如果没有种植业，没有畜牧业，也没有林业和渔业，请你们想想看，我们的生活会怎样呢？

分组汇报：农业对于我们美好生活的意义。

知识窗《袁隆平与杂交水稻》

人物介绍：通过多年的努力，袁隆平成功培育出了高产、优质、抗逆的杂交水稻品种，为中国乃至全球的粮食生产做出了巨大的贡献。

（设计意图：我国是个农业大国，养活这么多人的农业平时我们没有给予它太多的关注，我们不但要珍惜来之不易的衣食，还要去深入地了解它的种类。设计这个环节，目的是通过教师系统地讲解教材内容，完成教学内容的课上知识和课下拓展的一个贯通，同时落实课标中“在班级交流劳动模范、大国工匠、身边普通劳动者的故事，感受他们的社会贡献”的要求。）

环节三　体验式学习：学校种植园种植活动的总结报告

我们学校开展“小小种植园”活动已有两年时间了，咱们班种植园在哪个位置？这两年，你们种的都是什么？有什么收获？和大家一起分享自己的体验。

学生以小组为单位，用喜欢的方式分享汇报（小组分工明确：组长介绍组内成员基本情况，种植员、记录员、填报员，专人专职地汇报相对应的内容）

总结汇报单

和________共成长	
植物名称	
种植过程	
获得的收获	
我们的体验和感受	

感谢同学们的精彩分享，老师听了都收获不少呢！

（设计意图：通过图片、录像、记录劳动过程和心得体会的小文，呈现体验劳动的辛勤，体验收获的喜悦，明白劳动创造世界，劳动最光荣。）

四、“教学评”一致的教学策略和方法

如何依据课标选择教学策略？首先阅读本课的教学提示。一是通过收集格言故事，理解中华民族传统美德的主要内涵。二是在班级交流劳动模范、大国工匠、身边普通劳动者的故事，感受他们的社会贡献。涉及本课的内容要求是尊重劳动者，懂得职业没有高低贵贱之分，感受并感激他们的劳动给人们生活带来的便利，珍惜他们的劳动成果。涉及本课的学业要求是能够了解家乡发展和国家建设取得的重大成就，并能够积极弘扬传统美德，践行社会主义核心价值观。

我们采用的教学策略为：

1. 预习策略

在本节课之前，同学们只了解自己穿什么样的衣服，吃过哪些食物，而对衣食的来源却茫然不知。于是，课前布置预习任务，充分调动学生、家长的积极性，利用网络等资源，让学生与家长共同讨论，收集资料，了解我们吃的大米、白面、大豆、肉、鸡、鱼、棉花是从哪里来的？是怎么生产出来的？找一两个感兴趣的产品，调查之后进行整理、汇报。通过阅读文字、欣赏图片、观看视频，直观形象地再现了植物的种植过程和动物的饲养过程。孩子们了解到种植、饲养都要经历漫长的过程，切身感受到了每一个过程都需要付出大量的劳动、众多的智慧，真正体会到了劳动者的辛劳。课前的充分预习，大大提高了课堂效率，充分调动了学生学习的积极性，激发了学生探究知识的欲望。此外，这部分让学生和家长共同完成，有效促进了亲子关系，更好地实现了家校共育。

2. 合作学习策略

本课进行了有效的小组合作探究。在小组合作探究之前，学生独立思考尤为重要，教师应留给学生足够的时间进行思考，之后在组内交流。再以小组为单位交流、汇报，老师省去了大米生产过程的讲解，而让各个小组分别汇报自己那个小组最精彩的、最能说明问题的内容，让他们自己能够尽情地展示。在交流与碰撞中，学生明白了，我们的衣食都是从农业这个产业里生产出来的道理，都是我们的农民、我们的农业工作者辛勤劳动的成果，知道衣食的来之不易。

小组合作学习方案

小组合作议题：我们吃的大米、白面、大豆、肉、鸡、鱼、棉花是从哪里来的？是怎么生产出来的？

小组内人员分工：

组长：组织、研讨，交代要进行研讨的题目。

发言人：发表个人意见。

记录员：记录每名发言同学的汇报内容梗概。

评价人：评价每名同学的表现。

3. 设计组织好“议题式教学”

新课标倡导积极探索议题式、体验式、项目式等多种教学方法，引导学生参与体验，促进感悟与建构。

本节课从第一环节——预习环节就着手抛出议题，让学生与家长通过共同收集资料，整合信息来初步了解、感知所议题目。我们吃的大米、白面、大豆、肉、鸡、鱼、棉花是从哪里来的？是怎么生产出来的？之后在第二环节，小组讨论、交流、汇报。在交流与汇报中进一步明确议题，解决议题，再加之教师的讲解，让学生深度明晰所要解决的议题。

4.“灌中有启”“启中有灌”的讲解策略

思想政治理论、道德与法律规范都不是自发生成的，必须发挥教师在教学中的主导作用，通过讲解让学生了解基本概念、原理和理论。教师既要深入浅出地把道理讲清楚讲透彻，也要启发学生主动学习，加以领悟和理解。所以，本节课“农业是美好生活的保证，谈谈农业的重要性”，这部分以教师讲解为主。我们国家是一个农业大国，农业生产种类多样，有种植业、畜牧业、林业和渔业等，农业生产与人们生活联系密切。

按照新课标提出的灌输性和启发性相统一的原则，做到“灌中有启”“启中有灌”。教师在讲述中用能够激发学生兴趣的素材和问题引导学生主动思考领会，没有填鸭式的“硬灌输”；而是鼓励学生主动学习、积极思考，并对其政治方向和价值导向加以规范和引导。在“灌启结合”中辩证地理解教师主导性和学生主体性的统一，要正视学生的困惑与疑问，通过摆事实讲道理，让学生心悦诚服地接受结论，水到渠成地得出结论，真正实现以理服人。

5.“教学评”一致性过程性评价

道德与法治课程评价要围绕发展学生核心素养，发展评价的引导作用，改进结果评价，强化过程评价，探究增值评价。因此，本课综合运用多种评价方式，坚持学生自我评价、同伴评价、教师评价相结合，每一个环节都有相应的评价，以评价表单的形式关注学生学习的过程表现，并给予激励性评价，最后通过评价过程提升对学生增值评价的内容及准确度。此环节提升了道德与法治课程评价的科学性、专业性、客观性。

6. 利用身边资源，模拟体验，落实核心素养

课程实施中的教学建议倡导，丰富学生实践体验，促进知行合一，积极探索体验式教学方法，引导学生参与体验，促进感悟与构建。

近几年来，我们学校开辟了种植园，各个班级都有相应的位置。每年都进行春种、夏忙、秋收。让孩子们参与种植，孩子们在参与劳作中感受到劳动的辛劳与乐趣。本节课就此紧密结合了学生日常校园生活，设置了学校种植园种植活动的体验报告，从开始种什么他们就商量，种的过程中他们去管理，最后

他们去收获。在这个全过程中，以小组为单位，每个人在小组要做出贡献，要汇报一下学校种植园活动的整个过程和体验。通过图片、视频等方式记录美好过程心得，体验到劳动的辛苦，体验到收获的喜悦，明白劳动创造世界，劳动最光荣。懂得尊重劳动者，懂得职业没有高低贵贱之分，并感激劳动者的劳动给人们生活带来的便利，珍惜他们的劳动成果。

五、信息技术支持与资源整合

教学《我们的衣食之源》这一课程时，深度融合信息技术，可以有效帮助学生更好地了解粮食的种植过程，使学生更好地了解农业是人们的衣食之源。以下是一些技术方法。

1. 智慧教育平台应用学习

使用国家中小学智慧教育平台的资源，展示粮食生产的现代技术、农业科学知识，以及可持续农业的重要性。引导学生了解先进的农业技术和管理方法。这一线上平台可以提供多媒体资源，如名校名师的线上课程、图文并茂的文章、生动的视频和清晰的图表，使学生以视听方式更深入地理解农作物的种植过程。提供丰富的互动学习活动，如在线讨论、小组项目和测验，通过互动促进学生对农作物种植过程的主动参与和理解。支持学生制定个性化的学习计划，根据自身需求和进度进行学习，提高学习效率。学生可以随时随地使用 APP 学习，具有灵活性，不受时间和地点的限制，方便根据自己的日程安排学习农作物的知识。学生可以随时获取老师或专业人士的支持和指导，解决学习中的疑惑。同学之间可以分享学习心得、讨论问题，增进对农作物种植过程的理解。

通过这些方式，学生能够更全面、深入、有趣地学习农作物的种植过程。

2. 家庭资源与家长资源的利用

预习问卷的研制与家校合作完成学习任务的指导：通过设计一个有关农作物种植过程的预习问卷，可以促进家长与学校的合作。问卷可以包括家长对孩子已有知识的了解程度、对农作物种植的兴趣以及是否愿意在家中进行相关活动的问题。这为学校提供了解家庭背景和家长支持的信息，有助于制定更有效的教学计划。

首先，在预习问卷中询问家长对孩子已学习的农作物种植过程知识的了解程度，以便教师调整教学内容。

其次，通过提问了解家长对农作物种植主题的兴趣，他们是否认为这一主题对孩子的学习有益，以及是否愿意在家中参与相关活动，如观察植物生长或亲自体验种植过程。

还可以询问家长是否有任何与农作物种植相关的经验或知识，以便在教学中更好地利用他们的专业知识。

比方说当设计农作物种植过程的预习问卷时，可以包括以下问题：

（1）孩子的知识水平：

孩子是否已学过关于农作物的内容？

请列举孩子目前已经了解的关于农作物的知识。

（2）家长对主题的看法：

您认为了解农作物的种植过程对孩子的学习有何益处？

是否认为在家中进行相关农作物学习活动是一种有效的学习方式？

（3）家庭亲身经历：

您是否在家中有过与农作物有关的种植经验？

是否有任何专业领域的知识可供分享？

（4）家长支持和参与：

您是否愿意在家中与孩子一起进行农作物的观察或实践活动？

是否愿意分享您在农作物领域的知识或技能？

这些问题将有助于教师更好地了解学生和家长的背景，以便更有针对性地设计教学内容和活动，促进学校和家庭的合作。

3. 使用虚拟现实（VR）和增强现实（AR）技术

通过使用 VR 和 AR 技术，学生可以身临其境地体验粮食的种植过程。他们可以在虚拟农田中观察农作物的生长过程，了解不同的种植技术和环境因素对作物生长的影响。

首先，需要准备好 VR 头盔或 AR 眼镜等设备。确保设备已经连接并处于正常工作状态。

打开虚拟农田应用程序，该应用程序可以提供虚拟的农田环境和模拟农作物生长。在应用程序中，学生可以选择他们感兴趣的农作物和种植场景。例如，小麦、水稻、玉米等不同的农作物，以及不同的种植环境，如田地、温室等。

一旦选择了农作物和种植场景，学生就可以观察农作物的生长过程。他们可以通过 VR 头盔或 AR 眼镜，将自己置身于虚拟农田中，观察农作物从种子发芽到成熟的整个过程。在虚拟农田中，学生可以探索不同的种植技术和环境因素对作物生长的影响。他们可以观察和比较使用不同的灌溉方法、施肥方式、病虫害防治措施等的作物生长情况。在虚拟农田中，学生还可以与虚拟农民进行互动。他们可以向虚拟农民提问，了解农民在种植过程中所面临的挑战和决策。学生可以学习和记录他们在虚拟农田中观察到的结果。他们可以记录不同种植技术和环境因素对作物生长的影响，并进行分析和总结。

通过这样的操作流程，学生可以通过虚拟现实了解粮食的种植过程，深入了解不同的种植技术和环境因素对作物生长的影响。这种互动和实践的学习方式可以提高学生的学习兴趣和理解能力。

4. 利用信息技术支持学生的学习成果生成与展示

小组学习成果展示。将班级学生分成小组，利用信息化软件（如 PPT、视频制作等），展示他们对粮食生产过程的深入研究和分析的成果。

5. 整合利用学校种植实践活动

学校开展校园内种植园活动已经多年了。学生亲自动手参与整个种植流程，包括选择植物、准备土地、种植、浇水、观察生长等环节，这使他们能够深度体验农作物的整个生命周期。学生可以近距离观察植物的发芽、生长、开花和结果等各个阶段。通过记录生长数据，如高度、叶片颜色、花朵数量等，可以进行定量的观察，了解植物在不同阶段的变化。小组成员在小组内负责不同任务，例如浇水、除草、记录数据等，通过分工合作形成一个完整的种植团队。

学生通过种植园活动实践深入了解了农作物的种植流程，整个过程涉及生物学、地理学、数学等多个学科知识，促使学生进行跨学科学习。通过观察和记录植物的生长情况，培养了学生细致入微的观察能力和有效记录数据的能力。在种植活动中，学生需要分工合作，培养了团队协作和沟通的技能，同时培养责任心和团队协作的品质。通过了解农作物的生命周期，学生更深入地理解生态系统的运作，培养环保意识，关注自然资源的可持续利用。学生通过亲身体验农作物的生长，能够更好地理解粮食生产的重要性，培养对农业劳动的尊重和对粮食安全的认识。

这样的方式不仅能够提供实践经验，还能够培养学生对农业科技的应用和创新意识，使他们更好地理解现代农业的全貌。还可以培养学生的科技意识，让他们认识到科技在传统行业中的革新力量。同时，了解现代农业技术对环境的影响，有助于培养学生对可持续农业和环保意识的认识。

（案例撰写者：郭丽薇、迟静、吴鹤、王颂、赵清川）

后 记

义务教育课程方案和课程标准（2022 年版）的颁布标志着我国基础教育课程教学改革进入新的阶段。新的课程方案和课程标准强调基础教育课程的综合性、实践性，注重全面育人、课程育人、实践育人，培养学生的核心素养和促进全面发展，进一步落实立德树人根本任务，办好人民满意的教育。

在新课程实施过程中，学校一方面要切实加强课程实施规划的转化工作，把国家统一制定的育人“蓝图”细化为学校的育人“施工图”；另一方面，学校还要落实课程方案和课程标准的学习、理解和实施，全面推进教学方式变革，不断深化教学改革，提高教学质量。

落实新课程方案和新课程标准，全面推进教学方式变革，要试点先行、示范引领，着力解决重难点问题，通过精品课凝练和教学成果的推广应用带动学校教师广泛参与，从而不断深化教学改革，提高学校的教学质量。作为课程改革深化联合体，齐齐哈尔市龙江县头站镇中心学校（包括中学部和小学部）、龙沙区江岸小学、铁锋区和平小学，以及呼伦贝尔市莫力达瓦达斡尔族自治旗达斡尔中学等四所学校，决定抓住核心素养导向的教学设计这个龙头，推动精品课锤炼，开展教学说课评课，示范带动广大教师变革教与学方式，尊重学生主体地位，发挥教师主导作用，注重启发式、互动式、探究式教学，推动课程教学不断深化。在专家支持下，他们构建了核心素养导向、“教学评”一致性、结构化支架式教学设计的研训模式，并取得了不错的成绩，获得一批很好的课例。

本书由齐齐哈尔市龙江县头站镇中心学校校长王洪会和莫力达瓦达斡尔族自治旗达斡尔中学副校长部兰文发起，由原齐齐哈尔市教研院教授张玉民协助规划框架和组织协调，课程改革深化联合体四所学校的校长和学科教师积极参与编写而成。这本书记录了这四所学校在深入学习课程标准，落实新课程的一系列新理念、新要求，开展核心素养导向教学设计研修，推进课堂教学迭代更新的过程和阶段性成果。这些成果包括建构“核心素养导向、‘教学评’一致性、结构化教学设计”支架的理论研究成果和一批利用现有教材落实依据新课程标准教学的好课案例。

本书“理论篇”由王洪会和部兰文撰写；“实践篇”由王洪会撰写。本书“案例篇”中齐齐哈尔市龙江县头站镇中心学校的案例，初中部分由张金娟协助王洪会校长组织、遴选和打磨，小学部分由王胜明协助王洪会组织、遴选和打磨。齐齐哈尔市龙沙区江岸小学的案例由曲殿伟校长组织、遴选和打磨。齐齐哈尔市铁锋区人民小学的案例由陈复书记组织、遴选和打磨。莫力达瓦达斡尔族自治旗达斡尔中学的案例由部兰文校长组织和撰写，各案例参与撰写人名单已列案例后。